汉语被字句的『偏离义』研究

颜力涛 著

中国社会科学出版社

图书在版编目（CIP）数据

汉语被字句的"偏离义"研究 / 颜力涛著 . —北京：中国社会科学出版社，2019.10
ISBN 978 - 7 - 5203 - 4998 - 7

Ⅰ.①汉… Ⅱ.①颜… Ⅲ.①汉语—句法—研究 Ⅳ.①H146.3

中国版本图书馆 CIP 数据核字（2019）第 200512 号

出 版 人	赵剑英
责任编辑	周晓慧
责任校对	无 介
责任印制	戴 宽

出　　版	中国社会科学出版社
社　　址	北京鼓楼西大街甲 158 号
邮　　编	100720
网　　址	http://www.csspw.cn
发 行 部	010 - 84083685
门 市 部	010 - 84029450
经　　销	新华书店及其他书店
印　　刷	北京明恒达印务有限公司
装　　订	廊坊市广阳区广增装订厂
版　　次	2019 年 10 月第 1 版
印　　次	2019 年 10 月第 1 次印刷
开　　本	710×1000　1/16
印　　张	19
插　　页	2
字　　数	292 千字
定　　价	99.00 元

凡购买中国社会科学出版社图书，如有质量问题请与本社营销中心联系调换
电话：010 - 84083683
版权所有　侵权必究

摘　　要

本书主要探讨汉语被字句的"偏离义"问题，这里的"偏离义"不仅包括"预设、预期、理想认知模式"的偏离，还包括句子隐含的"偏离义"。最后，我们把"偏离义"上升为汉语被字句的高层构式义。在探讨汉语被字句的"偏离义"前，我们详细讨论了"预设、预期、理想认知模式"三组概念的区别与联系。总的来看，三者由于概念来源不同，所以很难理出清晰的界限，而且，这三个概念本身又十分复杂，因此，我们仅选择权宜的处理办法。

有关"预设"，我们在 George Yule（1996）所划分的"潜在预设"与"实际预设"基础上，结合 George Yule 对"潜在预设"的分类，对"潜在预设"进行了重新分类，即分为"存在预设、事实预设、非事实预设、过往经历预设"四类。同时，我们把"语义预设"与"语用预设"的区别划定为非广告、修辞、网络等特殊语境范畴下的预设与广告、修辞、网络等特殊语境范畴下的预设，由于本书把"语义预设"与"语用预设"的区别仅划定为"语境种类"的区别，我们对"潜在预设"的分类同样也基本适用于对"语用预设"的分类，两者并不矛盾。通过研究我们发现：无论是普通的被字句还是"被自杀"类特殊被字结构，无论是"语义预设"还是"语用预设"，在预设中都依靠"偏离义"；即便在预设中不蕴含"偏离义"或句子对预设无"偏离义"的，句中也会隐含"偏离义"。但从另一个角度我们也要看到，无论"语义预设"还是"语用预设"，都无法完全用"预设偏离"做周遍性的解释，部分可能是通过句子所隐含的"偏离义"来弥补的。

有关"预期"，我们综合了吴福祥（2004），齐沪扬、胡建锋

（2006）、吴春仙（2001）、郑娟曼（2009）与韩蕾（2009）等学者的观点，重新做了分类，即分为"目的预期偏离、情理预期偏离、背景预期偏离、心理倾向性预期偏离、满足性预期偏离、无关性预期否定、间接预期偏离、超预期量信息、负预期量信息"九类。通过研究我们发现：其一，汉语被字句存在"预期偏离"问题，它们基本上是通过对"说话者"或"被叙述对象"预期的偏离来实现的，目前还没有发现"受话者"预期偏离的例子。其二，从类型上说，汉语被字句的"预期偏离"主要是"目的预期偏离、情理预期偏离、背景预期偏离、心理倾向性预期偏离、满足性预期偏离、超预期量信息"，较少用"负预期量信息"进行表达，在我们考察的语料中没有发现"无关性预期否定"和"间接预期偏离"的情况，说明汉语被字句在"预期偏离"的表达上，并不习惯用复杂的形式，即"无关性预期否定"和"间接预期偏离"，而是多采用较为单一的形式，并且似乎总是偏爱"过量"信息的表达。其三，"被自杀"类特殊被字结构深受典型被字句的影响，使其在元语言表达过程中富含了"偏离义"信息，最终形成一种"无关性预期否定"现象，并统一于汉语被字句的"偏离义"中。另外，"被自杀"类特殊被字结构存在偏离受话者或被叙述对象"预期"的现象。"预期偏离"义仅仅是汉语被字句众多"偏离"义中的一种，它并非汉语被字句成立的充要条件，汉语被字句的成立还受其他因素的影响与制约。

有关"理想认知模式"，我们是以具体的"吃饭"事件和"人际关系"事件为切入点进行研究的，研究证明了"偏离义"的存在。首先以"饭被吃了"类被字句为例，建构了"吃饭"的理想认知模式（ICM）。然后，在此基础上深入探讨了主语是"物"的汉语被字句对理想认知模式的偏离问题，以及理想认知模式（ICM）与语境间的互动问题。最后，用"图形—背景"与构式语法理论对该类现象进行了解释，并附带解释了汉语"被自杀"类特殊被字结构。以"物"做主语的汉语被字句是以"理想认知模式"为背景（Ground）的，"偏离理想认知模式的部分"相当于图形（Figure），是凸显的部分。中国儒家思想中的"仁爱"观，西方基督教文化所提倡的"博爱"观，法国官方格言与1871年法国巴黎公社革命"自由、平等、博爱"

的信条，都反映出人际关系的理想模式。据此，我们又建构了"人际关系"的理想认知模式，证明汉语"人对人"被字句的"偏离义"同样存在；同时，也触及了"丧葬""婚俗""比赛"模式下汉语被字句式的偏离问题。最后，我们用"偏离义"对汉语被字句的构式义做了统一性解释。

最后，为了进一步保证研究结论的可靠性，我们又从汉语"事件类型"的角度对汉语被字句进行了尝试研究，仔细探讨了相关的"偏离义"问题。根据研究我们发现，汉语被字句共有六种主要的"事件类型"："言说类事件""认识类事件""位移类事件""击打类事件""计量类事件"和"致使类事件"。具体研究结论如下：

事件类型一："言说类事件"多数隐含"社会地位"差异，是对人类"自由、平等"[①]这一理想型完形偏离的结果，如"称呼事件""表达事件""传播事件""指令事件""评判事件""哄骗事件"。涉及"贬义"的，还关系到对"博爱"理想型完形的偏离，例如"贬称类"称呼事件，"指令事件"里的"负向指令"，"哄骗事件""评判事件"中的"低评"，等等。"言说量"中的"估计言说量"是对人"信任"类理想型完形的偏离，"强调言说量""极限言说量"和"预期言说量"是对人"适度"理想型完形的偏离。

事件类型二："认识类事件"主要指人们对世界的总体看法和认识，换句话来说，就是人们对这个世界是怎么认识的。"认识类事件"具体分为"划类事件""认识正误事件""认知发现事件""主观识解事件"等。"划类事件"隐含着地位的不平等，是对"自由、平等"理想型完形的偏离；"认识正误事件"中的"误识类"与"怀疑类"，是对"信任"理想型完形的偏离，而其中的"正识类"更像是一种"强调"与"印证"，是对"适度"理想型完形的偏离；"认知发现事件"，无论是"发现类事件"，还是"遮盖蒙蔽类事件"，都是对人"意愿"理想型完形的偏离。"主观识解事件"中的"尊重

[①] "自由、平等、博爱"通常是人际方面的，但人们在实际应用时，却不限于此，例如通常人相对物有更大的自由性，人相对物也更有地位上的优势。另外，人相对物也更多地体现为人爱物。基于此我们认为，"自由、平等、博爱"这一信条也同样适用于非人际关系，接下来本书对相关问题的讨论都不受人际关系的局限。

类"与"轻视类"都隐含着一定的地位差异，是对"自由、平等"理想型完形的偏离，涉及"轻视类"的还关系到对"博爱"理想型完形的偏离；"主观识解事件"中的"预期类"则是对人"预期"理想型完形的偏离，"非预期类"则构成对人"希望"理想型完形的偏离。

事件类型三："位移类事件"具体包括"普通位移事件""聚散事件""所有权转移事件""存现事件"与"主观位移事件"，它们都隐含着一定的"地位差异"，是对"自由、平等"理想型完形的偏离，涉及"贬义"的还关系到对"博爱"理想型完形的偏离，例如"拐卖事件""军事事件""政治事件""剥夺事件""撤职事件""偷盗事件""欺骗事件""强驱离事件"以及涉及"人身自由"的事件。"主观位移事件"中的"反常规类位移"是对常规完形的偏离，"恢复类位移"虽然不是完形偏离，但也都同"完形"相关联。"恢复类事件"中的"抢救事件""释放事件""清除事件"涉及理想型完形；"醒事件""回忆类事件"和"抵消替代事件"涉及常规型完形；"返还类事件"涉及常规型完形或理想型完形。

事件类型四："击打类事件"主要包括"击打事件""杀灭事件""阻碍事件"和"控制事件"。"杀灭事件"是击打事件的一种"极端"表现，"阻碍事件"是一种"被动的"击打类事件，"控制事件"是"击打事件"的一种"间接"表达。"击打类事件"都隐含着一定的地位差异，击打者都处于优势地位，被击打者都处于一定的劣势，是对"自由、平等"理想型完形的偏离，涉及"贬义"的还关系到对"博爱"理想型完形的偏离，例如"破坏事件""伤害事件""杀灭事件"等。"击打类事件"符合本书所提到的完型偏离问题。

事件类型五："计量类事件"的完形偏离问题，主要是对"适量完形"的偏离，例如，"事物量"中的"周遍量""高程度量""模糊量"和"距离变量"都偏离了"适量完形"；"动作量"所内含的"频度量"中的"经常量""重复量""模糊量"，"时间量"中的"持续量""渐次量""瞬时量"和"高程度量"，也都偏离了"适量完形"；"主观量"中的"预期偏离量""主观大量"和"主观小量"也偏离了"适量完形"。"主观量"中的"不对称量"，是对人类

"对称型理想型完形的偏离"；"主观量"中的"容任量"隐含着"克服困难"的"量"，因此，偏离了"自由理想型完形"。"事物量"中的"数目量"，"动作量"所内含的"频度量"中的"频次量"，"主观量"中的"确定量"与"主观近似量"，虽然未偏离"完形"，但都提供了一个"新信息"。

事件类型六：各类"致使类事件"，无论是"使成事件""使令事件""隐性致使事件"，还是"关联致使事件"，总的意思都是"使得某人或某物发生改变"，因此都偏离了"自由、平等"的理想型完形，其中涉及"贬义"的还关系到对"博爱"理想型完形的偏离。因此，符合本书对汉语被字句"偏离义"的理解。

汉语被字句一直以来都是汉语学界比较关心的话题，尤其是吕叔湘、王力等前辈学者，他们都对汉语被字句的研究提出过真知灼见；但进入21世纪后，有关汉语被字句的研究逐渐减少，基本上形成了"不如意说"一统天下的局面，很多人觉得对汉语被字句似乎已无事可做，虽然有些学者用认知语言学理论进行过探讨，但仅停留在用"视角"转换等进行简单解释上，这种解释还是不能回答"汉语被字句为什么与其他句式间不能进行自由转换"这一老问题。本书用"偏离义"对汉语被字句进行解释，既深化、细化了"不如意说"，做到了站在前人肩膀上，对已有成果进行充分吸收，又细化了研究，更接近于我们关于汉语被字句的"语感"，因为汉语被字句总给我们一种"怪异"的感觉（偏离），没特殊事儿，我们一般是不愿意用它的。吕叔湘、王力等前辈学者提出的"不如意说"，其本质内涵是"完形偏离"，对"消极义"的理解是有误或不准确的。因此，本书是对目前汉语被字句研究的深化与改进，有一定的学术价值与研究意义。

关键词：被字句；预设；预期；理想认知模式；偏离义；事件

目 录

前 言 ……………………………………………………………（1）
引 言 ……………………………………………………………（1）

第一章 汉语被字句的"预设偏离"问题 ………………………（30）
 第一节 "预设"的分类 ……………………………………（30）
 第二节 语义预设问题 ……………………………………（36）
  一 存在预设与事实预设问题 …………………………（36）
  二 事实预设与非事实预设问题 ………………………（38）
  三 过往经历预设问题 …………………………………（39）
  四 汉语被字句语义预设的偏离问题 …………………（40）
 第三节 语用预设问题 ……………………………………（40）
  一 "被自杀"的个案分析 ………………………………（40）
  二 汉语"被自杀"类特殊被字结构的语用预设偏离
   问题 ……………………………………………………（45）
 第四节 小结 ………………………………………………（45）

第二章 汉语被字句的"预期偏离"问题 ………………………（47）
 第一节 "预期偏离"的类型 ………………………………（47）
 第二节 汉语被字句"预期偏离"现象的考察 ……………（50）
  一 目的预期偏离 ………………………………………（50）
  二 情理预期偏离 ………………………………………（51）
  三 背景预期偏离 ………………………………………（52）

四　心理倾向性预期偏离 …………………………………… (53)
　　五　满足性预期偏离 ………………………………………… (53)
　　六　超预期量信息 …………………………………………… (54)
　　七　负预期量信息 …………………………………………… (54)
　第三节　"被自杀"类特殊被字结构的重新阐释 …………… (55)
　第四节　小结 ………………………………………………… (57)

第三章　汉语被字句"理想认知模式"偏离 ………………… (59)
　第一节　"人对物"模式的偏离 …………………………… (60)
　　一　"吃"与"饭"理想认知模式的建构 ………………… (63)
　　二　偏离理想认知模式的证明 ……………………………… (64)
　　三　理想认知模式与语境间的互动 ………………………… (77)
　　四　汉语被字句的理论阐释 ………………………………… (81)
　　五　对"被自杀"类特殊被字结构研究的启示 …………… (83)
　　六　小结 ……………………………………………………… (84)
　　七　余论 ……………………………………………………… (85)
　第二节　"人对人"模式的偏离 …………………………… (86)
　　一　人际关系的理想认知模式 ……………………………… (86)
　　二　偏离人际关系理想认知模式的证明 …………………… (89)
　　三　汉语被字句构式义的统一性解释 ……………………… (111)
　第三节　小结 ………………………………………………… (113)

第四章　汉语被字句的事件类型 …………………………… (115)
　第一节　言说类事件 ………………………………………… (115)
　　一　称呼类 …………………………………………………… (116)
　　二　表达类 …………………………………………………… (125)
　　三　传播类 …………………………………………………… (126)
　　四　指令类 …………………………………………………… (127)
　　五　评判类 …………………………………………………… (132)
　　六　哄骗类 …………………………………………………… (134)

七　言说量类 …………………………………………（134）
　　八　言说类事件的完形偏离问题 ……………………（140）
第二节　认识类事件 ………………………………………（140）
　　一　划类事件 …………………………………………（140）
　　二　认识正误事件 ……………………………………（144）
　　三　认知发现事件 ……………………………………（146）
　　四　主观识解事件 ……………………………………（152）
　　五　认识类事件的完形偏离问题 ……………………（156）
第三节　位移类事件 ………………………………………（156）
　　一　普通位移事件 ……………………………………（157）
　　二　聚散事件 …………………………………………（159）
　　三　所有权转移事件 …………………………………（161）
　　四　存现事件 …………………………………………（175）
　　五　主观位移事件 ……………………………………（182）
　　六　位移类事件的完形偏离问题 ……………………（190）
第四节　击打类事件 ………………………………………（190）
　　一　击打类事件的含义 ………………………………（191）
　　二　杀灭事件 …………………………………………（194）
　　三　阻碍事件 …………………………………………（195）
　　四　控制事件 …………………………………………（200）
　　五　击打类事件的完形偏离问题 ……………………（202）
第五节　计量类事件 ………………………………………（202）
　　一　事物量 ……………………………………………（202）
　　二　动作量 ……………………………………………（218）
　　三　主观量 ……………………………………………（231）
　　四　计量类事件的完形偏离问题 ……………………（242）
第六节　致使类事件 ………………………………………（243）
　　一　使成事件 …………………………………………（243）
　　二　使令事件 …………………………………………（264）
　　三　隐性致使事件 ……………………………………（266）

四　关联致使事件 …………………………………………（272）
　　五　致使类事件的完形偏离问题 ………………………………（274）

参考文献 ……………………………………………………………（275）

后　记 ………………………………………………………………（284）

前　　言

　　本书缘起笔者一直以来对"汉语被字句"研究的关注，在早期对汉语被字句进行结构功能考察的基础上，笔者通过博士在读期间对形式句法和认知语言学理论的补充学习，尤其是在这一学习过程中深受Lakoff、Talmy、Langacker认知语言学观点的影响，逐渐尝试从认知语言学角度思考汉语被字句问题。本书具体研究内容"偏离义"正是的缘起于对以上国外理论研究与反思所形成的初步判断。在研究方法上，当与博士生导师柳英绿教授讨论"饭被吃了"到底能否说的问题时，笔者深深地受到了启发：在进行语言研究时，我们通常习惯性地思考能说的例子，如"桌子被做成两条腿"为什么能说？但我们却很少思考"桌子被做成四条腿"这样的句子为什么就不能说？语言里不能说的例子要远远多于能说的例子，由此推演开来：我们从"不"中找问题，可能会找出更多的"真问题"！本书力求给"不能说的例子"以更多的关注，从而使研究进行得更充分、更深入。

　　本书的撰写不得不感谢 2011 年 10 月 28 日至 31 日张谊生教授用学科科研经费在"桂林"举办的"第一届汉语副词研究学术研讨会"会议间歇时同各位专家与同行的交流。当时的讨论是围绕例句"饭被吃了"为什么成立上的疑问展开的这促使笔者最终下定决心用"偏离义"系统揭示汉语被字句在句法语义上的特点。后来，我们又以此为问题形成了两篇小文章（本书第三章第一节和第二节），分别在 2012 年 8 月 10 日至 12 日，由上海师范大学对外汉语学院主办、延边大学汉语言文化学院协办的第五届"现代汉语虚词研究与对外汉语教学"学术研讨会和 2012 年 10 月 19 日至 21 日，由华中师范大学举办的第六届汉语语法专题"汉语语序问题"国际学术研讨会上进行宣读，从"个案"分析入手，探讨了汉语被字句对理想认知模式的偏离问题，并听取了诸多专家学者的修改意见。以此为基础，笔者又进一步做了第一章与第二章有关"预设偏离"与"预期偏离"的研究。在此，我们对这两个比较有影响的国内汉语语法研讨会的倡导者上海师范大学的齐沪扬教授与华中师范大学的邢福义教授表示崇高的敬意！正是前辈学者打造的良好的交流学习平台，才使得年轻学者有了更多提高与学习的机会。

笔者非常感谢吉林大学博士学位论文答辩时（2014.5.26），邹韶华教授、吕明臣教授、吴长安教授、岳辉教授、刘富华教授诸位专家学者所给予的很多批评意见，这些意见对笔者今后的研究启示良多，对此笔者表示深深的感谢！博士论文的写作，还受到"吉林大学2012年博士研究生杰出人才培育资助计划"的研究资助。另外，我在读博士期间主持结项的黑龙江省教育厅人文社会科学研究项目"复合被字句研究"（项目编号：11544009）、"大庆师范学院科学研究基金资助项目"（项目编号：09SG01）、大庆师范学院社会科学青年基金项目"汉语被字小句研究"（项目编号：08SQ08）也都为本著的撰写奠定了基础。正是有了以上项目研究与资金的帮助与支持，才使得本研究得以顺利进行。特此致谢！

我要感谢辽宁大学的唐厚广教授、华中科技大学的程邦雄教授、山西社会科学院的李小平教授和华中师范大学的谢晓明教授，正是前辈学者对新人的关注，才使得笔者得到更多的锻炼与成长、学习的机会。另外，我还要感谢我的硕士生导师禹平教授，是她在给予笔者论文指导的同时，又进一步完善了笔者的性格，让笔者能够更好地处理学问与生活之间的关系。时至今日，每当学业上有些成绩、家庭生活顺遂时，都能得到禹平老师的鼓励与支持，在此笔者也深表感谢。当然，我特别要感谢我的三位大学老师——杨波老师、王佳泉老师和王学谦老师，思辨能力的培养恰恰源于这三位长者的启发与一路提携！

本书最后又在博士论文基础上增加了最新的研究成果（第四章），即"汉语被字句的事件类型"，这是笔者对汉语进行"事件类型"探讨的首次尝试，也是准备构筑"汉语事件语法理论体系"的"初步"尝试与"个案"分析。因为是首次尝试，所以一定会有分类的不足和个别类划分时的模糊地带及偶然交叉，这些都可以作为我们进一步深入讨论与研究的问题，欢迎读者提出宝贵意见。然而，瑕不掩瑜，对汉语以"小句"为单位划分基本的"事件类型"这一努力还是必要与合理的。对刚出现的事物，我们可以允许它"不完美"，但我们却不能"因噎废食"，应该想办法一点点完善它，让它慢慢成长。这就是笔者今后几年要做的事情。基于此，笔者认为，本书以"被字句"为切入点研究汉语"事件类型"的首次尝试，还是有一定研究价值与意义的，望能得到更多的汉语研究者的认同与建议。

  笔者十分感谢辽宁大学文学院专著出版资金的支持，使得我能顺利地完成首次的理论"尝试"与"个案"分析。

  最后，关于本书的付梓出版，笔者还要感谢硕士研究生2017级的李楚乔、郎斯琦、王晓宇、许宁钊同学，2018级的李慧、曾汉英、张蕾蕾同学，他们分别对全书章节进行了辛苦细致的校对工作。在此，对他们的辛勤劳动与付出表示最诚挚的谢意！

颜力涛

2019年9月2日于沈阳寓所

引　　言

一　问题的发现与提出

观察语言事实，我们发现如下语言现象：

（1）＊饭被吃进肚子里了。
（2）饭被吃吐了。
（1′）饭吃进肚子里了。
（2′）饭吃吐了。

通过比较我们发现：汉语被字句似乎不愿意表达"完形"的东西，"饭"就是要往肚子里"吃"的，这是"吃饭"的一个"完形"事件；当这个"完形"事件发生"偏离"的时候，该被字句就能成立，如例（2）。这种"完形"偏离似乎可以通过"理想认知模式的偏离说"进行解释，但问题是，这种解释对汉语被字句是否具有周遍性？另外，对下面的例子我们又该做如何解释？

（3）被他跑了。
（4）我回家才发现，饭竟然被吃了。

语感告诉我们，例（3）与例（4）通过"预期偏离义"或句子的"隐含义"可能会得到较好的解释，但我们的问题又来了，如果句子的"隐含义""预期偏离义"与"理想认知模式的偏离义"有

"偏离"问题,那么,是否也会有"预设"的偏离问题呢?它们四者在汉语被字句的解释上是一个什么样的关系?它们之间是一种相互替代的关系,还是各自独立或偶有交叉的关系?

下面就把"偏离义"作为我们研究的视角,并以"预设内蕴含的偏离义"、句子的"隐含义""预期偏离义"与"理想认知模式的偏离义"四个侧面作为研究切入点,展开对汉语被字句的研究,最后,为了系统、全面地探讨汉语被字句"理想认知模式的偏离义"问题,我们又对汉语被字句的"事件类型"进行了研究,以期对汉语被字句做更好的解释。鉴于句子"隐含义"类型较为单一,我们把它与"预期偏离义"加以合并讨论。

二 文献述评

汉语被字句的海外研究以赵元任(1979[1968])的结构主义分析,Li and Thompson(1981)的功能主义分析,Chappell(1984、1986)的语义分析为代表,但由于历史原因,1957年至今Chomsky等的转换—生成语法在海外占了上风。对中国大陆影响较大的有"被动转换说"[余霭芹(A. Hashimoto),1964]、"NP—移位说"[李艳惠(A. Li),1985、1990]、"动词说"[桥本万太郎(M. Hashimoto),1969]、"双重地位说"(石定栩,1997)、"作格化说"(邓思颖,2004)、"功能性成分说"(或"准轻动词说")(石定栩、胡建华,2005)、"轻动词说"(邓思颖,2008)、"谓语化说"(邓思颖,2008)等。[①] 国内汉语被字句的研究主要集中在结构、功能与认知方面,以赵元任(1979/1968)的"动作方向说"、王力(1943)的"话题转换说"、薛凤生(1994)的"主次话题说"、张伯江(2002)的"主观移情说"、宋文辉(2003、2005)的"凸显说"和"主观归因说"为主要代表。赵元任(1979/1968)的"动作方向说"对汉语被字句的研究影响最为深远,以"处置说"(王力,1943)、"不如意说"("不企望说")(王力,1943)、"致使说"(薛凤生,1994)、"受影响说"(张伯江,

---

① 国外汉语被字句的部分研究状况借鉴了石定栩(1999)的研究成果。

2001）为主要代表。前人研究成果颇丰，这为进一步研究提供了启发与佐证：由"不如意说"（"不企望说"）衍生出的影响较大的学说主要有"遭受说"（丁声树等，1961）、"不满说"（吕叔湘，1965）、"非常规说"（王静、王洪君，1995）和"偶然说"（杉村博文，1998），它们似乎都围绕人们心中的"完形"展开，汉语被字句都不同程度地偏离了这个"完形"，从而给人带来很多不快与失望。下面具体述评由"不如意说"所衍生出的有关汉语被字句的四种主流说法，以期为本节的"偏离说"观点提供佐证。

（一）遭受说

丁声树等（1961）认为："'被'字表示一种遭受现象。"① "就传统的用法说，'被'字句主要是说明主语有所遭受，遭受自然不是自愿的，因此只能表示有损害或不愉快、不愿意一类的行为。'刚才说的话被他听见了'，一定是不愿意他听见，跟'他听见了刚才说的话'意思并不相同，因此'我写字'不能改成'字被我写'，因为'写'对于'字'既没有什么损害，也无愉快或愿意可说，除非说，'字被我写坏了'。"② "最近几十年来，多少是因为受了外国语的影响，传统的用法渐渐打破了。"③ 如④：

（5）天井被雪片装饰得那么美丽，那么纯洁。（巴金）

（6）半年之后，金桂被村里选成劳动英雄，又选成妇联会主席，李成又被上级提拔到区上工作。（赵树理）

用"遭受说"解释的矛盾之处正如丁声树等（1961）所指出的："表示遭受的意思，口语里'教'和'让'比'被'更普通。"⑤ 我们为何单独把"遭受义"列为汉语被字句独有的语义？汉语被字句的语义究竟有何特殊和与众不同之处？"遭受说"依旧无法给出更好

---

① 丁声树等：《现代汉语语法讲话》，商务印书馆1961年版，第98页。
② 同上书，第99页。
③ 同上。
④ 同上书，第100页。
⑤ 同上。

的解释！可见，"遭受说"还是面临着和"不如意说"同样的问题，丁声树等（1961）用"外语影响说"所进行的解释，仍不能更好地解决汉语被字句所面临的实际语言问题。

（二）不满说

吕叔湘（1984/1954）认为："有些把字句改成被字句之后，多了一层不满、不以为然的意思。"① 并举例分析如下②：

（7）我们动身的日子被他告诉了他们。（好像是怪他多事）
（8）这本杂志被他翻了几页。（似乎是说这本杂志是他翻不得的）
（9）谷大娘的两个缸里被她挑满了水。（暗示这两个缸不是盛水的）
（10）地被你碰［了］个大窟窿。（仿佛你得给赔似的）

吕叔湘（1984/1954）认为："这是因为被字句原来有这种语义色彩，虽然现在渐渐出现一些不带这种色彩的被字句，可是还没有能叫所有的被字句都失去这种含义。"③

吕叔湘虽然肯定了汉语被字句主体的"不满义"，但仍缺乏对汉语被字句做"周遍性"解释。类似于"他被授予博士学位""他被选为班长"这样常用的汉语例子，我们用"不满说"依然无法做出更好的解释。

（三）非常规说

王静、王洪君（1995）认为："说话人把生命度高的事物作用于生命度低的事物看作现实的常规，因而也把它选作了无标记的句法形式：符合这一模式则可以有多种用或不用标记'被'的句式，不合这一模式则需要加标记'被'甚或只能用基础句式。"④

---

① 吕叔湘：《被字句、把字句动词带宾语》，吕叔湘：《汉语语法论文集》，商务印书馆1984年版，第205页。
② 同上。
③ 吕叔湘：《汉语语法分析问题》，吕叔湘：《汉语语法论文集》，商务印书馆1984年版，第205页。
④ 王静、王洪君：《动词的配价与被字句》，沈阳、郑定欧主编：《现代汉语配价语法研究》，北京大学出版社1995年版，第90—118页。

有关"弱施事性和句子的主观性",张伯江(2002)有如下研究结论:"当叙述视点居于常规施事位置时,句中的施事就是强施事;当叙述视点离开常规施事位置时,如到了'把'字句的次主语位置、双宾句的间接宾语位置、单宾句的宾语位置等,句中的常规施事位置就会出现弱施事成分。"① "弱施事成分的出现,是因为叙述视点与常规施事位置的分离;叙述视点之所以离开常规施事位置,是由于在与句中另一个语用角色——移情焦点的竞争中失败而让出了位置。"② 例如③:

(11) 阴雨把远道的客人困住了。(把字句)("阴雨"是移情焦点和弱施事)

(12) 他的讲话给了我们极大的鼓舞。(双宾句)("他的讲话"是移情焦点和弱施事)

(13) 工地噪音吵了我一宿。(单宾句)("工地噪音"是移情焦点和弱施事)

熊学亮、王志军(2003)认为:"在英语中,被动句主语所表达的实体,只要受到某一行为的影响即可合法化。而在汉语中,原意'遭受'的'被'字,在语法化过程中却多少留下了原意的蛛丝马迹。结果,被动句主语表达的实体,有时必须在外力的作用下发生异常的状态、位置或情绪的变化,才能合理化。例如,英语被动句 The house was built 能够成立,而我们一般不说'房子被盖好了',但是可以说'房子被盖歪了',因为后一句中的主语所表达的实体发生了意想不到的状态变化,即不应该盖歪的房子却盖歪了。同样,我们一般也不说'衣服被穿了;布告被贴了;那本书被他写了;那首歌被他唱了;纸条被屋顶上的猫看见了;这个恶霸被百姓们恨了'等等。但可以说'衣服被脱了;衣服被穿破了;布告被揭了;布告被贴倒了;那本书被他写得不像书;那首歌被他唱得出神

---

① 张伯江:《施事角色的语用属性》,《中国语文》2002 年第 6 期。
② 同上。
③ 同上。括号内容根据原文观点整理而成。

入化；纸条被老师看见了；这个恶霸被百姓们恨得咬牙切齿'等等（杨国文，2002）。"①

但这仍无法解释汉语被字句的下述现象：

（14）张三被授予博士学位。
（4）我回家才发现，饭竟然被吃了。

对例（14），我们用"非常规说"该如何解释？是怎么个"非常规"？例（4）里究竟存不存在"常规"问题？这些用"非常规说"还没有更好的解释。

（四）偶然说

杉村博文（1998）认为，"难事实现"含有语义特征［偶然］或［意外］，而"偶然""意外"是"被动"义的主要组成部分之一，②并用"偶然说"解释了下面的例子：③

（15）她是以自己全身心来爱着赵勇的，为他抛弃了一切，牺牲了一切，贡献了一切……这几天，赵勇感冒了，她每天拉他到医院去打针。可巧被我们碰上了。（姜天民：《第九个售货亭》）

但"偶然说"仍无法解释"张三被授予博士学位"这样的例子，因此，在汉语被字句的解释上仍未能超越前人。

三　几个相近概念的区别与联系

（一）理想认知模式理论问题

理想认知模式理论是 George Lakoff 于 1987 年提出的，其建构原则是命题结构、意象/图式模式、隐喻模式和转喻模式。在 Lakoff 看

---

① 熊学亮、王志军：《被动句认知解读一二》，《外语教学与研究》2003 年第 3 期。
② 杉村博文：《论现代汉语表"难事实现的被动句"》，《世界汉语教学》1998 年第 4 期。
③ 同上。

来，运用 ICM 来分析概念范畴能揭示范畴中百科全书式的丰富知识。理想化的认知模式是某个域最突出、最常规的那一部分或是多个域的交集，也是人们以框架为背景分析某一概念系统中最典型的一员。王力（1985/1943）在《中国现代语法》里有过如下描述："动作的对象虽有多种，但动词独用的时候，当然指最常见的动作而言。例如'吃'字独用的时候就是指'吃饭'（'您吃过没有？'就等于说：'您吃过饭没有？'），不会是指'吃梨'。"① 其实，这里反映的就是理想认知模式问题。陆俭明（2009）认为，不同认知域之间不是投射/映射关系，而应该是激活/联想关系。本书认同陆俭明（2009）的这一观点，但以往的研究仅考虑简单结构的理想认知模式问题②，即便如此，对"人称代词"的理想认知模式问题也鲜有人提及。另外，对于复杂结构的理想认知模式问题也鲜有人提及，本节重点讨论人称代词的理想认知模式问题，以及复杂结构的理想认知模式问题。所谓简单结构，我们指仅有一个词的情况，复杂结构指有两个或两个以上词的情况。

1. 理想认知模式的主要激活方式

（1）简单结构的理想认知模式问题

George Lakoff（1987）在探讨该理论时，主要列举了"名词"的例子，如对"母亲""单身汉"的讨论。Langacker（2008）的认知突显理论，与该理论有异曲同工之妙，列举的也主要是"名词"或"名词性短语"的例子，如"弦"和"直角三角形"。Goldberg（1995）、宋文辉（2005）则列举了"动词"或"动词性短语"的例子，如对"marry（结婚）""摔断"的分析。沈家煊（2000）对此也比较认同，指出："名词有 ICM，如'单身汉'、'母亲'（Lakoff, 1987）；动词有 ICM，如'扔'、'死'"③。George Lakoff（1987）与

---

① 王力：《中国现代语法》，商务印书馆 1985 年版，第 44 页。
② 陆俭明（2009）曾经探讨了"叠加激活"问题，但探讨的是同一个语言单位的"连锁"式激活问题。以"菜篮子"为例，由"菜篮子"激活"菜"，再由"菜"激活老百姓的生活必需品"副食品"。本节关心的是两个或两个以上语言单位一起组合时所激活的理想认知模式问题，与陆俭明（2009）探讨的问题有所不同。
③ 沈家煊：《句式和配价》，《中国语文》2000 年第 4 期。

Langacker（2008）等人也分析了"in""into""out"等的例子，可见，他们也比较认同介词的 ICM。

基于此，我们认为：前贤基本上认同名词、动词、介词及其短语性结构可激活理想的认知模式。根据我们的研究，人称代词同样也可激活相应的理想认知模式。

人称代词可出现在以下两种语境中，分别构成两种不同的理想认知模式：

1）会话语境：由"说话者、听话者、旁观者"构成。在该语境中，第一人称理解为说话者，第二人称理解为听话者，第三人称理解为旁观者。人称代词在会话语境中，激活的理想认知模式要符合礼貌原则。有关 Leech 的礼貌原则，熊学亮、刘国辉（2002）简述如下：

A. 得体准则：a. 使他人受损最小；b. 使他人受惠最大。
B. 慷慨准则：a. 使自己受惠最小；b. 使自己受损最大。
C. 称赞准则：a. 尽量缩小对他人的贬损；b. 尽量夸大对他人的赞扬。
D. 谦虚准则：a. 尽量缩小对自己的赞扬；b. 尽量夸大对自己的贬损。
E. 一致准则：a. 尽量缩小自己与他人的分歧；b. 尽量夸大与他人的一致。
F. 同情准则：a. 尽量缩小自己对他人的厌恶；b. 尽量夸大自己对他人的同情。

按照礼貌原则，作为行为者，由第一人称到第三人称：受损程度逐渐递减，受惠程度逐渐递增；认同他人的程度逐渐递减，同他人的分歧程度逐渐递增；对他人同情的程度逐渐递减，对他人厌恶的程度逐渐递增。这些构成会话语境下人称代词的理想认知模式。为了叙述方便，我们称之为人称代词的 A 模式。

2）叙述语境：由"叙述者、被说及者（主人公、主角）"构成。在该语境中，第一、二人称并不一定等同于发话者和受话者。

只有在发话者同时也是被说及者（主人公、主角）时，发话者才与第一人称一致；只有在受话者同时也是被说及者（主人公、主角）时，受话者才与第二人称一致。第三人称则比较简单，只要是发话者、受话者之外的被说及对象，那就一定是第三人称。人称代词在叙述语境中激活的理想认知模式要符合生命度等级量表的要求。

王静、王洪君（1995）指出："Hopper & Thompson（1980）提出，名词性成分因小类的不同而有不同的施动力，施动力越高则做施事的可能性就越大。施动力的高低取决于名词性成分的人称和生命度，形成如下表所示的施动力连续统。"[①]。

表1

第一人称	第二人称	第三人称	专有名词	人	动物	无生物
代词	代词	代词	普通名词			
施动性强						施动性弱

资料来源：王静、王洪君《动词的配价与被字句》，沈阳、郑定欧主编：《现代汉语配价语法研究》，北京大学出版社1995年版。

按照生命度量表，由第一人称到第三人称施动性逐渐递减。这些构成了人称代词在叙述语境下所激活的理想认知模式。为了叙述方便，我们称之为人称代词的B模式。

由此可见，名词、动词、介词、人称代词都可激活理想认知模式，这解决了简单结构的理想认知模式问题。简单结构理想认知模式只有"部分激活"的方式。

（2）复杂结构的理想认知模式问题

语言往往不是由一个语言单位所构成的，当出现两个或两个以上语言单位时，就涉及理想认知模式的激活机制问题。对相关问题，Pustejovsky（1991、1995）和沈家煊（2000）都做过初步探讨，例如，Pustejovsky（1991、1995）的衍生词汇理论（Generative Lexicon）认为：谓词激活了理想的论元结构（Argument Structure）

[①] 王静、王洪君：《动词的配价与被字句》，沈阳、郑定欧主编：《现代汉语配价语法研究》，北京大学出版社1995年版，第94页。

和事件结构（Event Structure）[包括状态（State）、过程（Process）和过渡（Transition）]，体词激活了理想的物性结构（Qualia Structure）[包括构成（Constitutive）、形式（Formal）、功能（Telic）、施事（Agentive）]。沈家煊（2000）认为："句子也有ICM，表达一种关系，如'你今天迟到了没有？——路上又堵车了'，利用的是'原因—结果'ICM。"[①]

由此可见，名词、动词、介词、人称代词和整体结构都可以激活理想认知模式，理想认知模式不应是单一层面的，而是一个复合体。上面的分析似乎还认定了语言的一个基本事实：理想认知模式主要是通过部分与整体叠加激活的方式实现的。下面，我们将以"吃饭"事件理想认知模式的建构为实例进行分析。

2. "吃饭"事件理想认知模式建构的实例分析

（1）名词"饭"激活的理想认知模式

1）受事是物。（+物）

2）"饭"是用来"吃"的，"吃"可看作受事"饭"的唯一用途。[②]（+用途）

3）"饭"是"做"出来的，受事"饭"内含"做"等制作类动作。（+制作）

4）受事"饭"处于可接受状态，包括质地、味道、颜色等。（+可接受）

5）"饭"通常装在锅、碗、饭盒等器皿里。（+盛具）

6）受事"饭"状态发生适量变化：有一定例外或遗漏。（+状态适量变化）

（2）动词"吃"激活的理想认知模式

1）有受事者。（+受事者）

2）有单一特定的（single definite）受事。（+单一特定）

[①] 邓云华、曾庆安：《英汉被动句理想化认知模式的研究》，《外语研究》2011年第2期。

[②] "物"激活的动作并不总是唯一的，如"酒"，不光是用来喝的，还可用来做菜、做药、进行化学试验等，因此，可以说"酒被喝了"。因为"酒"有很多用途，"喝酒"无非"酒"众多用途中的一个。"喝"与"酒"在"用途"上，不构成唯一的理想认知模式。

3）有施事者。（+施事者）

4）有单一特定的（single definite）施事者。（+单一特定）①

5）动作"吃"是真实的。（+真实）

6）动作"吃"要借助施事的手、嘴或其他辅助工具完成。（+工具）

7）动作"吃"要耗费一定的体力、精力和金钱。（+适量体力）（+适量精力）（+适量金钱）

（3）动词性结构"吃饭"激活的理想认知模式

1）施事是人。（+人）

2）施事"人"的动作或意志、想法（will）先于受事"饭"的改变。（+动作先时性）

3）施事"人"对受事"饭"有一定的了解。（+了解受事）

4）施事"人"意欲适度地进行他的活动（wills his action）。（+意欲）

5）施事"人"适度地操控他的活动。（+适度操控）

6）施事"人"吃饭的目的是维持体内基本的营养供给，满足活动所需的能量。（+目的）

7）施事"人"状态发生适量变化。（+状态适量变化）

8）施事"人"对他的活动和变化承担首要的（primary）责任。（+责任）

9）使受事"饭"有固定的运动路径和方向："饭"由人体之外，经过口，位移到体内。（+固定的运动路径和方向）

10）使施事"人"和受事"饭"发生接触（contact）。（+接触）

11）动作"吃"持续的时间适度，不多也不少。（+时间适度）

12）动作"吃"作用的频度适度，不多也不少。（+频度适度）

13）动作"吃"发生的场所通常在饭馆、宾馆、食堂、家等。（+环境）

14）动作"吃"发生后，周围环境应该是整洁、干净的。（+干净）

（4）"吃饭"事件的理想认知模式

---

① 本节的"单一特定"隐含"相对固定"的含义。此处要感谢张玥师妹的建议。

基于以上分析，我们整理出了"吃饭"事件的理想认知模式：

第一，施事者。

1）有施事者。（+施事者）

2）施事是人。（+人）

3）有单一特定的（single definite）施事者。（+单一特定）

4）施事"人"对受事"饭"有一定的了解。（+了解受事）

5）施事"人"意欲适度地进行他的活动（wills his action）。（+意欲）

6）施事"人"适度地操控他的活动。（+适度操控）

7）施事"人"吃饭的目的是维持体内基本的营养供给，满足活动所需能量。（+目的）

8）施事"人"状态发生适量变化。（+状态适量变化）

9）施事"人"对他的活动和变化承担首要的（primary）责任。（+责任）

第二，受事者。

1）有受事者。（+受事者）

2）受事是物。（+物）

3）有单一特定的（single definite）受事。（+单一特定）

4）"饭"是用来"吃"的，"吃"可看作受事"饭"的唯一用途。（+用途）

5）"饭"是"做"出来的，受事"饭"内含"做"等制作类动作。（+制作）

6）受事"饭"处于可接受状态，包括质地、味道、颜色等。（+可接受）

7）"饭"通常被装在锅、碗、饭盒等器皿里。（+盛具）

8）受事"饭"状态发生适量变化：有一定例外或遗漏。（+状态适量变化）

第三，动作。

1）使受事"饭"有固定的运动路径和方向："饭"由人体之外，经过口，位移到体内。（+固定的运动路径和方向）

2）使施事"人"和受事"饭"发生接触（contact）。（+接触）

3)施事"人"的动作或意志、想法(will)先于受事"饭"的改变。(+动作先时性)

4)动作"吃"是真实的。(+真实)

5)动作"吃"持续的时间适度,不多也不少。(+时间适度)

6)动作"吃"作用的频度适度,不多也不少。(+频度适度)

7)动作"吃"要借助施事的手、嘴或其他辅助工具完成。(+工具)

8)动作"吃"发生的场所通常在饭馆、宾馆、食堂、家等。(+环境)

9)动作"吃"发生后,周围环境应该是整洁、干净的。(+干净)

10)动作"吃"要耗费一定的体力、精力和金钱。(+适量体力)(+适量精力)(+适量金钱)

3. 理想认知模式的其他激活方式

"吃饭"事件的理想认知模式是通过"部分与整体叠加激活"的方式实现的,这虽然是理想认知模式激活方式的主流,但似乎也有例外。例如,施春宏提出下面两个例子的理想认知模式问题:

(16)电脑被修好了。
(17)电脑被修坏了。

施春宏指出:"两例究竟是激活了'电脑'的理想认知模式,还是激活了'修理电脑'的理想认知模式?"这个问题耐人寻味!例(16)与例(17)在理论上都可有如下两种理解:

理解一:发生了同电脑功能不相符的事。(激活了"电脑"的理想认知模式)

理解二:发生了修理电脑这件事,电脑修理好(坏)了。(激活了"修理电脑"的理想认知模式)

但实际上,我们在理解例(16)时,仅能做第一种理解,因为,如果理解成"修好了电脑",我们通常是用受事主语句"电脑修好了"表达,不用被字句表达;我们在理解例(17)时,仅能做第二种理解,这句话很难引起我们对电脑功能偏离的联想。换句话说,例

（16）激活的是"电脑"的理想认知模式，例（17）激活的是"修理电脑"的理想认知模式。

例（16）激活理想认知模式的方式是"部分激活"，即"电脑"激活了"使用电脑"的功能，通过对"功能"的偏离取得了句法上的合法地位；例（17）激活理想认知模式的方式是"整体激活"，即"修理电脑"整体激活了"修理电脑"的理想认知模式，实际上是向听者传递"修好电脑"或"修坏电脑"这样一个"新信息"，借此实现其句法的合法性。由此可见，复杂结构的理想认知模式问题，有时还要根据具体情况、具体问题加以具体分析，主要是通过"部分激活""整体激活"和"部分与整体叠加激活"方式实现的。

我们的研究表明：理想认知模式受语境限制，激活方式具有一定的选择性。

（二）预期问题

吴福祥（2004）指出："预期是一种与人的认识、观念相联系的抽象世界，通常与一定的社会常规、言谈事件中说听双方的知识状态以及特定的话语语境（discourse context）密切相关。（参看 Heine et al., 1991; Schwenter & Traugott, 1995）反预期信息指的是与某个特定预期相反的话语信息。言谈事件中当说话人针对语境中谈及的某一事物或事态（the states of affairs）提出一种与他自己或受话人的预期相反或相背离的断言、信念或观点时，那么该说话人就表达了一种反预期信息。（参看 Heine et al., 1991; Traugott, 1999; Traugott & Dasher, 2002）"[1] 吴福祥（2004）参考 Dahl（2000）的研究指出：反预期信息比中性信息、预期信息的信息量更大，所用的语言形式也更多。[2] 吴福祥（2004）参考前人的研究指出："人类语言中最常见的反预期标记是像副词、连词这样的语法词。"[3]

吴福祥（2004）最后把反预期总结为以下三类：[4]

1) 与说话者的预期相反。

---

[1] 吴福祥：《试说"X 不比 Y·Z"的语用功能》，《中国语文》2004 年第 3 期。
[2] 同上。
[3] 同上。
[4] 同上。

2）与受话人的预期相反。
3）与包括说听双方在内的特定言语社会共享的预期相反。

吴福祥（2004）有关第三点的解释，值得进一步商榷。吴福祥（2004）指出："特定言语社会共享的预期通常体现为某个言语社会普遍接受或认可的先设，它是人基于对客观世界的认识和经验建立起来的一种'常规'，在认知语言学里这种'先设'或'常规'通常被称为老套模式（stereotypes）。"① 有关"先设"的概念，我们通常的解释是：把肯定结构认定为否定结构的"先设"。如果我们把"先设"这一概念也吸收到"预期"概念里的话，"没有"与"不"在"X不比Y·Z"结构上的差别似乎就不存在了；但由语言事实来看，"不比"同"没有比"相比较，确实富含"反预期信息"，我们由此可反推"反预期信息"应该不包括"否定先设"这种情况，吴福祥（2004）所提到的"先设"可能仅是一种方便的提法，意思等同于ICM。

"预期"虽然在理论上如吴福祥（2004）参考 Heine et al.（1991），Schwenter & Traugott（1995），Traugott（1999），Traugott & Dasher（2002）的研究后所介绍的那样，包括说话者、受话者、听说双方共享的知识三类角色的预期，但我们在实际使用时，却多数倾向于从"受话者"角度来理解"预期"这一概念。吴福祥（2004）在引用 Dahl（2000）的研究区分预期信息、反预期信息和中性信息的时候，都着眼于受话者，即是证明。鉴于此，本书所提及的"预期"暂不包含"与包括说听双方在内的特定言语社会共享的预期"，即理想认知模式（ICM）。

齐沪扬、胡建锋（2006）认为，所谓的"预期信息、反预期信息和中性信息"的划分，"主要是从新信息与受话者预期信息'是'或'不是'在同一方向的角度来说的，也就是看新信息与预期信息方向是否一致：是，就是预期信息；不是，就是反预期信息；受话者没有预期的新信息就是中性信息"②。在此基础上，齐沪扬、胡建锋

---

① 吴福祥：《试说"X不比Y·Z"的语用功能》，《中国语文》2004年第3期。
② 齐沪扬、胡建锋：《试论负预期量信息标记格式"X是X"》，《世界汉语教学》2006年第2期。

（2006）进一步从信息量的角度，提出了"超预期量信息"和"负预期量信息"，即"实际量超过预期信息量的叫作超预期信息量（以下简称超预期量），低于预期信息量的叫负预期信息量（以下简称负预期量），相应信息分别叫作超预期量信息（above-expected information）和负预期量信息（under-expected information）"①。并指出："负预期量信息可能是预期信息，也可能是反预期信息"，"并非所有的预期信息都有负预期量信息，没有量化序列的预期信息就没有负预期量信息，因为不能量化就无所谓量的大小。"② 本节把"超预期量"与"负预期量"均视为"预期量偏离"信息，或广义的"预期偏离信息"。

吴春仙（2001）指出"反预期"的不同表现形式，例如③：

1）为达到一定的目的而采取某种措施或手段，这种预期 A 表现为"达到一定目的"，而结果（实际情况）不仅没有达到或不能达到目的 A，反而走向或会走向预定目的的对立面 B。措施或手段对行为主体来说是可控的，而结果是不可控的。产生跟预期目的不同的实际结果有两个原因：一是由于措施或手段不当造成的；二是由于实际结果涉及第二行为主体，而这第二行为主体是不可控的。

2）预期 A 建立在某一情理的基础上，结果 B 和这一情理是相违背的。这一情理可以是不言而喻的常识、常理，或人所共知的事实，也可以是某种规定、制度、法律等，前两种情形在文中可以不必说出来，对后一种情形应该有所交代。

3）预期建立在上文背景句所提供的一种逻辑基础之上。背景句一般表述为：在甲条件下表现为情形 A，按照背景句的逻辑，可以预期在乙条件下也应该甚至更应该表现为情形 A，而实际情况是，在乙条件下表现为情形 B。还有一种用法，就是按照常理，甲条件应该和情形 B 对应，乙条件应该和情形 A 对应，而实际情况却是，甲条件和情形 A 对应，乙条件和情形 B 对应。

---

① 齐沪扬、胡建锋：《试论负预期量信息标记格式"X 是 X"》，《世界汉语教学》2006 年第 2 期。

② 同上。

③ 吴春仙：《"反而"句的语义逻辑分析》，《语言教学与研究》2001 年第 4 期。

4）预期表现为某人对某事的一种心理倾向 A，而实际情形不仅不是 A，反而是 B。预期也可以是说者由对某事的心理倾向而预期另一主体对该事所持的态度应该是 A，而实际情形是，另一主体的态度不仅不是 A，反而是 B。

5）说者基于某种需要而对未知情形有一种预期 A，可实际情况不仅没有实现 A，反而走向了离需要更远的 B。

为了便于理解，我们可以总结成反目的预期、反情理预期、反背景预期、反心理预期和反满足性预期。

郑娟曼（2009）列举了反预期的一些表现：①

1）构式的语义前提是受话者存在一个预期 E，而事实是非 E。那么非 E 对于受话者来说就是一个反预期信息。

2）推理否定，通过"说话者是 NP"这一信息为假或者与受话者谈论的话题无关而达到否定的目的。

郑娟曼（2009）还对比了以下两种情形，认为都是"反预期"：②

（18）箱子里有苹果，自己拿！——还苹果呢，都是鸭梨！（主体否定）

（19）箱子里有苹果，自己拿！——还苹果呢，都烂光了！（背景否定）

郑娟曼（2009）认为：例（18）否定了"NP"主体本身，"苹果"；例（19）否定了与 NP 相关的背景信息，"箱子里有苹果"。郑娟曼（2009）的研究在反预期现象的分类上，基本上没有超出吴春仙（2001）的研究，但郑娟曼（2009）所提到的"推理否定"，却是吴春仙（2001）没有谈到的，这里为了理解与记忆的方便，我们称之为无关性预期否定。

韩蕾（2009）提出一种"间接反预期"现象，即"VPn1 是表层预期，VPn2 是由该预期引发的更深层的预期"，"间接反预期"违反

---

① 郑娟曼：《"还 NP 呢"构式分析》，《语言教学与研究》2009 年第 2 期。
② 同上。

了"深层的预期""这种反预期表达得非常曲折"①。例如②：

(20) 我吴妈是老妈子，我伺候我的主人，可不伺候老妈子！那个金嫂太欺侮我了！我是小姐的人，不是金嫂的老妈子呀！(琼瑶《紫贝壳》)

另外，有关"预期"，我们也应该如"预设"概念一样，区分出语义预期与语用预期，因为这两种预期在实际语料中并不一定总是重合的，为了叙述清晰，我们对这组概念一定要加以区别。例如：

(21) 可是事情既发生在现时，即使他有妥当的办法，谁能保险整个的北平不在明天变了样子呢？谁敢保证明天钱先生不再被捕呢？谁知道冠晓荷要怎样报复呢？谁敢说金三爷，甚至连他自己，不遇到凶险呢？在屠户刀下的猪羊还能提出自己的办法吗？他干嗽了好几下，才说出话来。(《四世同堂》)

观察例(21)我们发现："被捕"短语的预期是"人处于自由状态"，但放在句子"谁敢保证明天钱先生不再被捕呢"中，整个句子的预期却是"被捕"。前者就是语义预期，不考虑语境，后者就是语用预期，要结合语境来考虑。再具体来说，就是"语用预期"关注不同小句间的连接、嵌套等情况，而"语义预期"则主要关注单个小句的情况。

我们的研究表明：汉语被字句的"反预期"，并不限制在语义预期或语用预期上，而是要偏离其中一种，即可使被字句成立。

另外，"预测"不等于"预期"，下面的例子都属于"预测"：

(22) 假若钱少爷和日本人冲突，那就非也被捕不可。(《四世同堂》)

---

① 韩蕾:《"人称代词+称谓"序列的话题焦点性质》，《汉语学习》2009年第5期。
② 同上。

(23) 不错,钱先生也许只看到了眼前,而没看到"永生",可是没有今天的牺牲与流血,又怎能谈到民族的永生呢?他知道钱先生必定会再被捕,再受刑。(《四世同堂》)

(24) 是的,钱诗人早晚是会再被捕,被杀掉。(《四世同堂》)

(25) "药费也说定了好不好?归了包堆,今天这一趟你一共要多少钱?"李四爷晓得八元的出诊费已经是很高的,他不能既出二十元的诊金,再被医生敲一笔药费。(《四世同堂》)

例(22)如果发生了"钱少爷和日本人冲突"的事件,就会有"一定被捕"这样的预测;例(23)"钱先生必定会再被捕,再受刑"是"他推知的";例(24)"钱诗人早晚是会再被捕,被杀掉"也是说话人对将来的预测;例(25)"他不能既出二十元的诊金,再被医生敲一笔药费"是"李四爷"预测的。预测与预期最大的差别在于,预测出现在虚拟句中,而预期存在于现实句中。例(22)到例(25)都是虚拟句。

(三) 预设问题

预设通常有两种分类:一种是语义预设,另一种是语用预设。所谓语义预设,即从逻辑学的真值条件研究的预设。语句的真假情况(肯定、否定、怀疑)对预设没有影响,即预设总是真的,预设不能为假,如果预设为假,那么语句就无所谓真假,即无意义了。预设会受到焦点的影响,焦点不同,预设也不一样。预设还会受语句中某些词语的影响而被"触发"出来,这些词语被称为"预设触发语"。卡图南收集了31种预设触发语。汉语的预设触发语大致相同。解释如下:

第一类:表重复的副词,"又、也、再"等。

(26) 他今天又迟到了。(>> 他曾经迟到过)
(27) 妈妈,我也要买气球。(>> 有人买了气球)

第二类:表状态变化的动词,"停止、改正、解决、纠正"等。

(28) 现在, 严高改变了看不起群众的错误, 有事都找群众商量。(>>他原来看不起群众)

(29) 这次会议, 解决了领导班子内部的一些不团结的问题。(>>领导班子内部原来不团结)

第三类: 一些心理活动动词, "忘记、懊悔、后悔"等。

(30) 常玲忘记了把鲜花献给外宾。(>>常玲原来想把鲜花献给外宾)

(31) 雷兵后悔跟小陈讲了自己的想法。(>>雷兵跟小陈讲了自己的想法)

第四类: 延接性词语, "继续、正在"等。

(32) 我们继续学习文件。(>>我们原来就在学习文件)
(33) 他还在发言。(>>他原来就在发言)

第五类: 疑问代词、疑问句中的列举选择项, "为什么、什么时候"等。

(34) 王刚为什么不把文件送给校长?(>>王刚没把文件送给校长)
(35) 他什么时候来到了北京?(>> 他已经到了北京)

第六类: 某些复句关系词语, "要是、如果、虽然……但"等。

(36) 如果他爸爸还在世, 那么, 他们家的景况就不会像现在了。(>>他爸爸不在世了)

(37) 他虽然已经八十岁, 但食欲很好。(>>八十岁的人食欲不是很好)

第七类: 表状态的形容词, "醉、胖、高、快、白"等。

（38）他喝醉了。（ >> 他原来没醉）

（39）你胖了。（ >> 你原来不胖）

因为语义预设在一定语境下会消失，所以语用预设受到了关注。所谓语用预设，即预设要与语境紧密结合，预设是言语行为的先决条件（合适性）；语用预设必须是交际双方共知的（共知性）。

吴福祥（2004）介绍了反预期标记的两种属性:①

1）它们的使用隐含了被断言的情形与特定语境里被预设、预期的情形或者被认为是常规的情形之间的一种对比。

2）前者与后者相背离，反预期标记的主要功能是将这个断言与所预设或预期的世界以及常规联系起来。

以上研究表明：在反预期标记问题上，反预期与预设偏离并不能截然分开。祝东平（2007）的研究也佐证了这一点：②

（40）别错了！= 别写错了！

预设：受话人正在进行某动作行为（写字），发话人认为有可能偏离预期结果（正确）。

话语含义：可能偏离预期结果 → 不偏离。发话人提醒受话人不要偏离预期结果。

郑娟曼（2009）所列举的一些"反预期"现象，也可理解成"预设偏离"：③

（41）你跟你男朋友何时结婚啊？——还男朋友呢，我们是大学同学。

---

① 吴福祥：《试说"X 不比 Y·Z"的语用功能》，《中国语文》2004 年第 3 期。
② 祝东平：《"别 V 了"的语用分析》，《长春师范学院学报》（人文社会科学版）2007 年第 6 期。
③ 郑娟曼：《"还 NP 呢"构式分析》，《语言教学与研究》2009 年第 2 期。

例（41）问话中的预设是"某个人是受话者的男朋友"，答话"还男朋友呢"否定了这个预设。郑娟曼（2009）谈到的这例反预期，可理解成预设偏离。难怪张旺熹、李慧敏（2009）研究时指出："从语用角度来看，预设是指说话人在说某一句话时所持有的一系列设想和假设。即预设就是言者的某种期望"，"'可'字测度句是问话人在信疑之间希望自身想法得到肯定的一种期望，因为测度也是一种心理预期。"[①]

此时，预期与预设就是一种重合关系。当然，我们也可以把它们理解成毫不相干的一组关系，因为预设与预期在做如下理解时，就不存在交集，这样的现象也比较多，例如：

（42）我今天去北京。

预设：存在一个人——"我"，一个地点——"北京"。
预期：某人今天去北京，或我某天去北京，或我今天去某个地方，等等。

郑娟曼（2009）介绍的一些"反预期"现象，也与"预设偏离"无关，例如：[②]

（19）箱子里有苹果，自己拿！——还苹果呢，都烂光了！

例（19）中的发话者陈述了一个事实："箱子里有苹果"，受话者用"还苹果呢"否定了这个事实，"箱子里有苹果"显然已不是"预设"，我们只能理解成"预期"。此时的预设与预期关系较远，不易将之混淆成一个概念。

还有一种预期与预设纠结在一起的情况，王瑞杰（2010）的研究指出了共识观视角下预设研究的欠缺，所谓的"共识预设观"，即

[①] 张旺熹、李慧敏：《对话语境与副词"可"的交互主观性》，《语言教学与研究》2009年第2期。

[②] 郑娟曼：《"还NP呢"构式分析》，《语言教学与研究》2009年第2期。

"预设是一种命题（proposition），说话人在说出包含此命题的话语时相信该命题已经是交谈双方的共识（common ground）。预设被说话者视为话语交流者的共知（common knowledge 或 mutual knowledge）"①。这种预设观的欠缺在于无法更好地解释下面的语言现象：

（43）A：你去吃饭吗？
　　　B：不，我去接孩子。

问话者 A 与答话者 B 并没有达成共识的预设，此时我们用"预期"解释倒较为合理，即问话者 A 预期答话者 B 有可能会有吃饭的想法，用"是非问句"进行确认，答话者 B 的回答违反了问话者 A 的预期，并用"我去接孩子"进一步否定了问话者 A 的预期。可以说，此时的问话者 A 与答话者 B 有着各自的预设，并不共有。另外，问话者 A 的"预设"与"预期"发生了重合，答话者 B 的"预设"与"反预期"发生了重合。由此可见，两组概念由于知识背景与范围不同而存在一定的交叉，似乎很难等同看待。

有时，预设与理想认知模式部分混同在了一起，例如，黄华新、徐以中（2007）指出："从信息传递的角度而言，语用预设在功能上可分为两类：一类是发话人所假定的基本常识；另一类是发话人的意图，这是发话人希望听话人能从断言中推论出来的信息，它往往是新信息。"② 黄华新、徐以中（2007）"把前者称为常规预设，后者称为意图预设。"③ 张云峰（2008）进一步区分了常理预设与常情预设：所谓常理预设，即"'一些经验性的规则性的知识——概率性的知识'（桂诗春，1999），也就是人们普遍认同的事物或事件之间的常态联系"④。例如，"上帝没有悲伤，神仙黑白分明，魔鬼不害怕一切，巫女恶毒少情，天使善良友爱"⑤。所谓常情预设，即"人们对

---

① 王瑞杰：《共识观视角下预设研究的再思考》，《茂名学院学报》2010 年第 2 期。
② 黄华新、徐以中：《预设的动态性和动态预设观》，《浙江大学学报》2007 年第 5 期。
③ 同上。
④ 张云峰：《"美女也愁嫁"中"也"字的逆接》，《修辞学习》2008 年第 1 期。
⑤ 同上。

事物的属性如性质、状态等所普遍具有的情感体验"①。"平凡不浪漫，冷落不感人，婆婆妈妈不动人，无聊就是没劲、不快乐。"②

王瑞杰（2010）区分了预设与声称，即"预设是建立在说话者对交谈双方共识的预期的基础上的。如果说话者假定受话者不会反对自己将要表达的信息，他就可以预设它；如果说话者认为自己将要表达的信息或许会遭到质疑，为了会话的有效性，他就需要声称。不管是预设还是声称，如果从共识观的视角入手关注句法结构，我们将很难有大突破"③。换句话说就是，当说话者预计可能做了合受话者预期的表达时，就存在预设；当说话者预计可能做了反受话者预期的表达时，就是发生了声称。

郑娟曼（2009）介绍的一些"反预期"现象，有的是一种"反真值"现象，有的是一种"预设偏离"现象。例如④：

（44）这是到上海了吧？——还上海呢，杭州市区都没出来呢！
（45）还富翁呢，"负翁"还差不多。

郑娟曼（2009）认为：这个以 NP 为焦点的预期，例（44）"存在于受话者话语的真值条件意义中"，例（45）"存在于话语的预设中"⑤。

我们也可把这种"反真值"现象视为"预设偏离"现象，不做特殊区别。

预期是"特定语境中说话人认为是一种常规的情形"⑥，这其实有两层限制：一层是需要特定语境，一层是说话人的主观化。理想认知模式与此不同，虽然人在认识世界的时候，始终伴随着人的主观化，但理想认知模式体现的则是人"共识性"的主观化，从语境上

---

① 张云峰：《"美女也愁嫁"中"也"字的逆接》，《修辞学习》2008 年第 1 期。
② 同上。
③ 王瑞杰：《共识观视角下预设研究的再思考》，《茂名学院学报》2010 年第 2 期。
④ 郑娟曼：《"还 NP 呢"构式分析》，《语言教学与研究》2009 年第 2 期。
⑤ 同上。
⑥ 吴福祥：《试说"X 不比 Y·Z"的语用功能》，《中国语文》2004 年第 3 期。

看，是一定范围或区域内的"共识性"语境，因此，很多人把"理想认知模式"视为一种"常规"，其道理就在"共识性"上。如果用一个比喻来形容就是，理想认知模式是一个人裸眼看这个世界，虽然有一定的主观化，但程度低；预期则是一个人戴着眼镜看这个世界，主观化程度远比理想认知模式要高。预设则是"句子在一定语境中所反映的特殊惯常情形"，因此，它在语境的共识性和主观性上介于预期和预设之间（见表2）。

表2

预期	预设	理想认知模式
主观性强		客观性强
共识性差的语境		共识性强的语境

总的来看，预设的参照点是"句子"，预期的参照点是"人"，"理想认知模式"的参照点是人类的百科知识；三者间的关系错综复杂，我们很难理出清晰的对应关系，这主要源于三者不同的研究起点，这同语音学中"韵母"与"元音"的关系相类似。所以，三组概念既然研究的出发点不同，那么，它们在很多句子中，有时候出现交叉现象也就不奇怪了，因为三者间并不完全相互排斥，在一个句子中出现的包容现象，恰恰反映了人们对同一语言现象观察时的不同视角。无论怎么说，它们都与人们的"完形"性认知能力有关，所以，虽然情况复杂，但我们在实际使用时并不困难。

（四）期望问题

李先银（2009）指出："预期常常是朝向'好'的方面，非预期常常是'坏'的结果。"[①]"期望"往往也是朝向"好"的方面发展，那么，它与"预期"这一概念是否可以等同呢？我们在这里有必要先详细谈一下"期望"这一概念，以期对前文所论述的"预期"概念有更准确的把握与理解。

郑娟曼（2009）指出："'期望'与'预期'是两个不同的概念。

[①] 李先银：《"X+V"与"V+X"的语序考察》，《黄冈师范学院学报》2009年第1期。

前者是对某个对象或结果的心理期待，一般是积极方向的；后者是根据已知经验或者毫无根据地对某一结果做出预先判断。"① "预期信息与反预期信息会因为某个结果的不同而出现角色互换，而期望信息与反期望信息则不会。"② 郑娟曼（2009）举了如下的例子："正常情况下，无论录取的结果如何，'录取'是小王的期望信息，'不录取'则是反期望信息。一般来说，期望信息是积极信息，而反期望信息是消极信息。"③ "期望因对象的不同而不同。首先体现在对不同对象的期望内容不同上。父母对儿子更多期待聪明，而对女儿更多期待可爱。其次是对不同对象的期待值不同。对象越优秀，越强势，则对他的期望值越高；反之，对象越卑微，越弱势，对他的期望值就越低，甚至无期望。反期望信息出现的可能性跟期望内容的多少和期望值的高低有关。期望内容越多，出现反期望信息的可能性越大；反之，可能性越小。期望值越大，出现反期望信息的可能性越大；反之可能性越小。如一般来说，对博士比对硕士的期望内容要更多，期待值也更高，因此，博士比硕士更可能出现反期望信息。从信息量的角度来看，反期望信息的信息量比期望信息要大。相应地，前者所用的语言形式比后者要多。"④

但根据郑娟曼（2009）的研究，我们又发现：有些反期望信息与理想认知模式的偏离信息存在交叉。例如⑤：

（46）还播音员呢！普通话都说不标准。

郑娟曼（2009）对例（46）的解释是："人们对'播音员'在说普通话上存在期望，且期望值较高。而期望对象并非如人们所期望，'说不标准'对说话者来说是一个反期望信息。因此期望对象是个不合格的'播音员'，但他播音员的身份并未改变。代入以上抽象式便

---

① 郑娟曼：《"还 NP 呢"构式分析》，《语言教学与研究》2009 年第 2 期。
② 同上。
③ 同上。
④ 同上。
⑤ 同上。

是：他是播音员，而普通话却说不标准。"① 但是，对该例我们同样可从"理想认知模式"角度进行理解，即"播音员"所激活的我们大脑里的理想认知模式是：播音员普通话说得都标准。很显然，例（46）表达的是：某人的播音水平偏离了我们对"播音员"理想认知模式的理解，即偏离了"播音员普通话说得都标准"的常规。如果我们认为预期包括 ICM 的话，则该例又富含了反预期信息。

郑娟曼（2009）列举了一些佐证反期望信息的例子②：

1）还博士呢，连篇论文都不会写。
2）还硕士呢，连篇论文都不会写。
3）还大学生呢，连篇论文都不会写。
4）还中学生呢，连篇论文都不会写。
5）*还小学生呢，连篇论文都不会写。

郑娟曼（2009）认为："以上对从'博士'到'小学生'写论文的期望值依次递减，相应的句子可接受度也随之递减。"③ 这种期望值递减，实际反映的也是"理想认知模式"问题；就写论文而言，博士、硕士都能激活"写论文"这一理想认知模式，大学生在扩招的今天，水平参差不齐，在写论文能力上存在疑问，很难激活"写论文"的理想认知模式，中学生、小学生激活的是"不会写论文"的理想认知模式。因此，1）和2）的"不会写论文"偏离了博士、硕士所激活的"写论文"这一理想认知模式，成立；4）和5）的"不会写论文"符合中学生、小学生所激活的理想认知模式，未偏离理想认知模式，不成立。3）则由于"大学生"本身的特殊性而存在两可的情况。

前文提到的吕叔湘（1984/1954）的"不满说"给我们很大启发④：

---

① 郑娟曼：《"还 NP 呢"构式分析》，《语言教学与研究》2009 年第 2 期。
② 同上。
③ 同上。
④ 吕叔湘：《被字句、把字句动词带宾语》，吕叔湘：《汉语语法论文集》，商务印书馆 1984 年版，第 205 页。

(7) 我们动身的日子被他告诉了他们。(好像是怪他多事)

(8) 这本杂志被他翻了几页。(似乎是说这本杂志是他翻不得的)

(9) 谷大娘的两个缸里被她挑满了水。(暗示这两个缸不是盛水的)

(10) 地被你碰[了]个大窟窿。(仿佛你得给赔似的)

对例（7）到例（10）我们似乎很难用"反期望"进行解释，例如："他不把我们动身的日子告诉他们""他不翻这本杂志""她不给谷大娘的两个缸里挑水，而是挑'水'以外的东西""你不把地碰[了]个大窟窿"，这些都算不上"期望"，说"预期"倒较为恰当。可见，用"反预期"比用"反期望"更有解释上的价值。

有的仅能用"反期望"或"反预期"来解释，例如：

(47) 有许多象祁老者的老人，希望在太平中度过风烛残年，而被侵略者的枪炮打碎他们的希望。(《四世同堂》)

这里所谓的"反期望"实际上我们可解释为"反期望性预期"，即"反预期"的一种表现形式。因此我们认为："反期望"没有独立存在的必要，可统一在"反预期"的统一性解释内。

(五) 隐含问题

有关"隐含"，在汉语学界较早关注的是吕叔湘对"省略"与"隐含"的区分，此后，在相当长的时间里，我们对"隐含"的研究也仅停留在吕先生的研究上。直到 20 世纪 90 年代，语用学研究在中国蓬勃兴起，使我们对会话含义、言外之意等加以关注，很多人在叙述这类现象时，用"隐含"做辅助性说明。随后，在中国兴起的认知语言学，又使很多人把"隐含"与"隐喻""预设""预期""理想认知模式"等整合在一起，笼统地言说这类相近的语言现象。

"隐含"发展到现如今，广义上其涵盖面已极宽极广，包括会话含义、言外之意、"隐喻""预设""预期""理想认知模式"等。这里谈到的"隐含义"则从狭义角度上理解,即主要指会话含义、言外之意、"隐喻""预设""预期""理想认知模式"以外句子所隐含的意义,多数反映说话者或叙述者的主观性评价,而且,正如范开泰(1990)所指出的:"隐含义是一种确然的语义,暗示义只是一种可能的语义。"① 也就是说,隐含义虽然形式模糊,但意义是确确实实地存在着的。

(六)"图形"(Figure)与"背景"(Ground)等认知概念

总的来说,本书对"图形"与"背景"这组概念是从广义上理解的,而对"射体"(Trajector)与"地标"(Landmark)、"前景"(foreground)与"后景"(background)都做狭义理解。

四 体例说明

本书用例较多,每章将单独编写例句号,单独重新排序;有关图表,我们也将每章单独编号。另外,在整理过程中,为了标写清晰,我们会对"被字小句"用"横线"标出,但为了避免不必要的"线条"干扰,如果整个句子就是由一个"被字小句"构成的,那我们将取消"线条",以保持书面整洁。

---

① 范开泰:《省略、隐含、暗示》,《语言教学与研究》1990年第2期。

第一章　汉语被字句的"预设偏离"问题

第一节　"预设"的分类

"预设"是个比较复杂的概念，追溯起来，它是一个很久远的哲学问题，但把"预设"具体应用到语言学研究中，则是晚近的事。起初，人们对语言的"预设"研究不太重视"语境"，但直到发现"语境"对句子"预设"的可取消性（defeasibility）后，才有意识地把"预设"划分为"语义预设"和"语用预设"。虽然如此，但语言毕竟是一种特殊的社会现象，完全脱离"语境"的句子是根本不存在的。对"语境"该如何分割与处理这一问题成了我们划分"语义预设"与"语用预设"的关键。George Yule（1996）的相关研究给了我们很大的启发！George Yule（1996）用"潜在预设"（potential presuppositions）和"实际预设"（actual presuppositions）的区分，部分地解决了"预设可取消"现象对"语义预设"的冲击："所谓潜在预设是指一个句子所具有的潜在的、可能的预设，它是一个句子从语义上分析而得到的预设。潜在预设理论认为，如果潜在预设与特定的语境相容（不矛盾），那么它就显现出来，成为实际预设；如果它与一定的语境相矛盾，那么它就被取消而不复存在了。"[①] George Yule（1996）认为，这类"潜在预设"只有在具体上下文中才能成为"实际预设"，预设在一定语境下被取消，并不能否认句子本身所存在的

[①] 魏在江：《预设研究的多维思考》，《外语教学》2003年第2期。

潜在预设，只不过，这种潜在预设没有实现为实际预设而已；这样处理，就把句子在一定语境下对"预设"的取消看成是"实际预设"的表现，从而不会影响"语义预设"的存在价值。在这种分类观点的指导下，George Yule（1996）对潜在预设进行了详细分类（见表1－1）。

表 1 - 1

Type（类型）	Example（例子）	Presupposition（预设）
existential（存在预设）	the X（这 X）	>> X exists（>> 存在 X）
factive（事实预设）	I regret leaving （我后悔离开了）	>> I left（>> 我已经离开了）
non-factive（非事实预设）	He pretended to be happy （他装作很高兴）	>> He wasn't happy（>> 他不高兴）
lexical（词汇预设）	He managed to escape （他设法逃了出去）	>> He tried to escape （>> 他试图逃跑）
structural（结构预设）	When did she die? （她什么时候死的?）	>> She died（>> 她已经死了）
counterfactual（违实预设）	If I weren't ill （如果我没病）	>> I am ill（>> 我已经生病了）

资料来源：George Yule, *Pragmatics*, Oxford：Oxford University Press, 1996, p. 30.

George Yule（1996）认为，语句表达中所出现的任何特定的名词性短语（any definite noun phrase）都有"存在预设"（existential presupposition）问题，这是非常普遍的（generally）现象。[①] 有关事实预设（factive presupposition），George Yule（1996）并未给出明确的定义，而是以"知道"（know）为例，认为像"知道"这样的动词后面引进的预设信息（presupposed information）被认定为事实，因此可描述为"事实预设"。George Yule（1996）还列举了其他类似的动词——"认识到"（realize）、"后悔"（regret）、"注意到……"（be aware that…）、"做……并不奇怪"（It isn't odd that…）、"高兴看到……"（be glad that…）[②] George Yule（1996）认为，还有很多同诱

[①] George Yule, *Pragmatics*, Oxford：Oxford University Press, 1996, p. 27.
[②] Ibid., pp. 27 - 28.

发"事实预设"相类似的其他形式的词汇预设,他把这类预设称为"词汇预设"(lexical presupposition),认为"词汇预设"是以表面上的断言义(asserted meaning)为手段,向人传达并使人接受另一种非断言义(non-asserted meaning),George Yule(1996)列举了"设法"(manage)、"阻止"(stop)、"开始"(start)、"又"(again)等词。① George Yule(1996)还认为,不仅词汇、短语可引发预设,结构也可引发预设,即"结构预设"(structural presupposition),"结构预设"指的是某些句子结构预设了部分结构为真,并举例"wh疑问"(wh-question),如"什么时候"(when)、"在哪儿"(where)。George Yule(1996)认为,这种"以结构为基础的预设"(structurally-based presupposition)是表达说话者脑子里的想法(believes)同样存在于听话者脑子里的一种手段与方法。② George Yule(1996)还提出了"非事实预设"(non-factive presupposition),他认为,像"梦到"(dream)、"想象"(imagine)、"假装"(pretend)这样的动词在使用过程中预设它后面的内容不是真的;这类由动词引发的一类非事实预设,被George Yule(1996)称为"非事实预设"③。George Yule(1996)指出,"违实预设"(counterfactual presupposition)的本质就是:所预设的不仅非真,而且与真相反。或与事实相反,George Yule(1996)举了条件句"如果"(If)的例子。④ George Yule(1996)还对一些复杂结构的"非事实预设"进行过研究,并称之为"投射问题"(the projection problem),此处我们限于篇幅,暂不讨论。

我们接受George Yule(1996)有关"潜在预设"和"实际预设"的区分,但有关"潜在预设"研究对象的范围,我们不限于句子,

---

① George Yule, *Pragmatics*, Oxford:Oxford University Press, 1996, p. 28. 以manage为例,George Yule认为,无论是managed,还是didn't manage,managed通常都可解释为断言义(asserting)"成功"(succeeded)和非断言义(non-asserted meaning)预设"人试图做"(tried to do)。

② Ibid., pp. 28 - 29. George Yule认为:"英语wh - 问句结构通常预设wh-form后的信息是事件的已知信息","这类预设使听者相信出现的信息是真的"。

③ Ibid., p. 29.

④ Ibid., pp. 29 - 30. George Yule认为:"违实预设"预设了"如果小句"(*if*-clause)中的信息在说话时非真。

而是将其放大到"小句"（clause）上，即包括内嵌小句与非内嵌小句；但对George Yule（1996）关于潜在预设的分类，我们并不完全认同，因为George Yule（1996）的分类，其内部存在一定的交叉，有些不尽合理之处。下面，我们就在George Yule（1996）研究的基础上，对潜在预设做重新划分。

我们把"潜在预设"分为四类：第一类是普遍存在的预设，即"存在预设"，我们认为不一定像George Yule（1996）所划分的那样，把"存在预设"绝对限制在名词性短语中，而是将其适度放宽，包括通过添加重音或焦点标记词来聚焦的句子的预设，把它也算作一种"存在预设"；第二类是预设信息（presupposed information）被认定为事实的，即事实预设，我们认为事实预设不应该受词、短语或结构等诱发语种类的限制，因此，我们把George Yule（1996）的"结构预设"也归并到事实预设中；第三类是"非事实预设"，即预设"命题为非事实的，或非真的"，由于George Yule（1996）的"违实预设"与"非事实预设"并无本质上的矛盾，因此，我们的"非事实预设"涵盖George Yule（1996）的"违实预设"。

有关"词汇预设"，George Yule（1996）认为，它是以表面上的断言义为手段，向人传达并使人接受另一种非断言义。但是，George Yule（1996）的这种解释同非事实预设又比较接近，难以区别。事实上，George Yule（1996）的"词汇预设"指的就是"曾经发生的过往的经历"，例如[①]：

（1）He stopped smoking.（>> He used to smoke）
他放弃了吸烟。（>> 他吸过烟）
（2）They started complaining.（>> They weren't complaining before）
他们开始抱怨。（>> 他以前没有抱怨）
（3）You're late again.（>> You were late before）
你们又晚了。（>> 你们以前晚过）

---

① George Yule. *Pragmatics*. Oxford：Oxford University Press，1996，p. 28.

George Yule（1996）在分析 manage（设法）的时候，指出①：

(4) managed to do something (>> the person tried to do that something)

设法做成了某事（>> 某人试图做某事）

其实，我们也可把例（4）的预设做如下理解：

(4′) managed to do something (>> the person tried to do that something before)

设法做成了某事（>> 某人曾经试图做某事）

这样，我们就可以把 George Yule（1996）的"词汇预设"理解为"带有过往经历义的预设"，我们姑且称之为"过往经历预设"。基于此，我们对潜在预设做了分类（见表1-2）。

表1-2

本书预设	Yule 预设	例子	预设
存在预设	存在预设	这 X	>> 存在 X
事实预设	事实预设	我后悔离开了	>> 我已经离开了
	结构预设	她什么时候死的？	>> 她已经死了
非事实预设	非事实预设	他装作很高兴	>> 他不高兴
	违实预设	如果我没病	>> 我已经生病了
过往经历预设	词汇预设	他设法逃了出去	>> 他曾经试图逃跑

George Yule（1996）的分类在客观上放大了传统"语义预设"的范围，但势必同时压缩了传统"语用预设"的范围。例如，陈新仁（1999）、魏在江（2003）把语用预设限制在广告、修辞等特殊语

---

① 根据 George Yule, *Pragmatics*, Oxford: Oxford University Press, 1996, p.28 内容整理。

第一章 汉语被字句的"预设偏离"问题

境下,对"语用预设"采取了比较保守的处理办法。我们把语义预设与语用预设的区别划定为非广告、修辞、网络等特殊语境范畴下的预设与广告、修辞、网络等特殊语境范畴下的预设;由于把语义预设与语用预设的区别仅划定为语境种类的区别,我们对潜在预设的分类同样也基本适用于对语用预设的分类,两者并不矛盾。① 由于我们把研究对象的范围放大到了"小句"上,所谓"潜在预设"和"实际预设"的区分也就是相对的,而不是绝对的了。

"预设"本身有一定的复杂性,对它的分类自然也难免十全十美,George Yule(1996)对"潜在预设"和"实际预设"的区分,其实也可以算是对预设复杂问题的回避,但就国内外整体的研究状况来看,还不失为对"预设"的一种较为权宜的处理办法。因此,下文将在 George Yule(1996)研究的基础上,结合笔者的分类,详细探讨汉语被字句的"预设偏离"问题。

本章我们以"吃饭"事件为例,探讨汉语被字句语义预设的偏离问题;汉语被字句在广告、修辞等领域出现的数量有限,不便于我们做系统研究,但近些年来网络上出现的"被自杀"类特殊被字结构,却反映了语用预设的偏离问题。虽然汉语被字句与"被自杀"类特殊被字结构在结构、语言单位上有别,但在"偏离义"上却存在着某种共性,这又不能让我们把两者截然分开,进行孤立处理,将两者一同讨论在理论上也符合认知语言学语义语用的合一,重"语感",轻句法结构与语义简单、直接对应的研究理念。下面我们将在 George Yule(1996)分类的基础上,对汉语被字句与"被自杀"类特殊被字结构分别从"语义预设"和"语用预设"角度进行"预设偏离"问题的研究。本章句子后面标注的预设都是实际预设。

---

① "语境"对"预设"的影响主要有两种:一种是一个命题在脱离语境时,我们对它的预设会有很多种理解和猜测,最终,实际语境对各种可能的预设做出了选择,或者说实现;另一种是一个命题在脱离语境时,虽然对它的预设可能会有多种理解,但最终的语境却赋予命题完全不同的一种"预设"。我们认为,前者是语境对潜在预设的实现,属于典型的语义预设;后者是语境对命题预设的重新赋予,是一个再创造的过程,属于典型的"语用预设"。这也能解释为什么很多人习惯把广告或修辞里出现的预设看成是典型的"语用预设"。由于语言事实比较复杂,这种分类虽然比较理想,但我们实际上却很难进行具体操作,所以,我们暂不予采纳,待日后做进一步研究。

第二节 语义预设问题

一 存在预设与事实预设问题

根据我们的研究,"存在预设"存在于所有被字句中①,但汉语被字句对存在预设是没有"偏离义"的;这并不影响汉语被字句所隐含的"偏离义"。例如,当"饭"是特指时②,"饭被吃了"有各种成立的可能:

(5a) 甲:饭呢?
乙:饭被吃了。(>>存在"饭")(>>饭已经吃了)

例(5a)中,问话者甲的隐含义是"饭应该存在"(或饭不应该消失),或"饭不应该被A吃";答话者乙回答了"饭消失"的原因,即"饭被吃了",或"饭不该被A吃却被A吃了"。乙答话中"饭被吃了"的潜在预设是存在预设"存在'饭'"和事实预设"饭已经吃了",这种存在预设和事实预设在该例中也同时表现为一种实际预设,即存在预设"存在'饭'"和事实预设"饭已经吃了"。乙答话中"饭被吃了"的隐含义是"饭不该被吃掉",或"饭不该A吃",此时,汉语被字句的成立是源于自身隐含的"偏离义",由于例(5a)的语境给得还不够充分,所以我们还不能准确确定它的隐含义,但如果我们补出具体的语境,则能很准确地确定它们的隐含义。例如:

(5a′) 甲:晚上咱们回家吃吧,家里有饭!
乙:饭被吃了。(隐含义:饭不该被吃掉)
(5a″) 甲:晚上咱们回家吃吧,家里有饭!
乙:饭被张三吃了。(隐含义:饭不该张三吃)

---

① 这里不包括"被自杀"类特殊被字结构。
② 此处感谢刘丹青老师的提醒。

第一章 汉语被字句的"预设偏离"问题 // 37

我们发现：例（5a′）与例（5a″）中，当补全语境后，隐含义也就明朗了。例（5a′）的隐含义是"饭不该被吃掉"，例（5a″）的隐含义是"饭不该张三吃"。隐含义发生偏离的还有以下的例子：①

(5b) 饭被吃了，菜剩下了。（>>存在"饭"）（>>饭已经吃了）
(5c) 饭被吃了？　（>>存在"饭"）

例（5b）中"饭"与"菜"相对，在对举语境下成立，表示"饭与菜本应同时存在或消失，但却一个存在，另一个消失"，例（5b）隐含着"饭"和"菜"都应该被吃完，是对说话者"预期"的偏离；例（5c）表示对"饭被吃了"事件的疑问或不确信，隐含着说话者对"信任"的偏离，是对会话"合作原则"中"质"的准则的偏离。例（5b）的潜在预设和最终实现的实际预设都是存在预设"存在'饭'"和事实预设"饭已经吃了"，例（5c）的潜在预设是存在预设"存在'饭'"和事实预设"饭已经吃了"，但最终实现的实际预设却只是存在预设"存在'饭'"。两例都隐含着"偏离"义。

我们以"饭被吃了"为例，通过焦点标记词"是""给"进行聚焦，可以改变预设，例如②：

(6a) 是饭被吃了。（>>存在"饭"）（>>饭已经吃了）（>>有东西被吃了）
(6b) 饭是被吃了。（>>存在"饭"）（>>饭已经吃了）（>>饭发生了某种变化）
(6c) 饭被吃饭的人给吃了。（>>存在"饭"）（>>饭已经吃了）（>>饭被吃饭的人施以了某种动作）

例（6a）到例（6c）的潜在预设和最终实现的实际预设都是存

---

① 非常感谢吴为善老师提供的下面两个例子。
② 非常感谢吴为善老师提供的下面例子。

在预设"存在'饭'""有东西被吃了""饭发生了某种变化"和"饭被吃饭的人施以了某种动作",以及事实预设"饭已经吃了",此时,例(6a)到例(6c)不必然隐含"饭不应该被吃了"这层偏离义,但我们还是可以把被字句理解成"预设偏离"的现象,即存在一个集合,被字句仅选择了集合中的 A 成员,而不是集合中的其他成员。从这个意义上看,也可理解成一种"预设偏离"现象。有意思的是,这种由焦点标记词所诱发的预设问题,在 George Yule(1996)的分类里并没有明确的位置。这种句子在英语里多用分裂句进行表达,但在汉语里,则经常通过"焦点标记词"的手段来完成。

二 事实预设与非事实预设问题

当"饭"是特指时,"饭被吃了"有如下成立的可能:

(5d) 饭被吃了,怎么办?

例(5d)有如下两种理解:

理解一:饭被吃了这件事怎么办?(>>存在"饭")(>>"饭"已经吃了)

理解二:如果饭被吃了,怎么办?(或者,假如饭被吃了,怎么办?)(>>存在"饭")(>>"饭"还没有吃)

按第一种理解,"饭被吃了"发生话题化,按第二种理解,"饭被吃了"与"怎么办"构成广义的条件关系复句。① "饭被吃了"的潜在预设是存在预设"存在'饭'"和事实预设"饭已经吃了":按照第一种理解,例(5d)实现的实际预设仍然是存在预设"存在'饭'"和事实预设"饭已经吃了"。同时,例(5d)隐含"饭不应该被吃了"这层偏离义。但按照第二种理解,例(5d)实现的实际预设却是"'饭'还没有吃",属于"非事实预设",② 此时,例(5d)不必然隐含"饭不应该被吃了"这层偏离义,但"非事实预

---

① 此处非常感谢吴为善老师的分析。
② 当然,实际预设还包括存在预设"存在'饭'"。

第一章 汉语被字句的"预设偏离"问题 // 39

设"自身蕴含着"偏离义"。我们再看两个例子：

(5e) 他忘了饭被吃了。(>> 存在"饭")(> "饭"已经吃了)
(5f) 虽然饭被吃了，但她一点也不生气。(>> 存在"饭")(>> "饭"已经吃了)

例(5e)"饭被吃了"的潜在预设是存在预设"存在'饭'"和事实预设"饭已经吃了"，仍实现为存在预设"存在'饭'"和事实预设"'饭'已经吃了"，同时，例(5e)隐含"饭不应该被吃了"这层偏离义。例(5f)"饭被吃了"的潜在预设是存在预设"存在'饭'"和事实预设"饭已经吃了"，也实现为存在预设"存在'饭'"和事实预设"'饭'已经吃了"，同时，例(5f)也隐含"饭不应该被吃了"这层偏离义。

(5g) 他以为饭被吃了。(>> 存在"饭")(>> "饭"还没有吃)

例(5g)"饭被吃了"的潜在预设是存在预设"存在'饭'"和事实预设"饭已经吃了"，但却实现为存在预设"存在'饭'"和非事实预设"'饭'还没有吃"，此时，例(5g)不必然隐含"饭不应该被吃了"这层偏离义，但"非事实预设"自身蕴含"偏离义"。

三 过往经历预设问题

当"饭"是特指时，"饭被吃了"有如下成立的可能：

(5h) 饭又被吃了。(>> 存在"饭")(>> 饭已经吃了)(>> "饭"曾经吃了)
(5i) 邻居的狗又跑到咱家院儿了，注意！饭别再被吃了啊！(>> 存在"饭")(>> "饭"曾经吃了)

例(5h)中"饭又被吃了"的潜在预设是存在预设"存在'饭'"和事实预设"饭已经吃了"，但却实现为存在预设"存在

'饭'"、事实预设"饭已经吃了"和过往经历预设"'饭'曾经吃了",同时,例(5h)隐含"饭不应该被吃了"这层偏离义。例(5i)中"饭被吃了"的潜在预设仍然是存在预设"存在'饭'"和事实预设"饭已经吃了",却实现为存在预设"存在'饭'"和过往经历预设"'饭'曾经吃了",例(5i)仍隐含"饭不应该被吃了"这层偏离义。当然,也有与过往经历预设相反的例子:

(6)张三被吃胖了。(>>存在"张三")(>>张三已经胖了)(>>张三原来不胖)

例(6)的潜在预设是存在预设"存在'张三'"、事实预设"张三已经胖了"和过往经历预设"张三原来不胖";最终实现的预设也是存在预设"存在'张三'"、事实预设"张三已经胖了"和过往经历预设"张三原来不胖"。此时,例(6)表达的"张三吃胖了"这层含义同该句的过往经历预设"张三原来不胖"相悖,从而使例(6)依靠对过往经历预设的"偏离"来实现句法上的独立。

四 汉语被字句语义预设的偏离问题

汉语被字句语义预设的偏离,首先是从两个角度考虑的:优先考虑的是预设内所隐含的"偏离义"或句子对预设的"偏离义"。其次,当预设内不隐含"偏离义"或句子对预设无"偏离义"时,这层"偏离义"便通过句子的隐含义体现出来。

第三节 语用预设问题

一 "被自杀"的个案分析

汉语"被自杀"类特殊被字结构是在网络中出现的语言现象,这符合我们这里所说的"语用预设"特点。接下来,我们将通过对"被自杀"的个案分析来探讨特殊被字结构的预设问题。

"被自杀"在网络中刚出现时,脱离具体语境,我们在理解上是很困惑的。百度百科提供了"被自杀"较早的、影响较大的出处:

2008年3月13日凌晨4时55分，阜阳市颍泉区豪华办公楼"白宫"举报人李GF在安徽省第一监狱医院死亡。

2007年8月26日，李GF返回阜阳市当天被颍泉区检察院带走，随后被拘留、逮捕。此前李GF曾多次到北京举报当地张ZA违法占用耕地、修建豪华办公楼"白宫"等问题。李GF是张ZA的下属，死亡前3个月，被捕入狱的李GF曾写信给张ZA忏悔，说是受人唆使举报他，请求其原谅。检察机关出具的调查结果显示，李GF属于自缢身亡，但其家属不认可李GF自杀的结论，认为死亡原因蹊跷。网民也怀疑李是被杀，部分网民为了嘲讽这种现象，提出了李GF死于"被自杀"的说法。（百度百科）

在这个语境下，"被自杀"的预设是"自杀并非事实"。百度百科对"被自杀"的意思做如下解释：

"被自杀"一词的大意是说：一个没有自杀动机的人，突然因某种变故而死亡，而死亡现场呈现出自杀的迹象，或被他人安排成自杀的样子。"Suicide"（自杀）本是一个不及物动词，然而它却有个不合语法常规的用法——suicided（被自杀）。

"被自杀"的意思仅是如此吗？事实上，即便是在今天，"被自杀"的意义仍不定型，仍随语境而改变。已有很多人探讨过"被自杀"问题，但仍没有人系统探讨过"被自杀"究竟有多少种意思？下面我们将按照"被自杀"在网络中出现的时间先后顺序，对其隐含义与预设问题做出大体梳理和意义上的归纳。

第一类：由众多原因导致的必然的、可预见的、被迫的、非自愿性自杀。（ >> 自杀并非真实）

5月17日16时24分，株洲市红旗路待拆除高架桥发生部分桥体垮塌，造成严重的人员伤亡事故（本报今日A11版）。这是一起本不该发生的公共安全事故，"肇事者"是一座年轻的桥，它生于1994年，"享年"不过15岁。这样一座正值当打之年的桥，却被毁弃。从表面看，这座高架桥死于自杀，因为它毫无征兆，是突然自行坍塌。实际上，它是"被自杀"，因为数天前，它就被下了死亡通知。正因如此，它的坍塌便是注定的。不过，一座已经被判死刑的桥，一个本来该是意料之中的坍塌，却造成这样的惨剧，实在不能不令人扼腕。我们分明可以感觉到，这座"被自杀"的桥暴露了多重病灶。因为悲剧的导演不是桥，而是人祸。(《一座"被自杀"的桥多个待暴露的病灶》，《扬子晚报》2009年5月19日13：29：59)

第二类：被误传或被恶意误传为自杀的自杀。(>> 自杀并非事实)

近日，央视主持人白岩松被传自杀，原因不明。各媒体记者试图求证此事，却发现他的两部手机都已关机，由此使得事态更加扑朔迷离。对此，白岩松的同事辟谣，称其在央视没权，不可能犯经济错误，他人品人格有保证，不可能出现生活问题，所以他没自杀理由。白岩松听到自己自杀消息后则称："不管外界怎么说，我该怎么做新闻还是怎么做。"(《央视主持人白岩松被传自杀》，汉网《武汉晚报》2009年10月30日03：35)

第三类：制造自杀式假象的自杀。(>> 自杀并非真实)

重庆打黑风暴可谓如火如荼，乌小青虽然是以受贿罪名进入看守所的，但是，他与涉黑案件确有千丝万缕的联系。乌的落马源于今年4月被央视新闻调查曝光的"奥妮拍卖案"，他涉嫌违规操纵拍卖重庆化妆品厂和奥妮化妆品有限公司的"三工场"65亩地。该土地为中粮集团旗下地产公司"中粮鹏利"成功购买，而"中粮鹏利"的老板就是重庆"黑老大"陈坤志。合乎逻辑的猜想是：重庆的黑恶势力希望乌小青"自杀"，也许目前涉案更深的某些黑恶势力"保护伞"也希望乌小青"自杀"，而因乌小青牵扯出来的涉案人员更希望乌小青"自杀"。也正因此，乌小青在戒备森严的看守所果然成功"自杀"，我们不能不联想到这种"自杀"是不是"被自杀",是不是外面的腐败分子和黑恶势力与看守所的"内鬼"互相勾结,威胁乌小青自杀或者直接制造自杀的假象。(《网友质疑乌小青"被自杀"猜测是谁逼其走绝路》,解放网—《新闻晨报》2009 年 12 月 1 日 07:57)

第四类:失手的自杀。(>> 自杀并非真实)

　　中国日报网消息:据法国媒体 1 月 6 日报道,阿富汗警方称,阿富汗北部昆都士省一辆小型公交车发生爆炸,炸死 14 名塔利班武装分子。原因竟是武装分子安装炸弹时,炸弹意外提前爆炸。(《巴士炸弹提前爆炸 阿塔利班分子"被自杀"》,中国日报网站,2010 年 1 月 6 日 13:53)

第五类:被篡改为"自杀"的自杀。(>> 自杀并非事实)

　　新《三国》目前已播大半,一路高唱收视凯歌的该剧日前却遭遇众多观众"围攻"——在《三国演义》原著中,关羽本来是战败后被俘誓不归降,孙权下令将他斩首,老版《三国演义》也是遵循原著,可是在新《三国》中,关羽之死却被改成自杀,这一改动引起了许多观众的争议。饰演关羽的于荣光则认为,关羽自杀的死法更加英伟和苍凉……(《关羽"被自杀"历史不堪改编之重》,搜狐娱乐报道,2010 年)

第六类:二元分割后的自己杀自己的自杀。(>> 自杀并非真实)

　　据悉,《环形使者》由布鲁斯·威利斯、许晴、约瑟夫·高登等中美一线明星主演。该片讲述的是在未来世界里,时空穿梭成为可能,有一群受雇佣回到过去谋杀目标的杀手被称为环形杀手。有一天一个杀手接到了任务,回到过去之后却发现要杀的对象竟然是 30 年前的自己。从短短的一分钟的预告片来看,悬疑紧张的剧情、未来都市的科幻场景、惊险刺激的唱片和几位主角的表演都令人十分惊叹。该片已经定于 2012 年 9 月 28 日全球同步公映。(《布鲁斯·威利斯〈环形使者〉"被自杀"》,四川在线—华西都市报,2012 年 4 月 29 日 04:52:00)

第七类:经本人同意而非经本人执行的自杀。(>> 自杀并非事实)

美国赫芬顿邮报消息称,佛罗里达州一警官近日射杀了一名男子,起因是该男子宣称要自杀。据报道,该男子名为乔治·路易·贾瑞特(George Louis Garrett),现年 66 岁,在被射中后送医不治身亡。警方接到有人持枪藏匿室内并威胁要自杀的举报之后,在凌晨三点到达贾瑞特的住宅。在他持枪离开房屋并拒绝放下武器以后,一名警官开枪射中他,最终致其身亡。报道还指出,开枪的这名警官已有"前科"。2002 年,一名威胁要自杀的妇女同样被其射中身亡。在该新闻下方的评论中,获得最多人支持的一条是:"我以为协助人自杀是非法的。"其他网友评论说:"本顿警官(涉事警官)的确找到了一种特别的方式来阻止自杀。""如果你爱的人拿着枪宣布要自杀,而且你想救他的话,千万别报警。""(这是)被警察自杀。"(《纽约男子威胁要自杀被警方击毙 网友评论:"被自杀"》,人民网,2012 年 9 月 27 日 21:55)

第八类:被看作自杀的自杀。(>> 自杀并非真实)

据英国《每日邮报》1 月 8 日报道,8 日当天,印度尼西亚泗水市动物园一头 18 个月大的非洲狮,因为头卡在铁笼的钢丝上而离奇"自杀"。虽然目前警方已经介入调查,但是狮子的尸体尚未找到。此消息一出,令舆论哗然,对动物园管理措施的批评也接踵而至。(《印尼动物园狮子铁笼内"被自杀"》,环球网,2014 年 1 月 10 日 14:15)

我相信,在实际生活中,"被自杀"的意思还不止以上总结的八类，可见，"被自杀"的语义是不自足的，预设也随之多种多样，但"被自杀"隐含的"不该是自杀"这层隐含义，却是这些语境下的共性。

根据我们对语料的实际考察和语感，从使用数量与频率来看，"被自杀"的预设基本上都是非事实预设，所不同的是，有的是违反事实的预设，有的是违反真实性的预设。事实与真实相近，但也有所不同，前者强调事件是否符合现实，现实生活中是否真实发生了这样的事；后者强调事件是否具有合理性，是否合情理。第二类、第五类和第七类都属于违背事实的非事实预设；第一类、第三类、第四类、第六类和第八类都属于不合情理的、反真实的非事实预设。前者强调"自杀"这个事件并非事实；后者强调"自杀"这个事件并不合理，偏离了"自杀"事件的理想认知模式。这些"被自杀"在预设中都蕴含"偏离义"，符合汉语被字句式对"偏离义"的要求。另外，有意思的是，"被自杀"似乎排斥存在预设、事实预设和过往经历预设，八类中的"被自杀"都没有这三类预设，这从另一个侧面说明："被自杀"向人传达的不只是一件完成的事件，而是传递事件表面之外非事实、非真实的东西。

二 汉语"被自杀"类特殊被字结构的语用预设偏离问题

我们又考察了其他相关的特殊被字结构，与"被自杀"结构相仿。

以上研究表明，汉语"被自杀"类特殊被字结构主要是通过预设义内所蕴含的"偏离义"，即非事实预设，使整个被字结构具有"偏离义"的。其中的非事实包括非事实与非真实。

"被自杀"类特殊被字结构与存在预设、事实预设和过往经历预设相排斥，"被自杀"向人传达的不只是一件完成的事件，而是传递事件表面之外非事实、非真实的东西。

第四节 小结

无论是普通的被字句还是"被自杀"类特殊被字结构，无论是语义预设还是语用预设,在预设中,都要依靠"偏离义";即便是在预设中不蕴含"偏离义"或句子对预设无"偏离义",句中也会隐含"偏离义"。

从另一个角度而言我们也要看到,无论是语义预设还是语用预设,都无法完全用"预设内蕴含的偏离义"或句子对预设的"偏离义"做周遍性解释;部分可能要通过句子所隐含的"偏离义"来弥补。

第二章 汉语被字句的"预期偏离"问题

第一节 "预期偏离"的类型

关于"预期偏离"的类型,前人经常谈到的是"反预期"问题。有关反预期问题,吴福祥(2004)的研究非常具有代表性,他从"说话者、受话人、说听双方社会共享"三个角度进行了探讨,并区分了"预期信息、反预期信息和中性信息"。但我们出于研究便利的考虑,对"预期"仅做狭义理解,即暂不包括"说听双方在内的特定言语社会共享的预期",即理想认知模式(ICM)。齐沪扬、胡建锋(2006)从信息量的角度对预期进行了思考,区分了超预期量信息(above-expected information)和负预期量信息(under-expected information)。吴春仙(2001)以"'反而'句的语义逻辑分析为切入点,区分了基于'目的、情理、背景句、对某事的心理倾向、说者需要'"的心理预期,为预期的研究打下了良好的基础。韩蕾(2009)通过对"人称代词+称谓"序列的研究,区分了直接反预期与间接反预期概念。郑娟曼(2009)列举了反预期的一些表现[①]:

(1) 他是科学院院士?——还壮士呢!
(2) 他是学生会主席?我还主席他爹呢!

[①] 见郑娟曼《"还 NP 呢"构式分析》,《语言教学与研究》2009 年第 2 期。

郑娟曼（2009）认为，例（1）和例（2）分别违反了"合作原则"中的"关系准则"和"质的准则"，并把例（1）和例（2）都看成是"推理否定"，即"通过'说话者是 NP'这一信息为假或者与受话者谈论的话题无关，而达到否定的目的"①。郑娟曼（2009）的研究，在反预期现象的分类上，基本上没有超出吴春仙（2001）的研究，但她所提到的"推理否定"却是吴春仙（2001）没有谈到的。为了理解与记忆的方便，我们把"推理否定"称为"无关性预期否定"。

在概念使用上，前辈学者多用"反预期"这一概念来称述以上类似的语言现象，应该说是有一定道理的，因为"有悖于预期"的，自然会使人联想到"预期的反面"，即"反预期"，但这一概念的使用会掩盖"与预期不一致"的情况，因为有的情况实际上并未走向预期的反面，而仅仅是与预期不符，因此，我们如果沿用"反预期"的提法，可能会使解释显得不够准确和严谨。基于此，我们采用"预期偏离"的提法。

前贤的研究为我们对"预期偏离"的进一步分类打下了基础。参考吴福祥（2004），齐沪扬、胡建锋（2006），吴春仙（2001），韩蕾（2009）和郑娟曼（2009）诸位学者的研究，我们认为，可将"预期"的偏离类型梳理为如下几种。②

第一类，目的预期偏离：指某人通过采取某种措施或手段，希望达到一定的目的，但却得到了与预期不一致的结果。导致这种结果的原因，一是措施或手段不当；二是实际结果涉及第二行为主体，而这第二行为主体是不可控的。

第二类，情理预期偏离：指按照某一情理，某事应出现某种结果，但实际上却得到了与预期不一致的结果。这里的情，即常情，指不言而喻的常识，或人所共知的事实；这里的理，即常理，指某种规定、制度、法律等。需要说明的是，这里的"情"不完全排斥 ICM，但仅包括与情感、态度、体验相关的 ICM。

第三类，背景预期偏离：指按照上文背景句提供的信息，逻辑上应推出某种结果，但实际上却得到了与预期不一致的结果。

---

① 见郑娟曼《"还 NP 呢"构式分析》，《语言教学与研究》2009 年第 2 期。
② 出于行文简洁的考虑，此处不一一标出各种预期偏离类型的具体出处。

第二章 汉语被字句的"预期偏离"问题 // 49

第四类，心理倾向性预期偏离：指按照某人对某事的一种心理倾向，某事应出现某种结果，但实际上却得到了与预期不一致的结果。

第五类，满足性预期偏离：指基于某种需要而对未知情形有一种预期，但实际上却得到了与预期不一致的结果。

第六类，无关性预期否定：指通过提供一些明知虚假或无关的信息，而达到否定预期的目的。因"无关性预期否定"也是与预期不相符或不一致的，所以属于预期偏离的表现。[①]

第七类，间接性预期偏离：指从表层上看虽然与预期并不相反，但实际上却与该表层信息所引发的深层预期不一致，因而称之为间接性预期偏离。

第八类，超预期量信息：实际量超过了预期信息量的叫作超预期信息量（以下简称"超预期量"），与其相应的信息叫作超预期量信息（above-expected information），这种信息在性质上属于"预期量偏离"信息，或广义的"预期偏离"信息。

第九类，负预期量信息：实际量低于预期信息量的叫负预期信息量（以下简称"负预期量"），与其相应的信息叫作负预期量信息（under-expected information），这种信息在性质上属于"预期量偏离"信息，或广义的"预期偏离"信息。

需要说明的是，下文分析"预期偏离"现象的过程中，在个别例句的探讨上，会出现不同"预期偏离"类型交叉的现象，其本质不是分类本身的问题，而是认知视角的差异。[②] 不过，这在整体上并不

---

① 本章提到的"预期偏离"包括反预期和与预期不相符或不一致的情况，据此我们把"无关性预期否定"命名为"反预期"似乎更合适，但为了照顾本书论述前后的统一性，以及概念概括的范围，我们还是以它的上位概念"预期偏离"进行了命名。非常感谢匿名审稿专家提出的宝贵意见。

② 例如"目的预期"和"心理倾向性预期"是研究视角不同所致，如果我们立足于"路径图式"的"起点"向内看，则是"心理倾向性预期"，如果我们立足于"路径图式"的"起点"向外看，则是"目的预期"。"心理倾向性预期"和"满足性预期"也存在交叉，因为我们从一个角度说"心理倾向性预期得到了满足"，即合预期了，从另一个角度说就是"预期得到了满足"，即"满足性预期"，两者是"需要"与"满足"的关系。"目的预期"和"背景预期"有时也会由于"目的"和"结果"的相关性而出现交叉，"目的"是站在"路径图式"的"起点"向外看，"结果"则是站在"路径图式"的"终点"向内看。这些都从本质上反映了事物的多面性，是人从不同视角认识世界的反映。

影响我们对汉语被字句所总结的"偏离"义的结论，所以我们仍暂时采用这一分类。

第二节 汉语被字句"预期偏离"现象的考察

下面我们将以陈忠实《白鹿原》、冯德英《苦菜花》、霍达《穆斯林的葬礼》、贾平凹《废都》、老舍《四世同堂》、路遥《平凡的世界》、莫言《酒神》、铁凝《大浴女》为语料，探讨汉语被字句的"预期偏离"问题。研究表明：其一，汉语被字句存在"预期偏离"问题，它们基本上都是通过对"说话者"或"被叙述对象"预期的偏离来实现的，目前还没有发现"受话者"预期偏离的例子。其二，从类型上说，汉语被字句的"预期偏离"主要是"目的预期偏离、情理预期偏离、背景预期偏离、心理倾向性预期偏离、满足性预期偏离、超预期量信息"，较少用"负预期量信息"进行表达。在我们考察的语料中没有发现"无关性预期否定"和"间接预期偏离"的情况，说明汉语被字句在"预期偏离"表达上，并不习惯于用复杂的形式，即"无关性预期否定"和"间接预期偏离"，而多采用较为单一的形式，并且似乎总是偏爱"过量"信息的表达。下面，我们具体介绍一下汉语被字句在"预期偏离"问题上的种种表现。

一 目的预期偏离

目的预期偏离的例子如下：

（3）她深知道华美的衣服，悦耳的言笑，丰腴的酒席，都是使她把身心腐烂掉，而被扔弃在烂死岗子的毒药。(《四世同堂》)

（4）"听说钱家的二爷，摔死了一车日本兵！""是吗？听谁说的？""大家伙儿都那么说！""喝！他可真行！""北平人也不都是窝囊废！""那么他自己呢？""自然也死喽！拚命的事吗！"桐芳回到家中，把这些话有枝添叶的告诉给高第，而被招弟偷偷听了去。(《四世同堂》)

（5）青年见势来不及多想，等王东芝跑到跟前，他飞快地抢上去把腿叉开，噗通一声，王东芝那瘦高的身体被绊倒在地上，嘴里啃满一口土。(《苦菜花》)

例（3）中"华美的衣服，悦耳的言笑，丰腴的酒席"这些措施或手段被"她"视为不当，这些使得本来想达到的"享受生活"的目的没有实现，而走向与预期偏离的结果——"被扔弃在烂死岗子"。例（4）中桐芳回家后，目的是想把一些话告诉给高弟，但由于实际结果涉及第二行为主体招弟，而招弟采取的"隐蔽"方式，没被两人发现，所以偷听到了谈话，获取了信息，这一结果偏离了桐芳信息传递的"目的"，构成了目的预期偏离。例（5）中王东芝往外跑时，没注意到不可控的主体——"他"突然把腿叉开，导致"跑"的目的地发生偏离，摔倒在地上，从而形成了与目的预期偏离的结果。这三例都是"目的预期偏离"的表现。在我们考察的语料中，由于"实际结果涉及第二行为主体，而这第二行为主体是不可控"的所造成的"目的预期偏离"例占72.3%，由于"措施或手段不当"所造成的"目的预期偏离"例占27.7%。

二 情理预期偏离

情理预期偏离的例子如下：

（6）四岁的时候，她被人拐卖出来。(《四世同堂》)

（7）十三岁，被她的师傅给强奸了，影响到她身体的发育，所以身量很矮。(《四世同堂》)

（8）丁约翰的父亲是个基督徒，在庚子年被义和团给杀了。(《四世同堂》)

例（6）中四岁的年龄，应该是一个孩子在父母身旁成长的时期，但"她"却在这个年龄时"被人拐卖"了出来，这偏离了人们所共知的常识，违背了"常情"，构成了"情理预期偏离"。例（7）中十三岁，按常情是不应该发生"性行为"的年龄，但"她"却"被她的师傅给强奸了",这偏离了人们所共知的常识,构成了"情理预期偏离"。例(8)中作为"基督徒",根据受"某种规定、制度、法律等"的制约,丁约翰的父亲是不应该受"义和团"处置的,但却"在庚子年被义和团给杀了",这违背了常理,构成了"情理预期偏离"。这三例都是"情理预期偏离"的表现。① 在我们考察的语料中,由于违背常情所造成的"情理预期偏离"例占60%,由于违背常理所造成的"情理预期偏离"例占40%。

三 背景预期偏离

背景预期偏离的例子如下:

(9)最爱和平的中国的最爱和平的北平,带着它的由历代的智慧与心血而建成的湖山,宫殿,坛社,寺宇,宅园,楼阁与九条彩龙的影壁,带着它的合抱的古柏,倒垂的翠柳,白玉石的桥梁,与四季的花草,带着它的最清脆的语言,温美的礼貌,诚实的交易,徐缓的脚步,与唱给宫廷听的歌剧……不为什么,不为什么,突然的被飞机与坦克强奸着它的天空与柏油路!(《四世同堂》)

(10)他抖动身体,甩掉老鼠,嘴里发出下意识的尖叫,但他的尖叫被眼前的奇景给堵了回去。(《酒神》)

例(9)中根据上文"最爱和平的中国的最爱和平的北平"所提供的一系列带有"和平"背景的信息,逻辑上理应推出"和平北平"的结果,但实际上却得到了与"背景预期偏离"的结果——"突然的被飞机与坦克强奸着它的天空与柏油路"。例(10)中根据上文"嘴里发出下意识的尖叫"所传递出的背景信息,逻辑上理应推出人们听到了他的尖叫声,但实际上却得到了"背景预期偏离"的结果——"他的尖叫被眼前的奇景给堵了回去"。这两例都是"背景预

---

① 例(8)也可从这样一个角度理解,即"义和团恨基督徒是正常的,所以,义和团杀基督徒这个行为顺理成章"。如果这样理解,"偏离"义就不存在了,但此时这个句子在语感上就比较奇怪了,就不是一个合法的句子了,所以正文中我们没有从这个角度进行解读。

期偏离"的表现。

四 心理倾向性预期偏离

心理倾向性预期偏离的例子如下：

（11）她终于决定要找廖军长去说明自己，突然被两个女队员扯回窑洞，正告她不许乱跑乱找，这时她意识到自己早已被专人监控着。(《白鹿原》)

（12）一路上，楚雁潮小心翼翼地护着手稿，怕被雪水沾湿，怕被车上的小偷当做什么值钱的东西偷去——这是用金钱可以买来的吗？他甚至觉得，自己有些像鲁迅笔下的那个华老栓，怀里揣着"人血馒头"，如同抱着一个"十世单传的婴儿"！(《穆斯林的葬礼》)

例（11）中"她"心理倾向于"要找廖军长去说明自己"，但两个女队员却阻止了她的实际行动——把她"扯回窑洞"，因而构成了"心理倾向性预期偏离"。例（12）楚雁潮心理上倾向于把手稿保存完好，因此担心手稿"被雪水沾湿""被小偷偷去"这些与"心理倾向性预期"偏离的现象出现。

五 满足性预期偏离

满足性预期偏离的例子如下：

（13）他们一向规规矩矩，也把儿女们调教得规规矩矩，这是他们引以为荣的事；可是，他们错了，他们的与他们儿女的规矩老实，恰好叫他们在敌人手底下，都敢怒而不敢言；活活的被饿死，而不敢出一声！平日，一想到自己的年纪，他们便觉得应当自傲。(《四世同堂》)

（14）眼看着快到人民医院了，路灯亮起来，便道被树荫遮着反而更黑。(《大浴女》)

例（13）中出于谋生的需要，活得"规规矩矩"对未来情形有一种预期,即能生存下来,但实际上却得到了与"满足性预期偏离"的结果——"活活的被饿死"了。例(14)中出于尽快安全到达医院看病的需要,对未来情形有一种"满足性预期",即天黑路灯亮起来后便道会亮,但实际上却出现了与"满足性预期偏离"的结果——"路灯亮起来,便道被树荫遮着反而更黑"了。

六 超预期量信息

超预期量信息的例子如下:

(15)大赤包打错了一张牌,竟被瑞丰太太胡了把满贯。(《四世同堂》)

(16)"文化大革命"动乱年月,更是惨不忍睹,屋舍被周围的工厂抢占了大半。(《废都》)

(17)"药费也说定了好不好?归了包堆,今天这一趟你一共要多少钱?"李四爷晓得八元的出诊费已经是很高的,他不能既出二十元的诊金,再被医生敲一笔药费。(《四世同堂》)

(18)城内的牛羊已被宰光,远处的因战争的阻隔,来不到城中。(《四世同堂》)

例(15)中大赤包仅打错一张牌,犯了个小错误,就使得瑞丰太太胡了把满贯,这远远超出了当事人的"预期量",因此构成了"超预期量信息"。例(16)中在"文化大革命"时期"屋舍被周围的工厂抢占了大半",这远远超出了说话者的"预期量"。例(17)中李四爷不想重复缴费,不想让实际的"治疗费"超过"预期量"。例(18)中"宰光"既蕴含着程度量,又蕴含着数量,是一种"超预期量"的表达。在我们考察的语料中,汉语被字句在"预期量偏离"的表达上,"超预期量"表达占绝对优势,比例占到"预期量偏离"总数的97%。

七 负预期量信息

汉语被字句在"预期量偏离"表达上,较少用"负预期量"表达，在我们考察的语料中仅发现 7 例，如：

（19）有这么一对眼，再加上两片薄得象刀刃似的，极好开合（找不到说话的对象，他自己会叨唠得很热闹）的嘴唇，他就老那么飘轻飘轻的，好象一片飞在空中的鸡毛那样被人视为无足重轻。（《四世同堂》）

（20）所有的街道都是肮脏的，行车道上一片尘土飞扬，人的视野被局限在很狭小的范围内。（《平凡的世界》）

例（19）中"好象一片飞在空中的鸡毛那样被人视为无足重轻"，低于人们对叙述对象"他"的"预期量"。例（20）中"人的视野被局限在很狭小的范围内"，低于被叙述对象视野范围的正常"预期量"。此二例都是"负预期量信息"，属于"预期量偏离"或广义的"预期偏离"现象。在我们考察的语料中，汉语被字句用于"负预期量"表达的所占比例很小，大约仅占"预期量偏离"总数的 3%。

第三节 "被自杀"类特殊被字结构的重新阐释

经考察发现，汉语被字句用于"无关性预期否定"的现象并不是绝对没有，近年来网络上所流行的一种"被自杀"类特殊被字结构，实质上就属于一种"无关性预期否定"现象。根据王灿龙（2009），彭咏梅、甘于恩（2010），王开文（2010）的研究成果，以及笔者在网上的发现，现将该类词语按"被"后词语的词性分类汇总如下：

不及物动词：被脸红、被自杀（主谓结构），被代言、被分手、被就业、被捐款、被离婚、被省钱、被失身、被失业、被失踪、被投票、被下岗、被用水（动宾结构），被觉醒、被恋爱$_1$、被退休、被下降、被增长（并列结构）。

能愿动词：被自愿。

形容词：被慈善、被繁荣$_1$、被富裕、被和谐、被幸福。

名词：被爱心、被奥数、被单位、被富豪、被恋爱$_2$、被民意、被全勤、被特长、被文盲、被小康、被小三、被义务、被游戏、被娱乐、被智慧、被专家。

及物动词（很少）：被代表、被发展、被繁荣₂、被煽动、被学习、被支持。

数词：被67%。

出于表述简洁的考虑，我们采纳王开文（2010）的提法，把以上"被自杀"类特殊被字结构简称为"特殊被字结构"。沈家煊（2010）把该类结构解释成"用来指称或描述语言自身的元语言用法"。沈先生的文章虽然解释了生成该类现象的具体过程，但无法解释这类语言现象的"偏离"义究竟因何而生？为何用"元语言"进行表达时，就出现了"偏离"义？为何这种"偏离"义又一定要求与"被"字结伴而生？该类结构又何以能在短期内被人们所理解？因为这些问题我们都无法简单地从"元语言"中完全找到答案。通过前面的研究，我们发现，这类特殊被字结构能在很短时间内被人们所理解，又能在很短时间内迅速流行开来，同"反预期"，或者说"预期偏离"义有很大关系，具体地说，这类现象实际上是一种"无关性预期否定"现象。

孙红艳、王杰（2011）曾指出，"被自杀"这类"特殊被字结构"有四种语义类，即"调侃意味、不情愿、不真实、贬义讽刺"。"调侃意味"体现反讽义，如"'被时代'、'被增长'、'被寂寞'、'被富裕'、'被自杀'、'被自愿'和'被就业'"；"不情愿"体现人主观上不积极作为的态度，如"被捐款"；"不真实"体现事件发生得不合理或非事实，如"被就业、被失踪"；[①]"贬义讽刺"体现人嘲讽的态度，如"被代表、被专家"。[②] 直接性的嘲讽体现为"贬义讽刺"，间接性的嘲讽体现为"调侃"，主观情态上的反抗体现为"不情愿"，事件合理性或事实性的评判体现为"不真实"。"特殊被字结构"的这四种语义类，恰恰是通过"提供一些明知虚假的信息"来实现的，属于"无关性预期否定"现象中否定"合作原则"中的

[①] 见孙红艳、王杰《新兴"被+X"结构的语法、语义探析》，《航空工业管理学院学报》2011年第2期。

[②] 特殊被字结构的四种语义类是相互交叉的，并无绝对界限，更多的是视角的不同而已。

"质的准则"。"被自杀"具备"调侃意味、不情愿、不真实、贬义讽刺"这四种语义，这些语义的实现方式都是通过"提供一些明知虚假的信息'自杀'"来否定"合作原则"中"质的准则"而实现的。我们再以"被就业"为例。360百科把它解释为："在当今高校统计就业率的背景下，部分高校的毕业生'被就业'。其中大多是大家都已经熟悉的'被要求就业'，即学校要求没就业的毕业生自己随便找个章盖在协议书上证明自己就业；而现在网帖曝光称也出现了个别'被瞒着就业'的情况，毕业生自己不知情就已经就业了。"无论是"被要求就业"还是"被瞒着就业"，对于被叙述对象[①]而言，都可认定为是"虚假信息"。面对高校统计就业率而造假瞒报的事实，被叙述对象通过主动提供自己明知虚假的信息"就业"，而达到否定"高校官方哄骗大众、使得大众认为'学生已经就业'的预期"，从而形成一种"无关性预期否定"现象——"被就业"。

正是因为"无关性预期否定"与其他"预期偏离"类现象有着密切的联系，才使它得以在很短时间内被人们所理解，又能在很短时间内迅速通行开来。如果我们再往深处探究，就是汉语被字句"偏离"义制约的结果。因此，我们可以说，特殊被字结构深受典型被字句的影响，从而使其在元语言表达过程中富含了丰富的"偏离"义信息，最终形成一种"无关性预期否定"现象，并具备了汉语被字句的"偏离"义。

第四节　小结

以上研究表明：第一，汉语被字句基本上都是通过对说话者或被叙述对象"预期"的偏离而实现的，目前还没有发现受话者"预期"

[①] 当被叙述对象一开始听见"自己就业了"的时候，是处于"受话者"位置的，但当他把这一信息通过甄别认定为"假"，且用"自己被就业"的形式表达出来时，其"受话者"的身份就已经发生改变，变为"说话者"。因此，此时的"被叙述对象"还是"说话者"。推理否定的是"先前作为说话者'官方高校'哄骗大众，从而使得大众认为'学生已经就业'的预期"。这是偏离"被叙述对象"或"受话者""大众"预期的例子。感谢匿名审稿专家提出的宝贵意见。

偏离的例子。第二,从类型上说,汉语被字句的"预期偏离"主要是"目的预期偏离、情理预期偏离、背景预期偏离、心理倾向性预期偏离、满足性预期偏离、超预期量信息",较少用"负预期量信息"进行表达,在我们考察的语料中没有发现"无关性预期否定"和"间接预期偏离"的情况,说明汉语被字句在"预期偏离"表达上,并不习惯用复杂的形式,即"无关性预期否定"和"间接预期偏离",而多采用较为单一的形式,并且似乎总是偏爱"过量"信息的表达。第三,"被自杀"类特殊被字结构深受典型被字句的影响,从而使其在元语言表达过程中富含了丰富的"偏离"义信息,最终形成一种"无关性预期否定"现象,并统一于汉语被字句的"偏离"义之中。另外,"被自杀"类特殊被字结构存在偏离受话者或被叙述对象"预期"的现象。

"预期偏离"义仅仅是汉语被字句众多"偏离"义中的一种,它并非汉语被字句成立的充要条件,汉语被字句的成立还受其他因素的影响与制约。

第三章 汉语被字句"理想认知模式"偏离

邓云华、曾庆安（2011）从理想化认知模式和事件理想化认知模式的角度分析英汉被动句的句法和语义结构原型，研究所提到的"致使因素→变化→状态（Croft，1993）"ICM、"凸显致使状态的被动句语义"ICM、"英汉被动句语义结构的ICM——构式意义'影响—受影响'"，都从原型语义学的角度对理想认知模式进行了解读，但还是无法解释"饭被煮糊了"为什么成立？而"饭被煮好了"为什么又不成立？依据语法理论对此也有同样的困惑，但如果我们完全从构成成分所激活的理想认知模式入手考虑问题，似乎可把问题简化，例如，"饭"与"煮"所构成的理想认知模式要求受事"饭"处于可接受状态，包括质地、味道、颜色等（+可接受）。"饭被煮糊了"偏离这一模式（-可接受），成立，"饭被煮好了"未发生偏离（+可接受），成立有疑问；但如果"饭被煮好了"出现在如下语境中，则又成立了，即某人刚开始学做饭，做得比较慢，或者某人做饭中间因缺少工具或材料而进展缓慢等，施事必须通过付出一定的努力才能完成，隐含难以实现之意，"难事实现"恰是对"+适度操控"模式的偏离。可见，从"理想认知模式偏离"角度，能较好地解决以往被字句研究的一些问题，有深入研究的必要。

下面，我们重点讨论"人对物"模式被字句与"人对人"模式被字句，有关"物对人"与"物对物"模式被字句，我们多数都可把它们理解成"人对物"模式被字句与"人对人"模式被字句通过转喻或隐喻形式而形成的，但这里我们限于时间和篇幅，暂不做讨论。另外，"人称代词"和一些特殊名词在汉语被字句"偏离义"问题上的表现也较为特殊与复杂，鉴于考察后并不影响我们的结论，出于行文简洁的考虑，本章也暂不讨论。

第一节 "人对物"模式的偏离

观察语言事实，我们发现如下语言现象：

(1)？饭被吃了。

例（1）中"吃"与"饭"的特殊之处在于可互相被激活，即单说动作"吃"时，可激活我们对食物"饭"的联想，单说食物"饭"时，可激活我们对动作"吃"的联想。[①] 如果"饭"是泛指，"吃饭"则仅表示"进餐"，例（1）通常不成立[②]；如果"饭"是特指[③]，例（1）在一定语境下可以成立，如：

(1a) 甲：饭呢？
乙：饭被吃了。

例（1a）中，问话者甲的隐含义是"饭应该存在"（或饭不应该消失），或"饭不应该被 A 吃"；答话者乙回答了"饭消失"的原因，即"饭被吃了"，或"饭不该被 A 吃却被 A 吃了"。我们再看两个例子：

(1b) 饭被吃了，菜剩下了。

[①] 类似的可以互相被激活的还有"衣服与穿，椅子与坐，房子与住"等。

[②] 吴为善认为："'物'做主语的被动句，其中的'物'的语义特征要区别清楚。比如'饭'可以指'米饭'（三维实体），也可以指'餐'（抽象实体）。'饭吃完了'中的'饭'就有两种含义，如果指'进餐完了'，一般不用'被'字；如果指'米饭'，可以用'被'字来突显被处置义。'饭被吃糊涂了'中的'饭'显然指'餐'，但这个例子似乎需要语境支撑，不然合格度会有问题。"出于论证简洁的考虑，"饭"的这两个意思下文论述时暂不做严格区分。

[③] 有关"特指"与"泛指"的区分，感谢刘丹青老师的提醒。

第三章　汉语被字句"理想认知模式"偏离　// 61

（1c）饭被吃了？

例（1b）中"饭"与"菜"相对，在对举语境下成立，表示"饭与菜本应同时存在或消失，但却一个存在另一个消失"，隐含"饭"和"菜"都应该被吃完。例（1c）中隐含"饭不应该被吃"，表示对"饭被吃了"事件的疑问或不确信，隐含说话者对信任的偏离。我们再看一个例子：

（1d）饭被吃了，怎么办？

例（1d）中有如下两种理解：
理解一：饭被吃了这件事怎么办？
理解二：如果饭被吃了，怎么办？（或者，假如饭被吃了，怎么办？）

按第一种理解，"饭被吃了"发生话题化，按第二种理解，"饭被吃了"与"怎么办"构成广义的条件关系复句。① 我们再来看几个例子：

（1e）是饭被吃了。
（1f）饭是被吃了。
（1g）饭被吃饭的人给吃了。（*饭被吃饭的人吃了）②

例（1e）到例（1g）的"是"与"给"③，起聚焦作用，形成对比焦点，成立。④ 例（1a）到例（1g）主要依赖特定语境，汉语非被字句则可较自由地表达例（1）这类现象：

---

① 此处感谢吴为善老师的分析。
② 例（1g）添加"吃饭的人"是为了避免类似例（1a）的现象出现，即避免出现隐含义"饭不该被 A 吃"。
③ 例（1）的成立，还和重音等语音制约条件有关，限于篇幅，本节不一一探讨。
④ 这里的"是"与"给"不是焦点标记词，因为它们的存在与否影响被字句的成立，但所起的作用类似。

(2) 吃饭了。
(3) 饭吃了。
(4) 吃了饭。
(5) 把饭吃了。

例（1）还可以表达例（1h）的意思，如：

(1h) 饭被吃光了。

例（1h）中这种现象又该做何解释？本节主要就该类问题进行探讨。①

例（1）是主语为"物"②的情况，例（6）是主语为"人"的情况，如：

(6) 张三被吃了。

限于篇幅，本节仅探讨主语是"物"的情况③，且不探讨各种与隐喻和转喻相关的复杂现象。本节主要探讨"饭被吃了"类被字句④对理想认知模式的偏离问题，及理想认知模式（ICM）与语境间的互动问题，最后从"理想认知模式偏离"的角度，解释汉语"被自杀"类特殊被字结构。本节语料全出自内省，概不一一标注。⑤

---

① 正文中个别例句会涉及语境或句子隐含义问题，但仅是分析某一问题的需要，不作为本节研究的主线。

② 主要是名词或名词性短语，由于"代词"的情况较为复杂，本节暂不做讨论。

③ 本节的"物"意为"非人"。主语是"人"的情况不探讨的另一个原因是：它同"物"所激活的理想认知模式不同，对该问题我们将在第二节中加以详细讨论。

④ 类似的例子还有"房子被住了，椅子被坐了，衣服被穿了"。但在一定语境下，也可能成立：两家争一间宿舍，一方强行先住进去，另一方会着急地对知情者说"房子被住了"；一个人把椅子刷好漆后离开了，不知情的人坐在椅子上，结果，椅子被弄脏了，刷椅子的人回来后问"怎么弄的？"，知情者会回答"椅子被坐了"；戏台后的衣服被一些好奇的人拿去穿了，不巧弄脏了，偷偷又挂回后台，演员不知道，穿上了，发现是脏的，问"这是怎么回事？"知情人回答说"衣服被穿了"。本节的讨论暂不包含这些特殊语境。

⑤ 本节的观点还需要"典型的有出处例句和数据"的进一步佐证，另外，"饭被吃了"这类句子在一般情况下不能单独存在，可能还跟汉语句子的主语一般都是定性的有一定关系。限于篇幅，以上内容我们将另文处理。此处非常感谢陈一、梁银峰老师的提醒。

一 "吃"与"饭"理想认知模式的建构

动作"吃"与食物"饭"激活了由"施事、受事、动作"组成的"吃饭"事件的"理想认知模式",人们对该认知场景的理解是自然而然的,无须付出太多认知努力,如:

Ⅰ施事者。
1) 有施事者。(+施事者)
2) 施事是人。(+人)
3) 有单一特定的(single definite)施事者。(+单一特定)①
4) 施事"人"对受事"饭"有一定的了解。(+了解受事)
5) 施事"人"意欲适度地进行他的活动(wills his action)。(+意欲)
6) 施事"人"适度地操控他的活动。(+适度操控)
7) 施事"人"吃饭的目的是维持体内基本的营养供给,满足活动所需的能量。(+目的)
8) 施事"人"状态发生了适量变化。(+状态适量变化)
9) 施事"人"对他的活动和变化承担首要的(primary)责任。(+责任)

Ⅱ受事者。
1) 有受事者。(+受事者)
2) 受事是物。(+物)
3) 有单一特定的(single definite)受事。(+单一特定)
4) "饭"是用来"吃"的,"吃"可看作受事"饭"的唯一用途。②(+用途)
5) "饭"是"做"出来的,受事"饭"内含"做"等制作类动作。(+制作)
6) 受事"饭"处于可接受状态,包括质地、味道、颜色等。

---

① 本节的"单一特定"隐含"相对固定"的含义。此处感谢张玥师妹的建议。
② "物"激活的动作并不总是唯一的,如"酒",不光是用来喝的,还可用来做菜、做药、进行化学试验等,因此,可以说"酒被喝了"。因为"酒"有很多用途,"喝酒"无非"酒"众多用途中的一个。"喝"与"酒"在"用途"上无法构成单一的理想认知模式。

（+可接受）

7）"饭"通常被装在锅、碗、饭盒等器皿里。（+盛具）

8）受事"饭"状态发生适量变化：有一定例外或遗漏。（+状态适量变化）

Ⅲ 动作。

1）使受事"饭"有固定的运动路径和方向："饭"由人体之外，经过口，位移到体内。（+固定的运动路径和方向）

2）使施事"人"和受事"饭"发生接触（contact）。（+接触）

3）施事"人"的动作或意志、想法（will）先于受事"饭"的改变。（+动作先时性）

4）动作"吃"是真实的。（+真实）

5）动作"吃"持续的时间适度，不多也不少。（+时间适度）

6）动作"吃"作用的频度适度，不多也不少。（+频度适度）

7）动作"吃"要借助施事的手、嘴或其他辅助工具完成。（+工具）

8）动作"吃"发生的场所通常在饭馆、宾馆、食堂、家等。（+环境）

9）动作"吃"发生后，周围环境应该是整洁、干净的。（+干净）

10）动作"吃"要耗费一定的体力、精力和金钱。（+适量体力）（+适量精力）（+适量金钱）

以上反映的是动作"吃"与食物"饭"所激活的"吃饭"事件的理想认知模式。①

二 偏离理想认知模式的证明

经过研究我们发现，例（1）完全可以通过对"吃饭"事件所激活的理想认知模式的"偏离"来救活。所谓"偏离"包括如下

---

① 有关理想认知模式的激活机制，我们已在引言中做过详细讨论，此处限于篇幅暂不探讨，仅列结论。

内容①：

第一，与理想认知模式不相同的。

第二，理想认知模式中所无的。②

第三，理想认知模式中多样而句中唯一的。③

我们用"偏离"而不用"反常规"④或"反预期"⑤这种说法的原因有二：一是想在更大范围里概括出不同程度的与理想认知模式不相符的情况，避免"反常规"这一术语带给人单纯的极性相反的误解；二是为了扩大解释范围，避免"反预期"这种说法解释上的局限，从而"比'反预期'更为深层和中立"⑥，事实上，"预期"与"理想认知模式"之间也存在互不交叉之处。如果把这种现象说成是"非常规"⑦又如何呢？我们认为，这种提法可能缺少"理想认知模式"那样经验性的理论论证基础，所以可能还是不太合适。"偏离"这一提法在照顾论述严谨性的同时，可能牺牲了理解的简约性。⑧

另外，从性质上说，我们把这种"偏离"还是更多地理解成一种方法。⑨下面我们主要从施事、受事、动作三个角度，深入探讨汉语被字句在"理想认知模式"偏离问题上的制约规律和种种表现。

---

① 有关"偏离度怎么认识、范围有多大"的问题，感谢崔应贤老师的提醒。
② 例如"饭被倒了"。(－用途)
③ 例如"酒被喝了"。(－用途)
④ 张黎老师认为可能是一种"常规"与"反常规"的关系。
⑤ 祁峰老师认为可能是一种"预期"与"反预期"的关系。
⑥ 引文是黄健秦老师的评价。
⑦ 邵洪亮老师认为可能是"常规"与"非常规"的关系。
⑧ 吴为善老师指出："'理想化认知模式'体现的就是人们的规约性心理预期，当前学界更多地使用'预期'的概念，符合理想化认知模式就是'符合预期'，偏离理想化认知模式就是'超预期'或'反预期'。这样说似乎更容易理解。"相关问题，我们已经在引言中做过详细讨论，此处不再赘述。
⑨ 王红旗老师认为，理想认知模式无限多，解释时可能会违背语法以简驭繁的目的。但如果换个角度考虑，这种"偏离"规律，我们似乎也可理解成一种以简驭繁的方法。另外，卢英顺老师认为："如果不是'吃饭'而是其他事件，其语义分析是否也像现在分析的这样，估计不可能完全一样，比如'吃饭'的目的。我的意思是说，要从'吃饭'这一具体事件中，抽象出与'吃饭'同类事件的'共同要素'。"关于该问题，James Pustejovsky (1991、1995)的衍生词汇理论（Generative Lexicon）给人很大启发，但限于篇幅，本章暂不予讨论，对相关问题，我们将在第四章中尝试部分解决。此处非常感谢王红旗、卢英顺两位老师的提醒。

（一）施事的偏离

1. $I_{a/b/c}$的偏离。

$I_{a/b/c}$偏离的例子：

(7) 饭被谁吃了？（？施事者）（－单一特定）

(8) 饭被小狗吃了。（－人）（－单一特定）

(9) 饭被袖子吃了。（－人）（－单一特定）

(10) 饭被什么人吃了。（＋施事者）（＋人）（－单一特定）

例（7）施事者不明，偏离了有施事者（＋施事者）的理想认知模式①；例（8）与例（9）中的"小狗""袖子"都不是"人"，偏离了施事是人（＋人）的模式；例（10）在"人"前加了用于虚指的"什么"，构成"什么人"，虽满足"＋施事者""＋人"的条件，却偏离了"＋单一特定"模式，即"什么人"不是预期的"人"。例（7）到例（9）中的"谁""小狗"和"袖子"也都偏离了"＋单一特定"的模式，因为它们都不是我们预期的。"不偏离"则不能成立，如例（11）：

(11) *妹妹的饭被妹妹吃了。（＋施事者）（＋人）（＋单一特定）

受事主语句不受此限制，如例（11'）。

(11') 妹妹的饭，妹妹吃了。（＋施事者）（＋人）（＋单一特定）

2. I_d的偏离

(12) 饭被吃出了头发。（－了解受事）

(13) 饭被吃出了馊味。（－了解受事）

施事"人"对受事"饭"应该有一定的了解（＋了解受事）。

---

① 为了节省篇幅，"理想认知模式"下文简称为"模式"。

"饭"在百科知识中，不会有"头发"，而且"品质适于食用"；但例（12）和例（13）都偏离施事"人"对受事"饭"百科知识的了解（+了解受事），即"饭"里出现不该出现的"头发"，"品质变坏"。例（12）中"吃"是总括扫描（summary scanning）的结果，"头发"是由动作"吃"发现的，例（13）中"吃"是次第扫描（sequential scanning）的结果，是在"吃"的过程中"品"出来的。不发生偏离则不能成立，如例（14）和例（15）：

（14）＊饭被吃出米粒儿了。（+了解受事）
（15）＊饭被吃出米味儿了。（+了解受事）

受事主语句基本都成立，如例（15'）：

（15'）饭吃出米味儿了。（+了解受事）

3. I_e 的偏离

（16）饭被逼着吃了。（−意欲）
（17）饭被好说歹说地吃了。（−意欲）

施事"人"意欲适度地进行他的活动（wills his action），例（16）和例（17）在实施"吃饭"活动时，都偏离了施事者的意愿（+意欲），如"逼""（别人）好说歹说"。不发生偏离，则成立有疑问，如例（1）；受事主语句成立，如例（3）。

（1）？饭被吃了（+意欲）
（3）饭吃了。（+意欲）

4. I_f 的偏离

（18）饭被一天吃了。（−适度操控）

（19）饭被吃了一天。（－适度操控）
（20）饭被吃了一顿又一顿。（－适度操控）
（21）饭被吃了一碗又一碗。（－适度操控）
（22）饭被吃了整整一大锅。（－适度操控）
（1h）饭被吃光了。（－适度操控）
（23）饭被吃了不点儿。（－适度操控）

施事"人"适度地操控他的活动（＋适度操控）。例（18）隐含"饭"很多，正常应该能吃几天，但施事"一天"就吃了；例（19）隐含"饭"不多，正常应该吃不上一天，但施事却吃了"一天"。前者说明"饭"吃得快，后者说明"饭"吃得慢，它们都偏离了"吃饭"在时间上的适度性模式（＋时间适度操控）。例（20）和例（21）反映饭吃得频度过高，它们都偏离了"吃饭"在频度上的适度性模式（＋频度适度操控）。例（22）和例（1h）反映饭吃得量过多，例（23）反映施事"人"饭吃得量过少，它们都偏离了"吃饭"在数量上的适度性模式（＋数量适度操控）。不发生偏离则不能成立，如例（24）到例（26）：

（24）＊饭被吃得时间不长也不短。（＋时间适度操控）
（25）＊饭被吃得频度正好。（＋频度适度操控）
（26）＊饭被吃得不多也不少。（＋数量适度操控）

受事主语句不受此限制，如例（24′）到例（26′）：

（24′）饭吃得时间不长也不短。（＋时间适度操控）
（25′）饭吃得频度正好。（＋频度适度操控）
（26′）饭吃得不多也不少。（＋数量适度操控）

5. I_g 的偏离

施事"人"吃饭的目的是维持体内基本的营养供给，满足活动所需的能量（＋目的）。如：

(27) * 饭被吃饱了。(＋目的)
(28) 饭被吃扎唠了。(－目的)
(29) 饭被吃糊涂了。(－目的)

例(27)符合"吃饭"这项活动的目的,符合"吃饭"的理想认知模式,所以不成立;例(28)和例(29)以"吃饭"作为某种交际的手段和方式,例(28)表示某人发出"吃饭"这一活动是为了满足某种交际目的,但活动实际进行时却事与愿违,甚至产生了负面效应;例(29)表示某人接受"吃饭"这一活动时,原本以为懂得对方的交际意图,但活动实际进行时,却对对方的交际目的"糊涂"了。这些都偏离了"＋目的"模式,相应的受事主语句都成立,如例(27′)到例(29′):

(27′) 饭吃饱了。(＋目的)
(28′) 饭吃扎唠了。(－目的)
(29′) 饭吃糊涂了。(－目的)

6. I_h 的偏离

施事"人"状态发生适量变化(＋状态适量变化),即"吃饭"动作不会给施事带来不正常的状态变化。例如:

(30) 饭被吃烦了。(－状态适量变化)
(31) * 饭被吃好了。① (＋状态适量变化)
(32) * 饭被吃完了。(＋状态适量变化)

例(30)表示某人发出"吃饭"动作后,出现"厌恶"感觉,施事的反应超出了施事"吃饭"后正常的状态变化,因此,偏离了"＋状态适量变化"模式。例(31)和例(32)表示某人顺利完成了"吃饭"这个动作,未偏离"＋状态适量变化"模式。但例(30)到

---

① 此处的"好"是表示"完成"。

例（32）都能变换成受事主语句，如例（30′）到例（32′）：

(30′) 饭吃烦了。（-状态适量变化）
(31′) 饭吃好了。（+状态适量变化）
(32′) 饭吃完了。（+状态适量变化）

7. I₁的偏离

施事"人"对他的活动和变化承担首要的（primary）责任（+责任），如例（1），"饭被吃了"成立的另一种可能，即应该给 A 吃，但被 B 吃了。这是"追责"的偏离性造成的。例（1）同样可以变换成相应的受事主语句，如例（2）到例（5）。如果明确了施事的责任，则不能进入被字句，但相应的受事主语句不受影响，如例（11）和例（11′）：

(11) * 妹妹的饭被妹妹吃了。（+责任）
(11′) 妹妹的饭，妹妹吃了。（+责任）

（二）受事的偏离

1. II_{a/b/c}的偏离。

(1) ? 饭被吃了（+受事者）（+物）（+单一特定）
(33) 工程被吃了回扣了。（-受事者）
(6) 张三被吃了。（-物）
(1b) 饭被吃了，菜剩下了。（-单一特定）

例（33）表示有人从"工程"中获得了额外的好处，"工程"已不是"受事"了；例（6）中"张三"不是"物"了；例（1b）中的隐含义是"饭"和"菜"都应该被吃完，但只吃了饭，菜却剩下了，"饭"不再有"单一特定"的含义了，它仅是众多选择中的一个。以上例子分别偏离了"+受事者""+物"和"+单一特定"模式。不偏离的句子则有疑问，如例（1）。相应的受事主语句都成立，如例（3）、例（33'）和例（1b'）：

(3) 饭吃了（+受事者）（+物）（+单一特定）
(33') 工程吃了回扣了。（-受事者）
(1b') 饭吃了，菜剩下了。（-单一特定）

2. $II_{d/e/f}$ 的偏离。

(34) *饭被用来充饥。（+用途）
(35) 饭被吃成药了。（-用途）①
(36) *饭被煮了。（+制作）
(37) 饭被煮糊了。（+制作）（-可接受）

"饭"是用来"吃"的，"吃"可以看作受事"饭"的唯一用途（+用途），例（34）不成立的原因是，"充饥"是"饭"功能的一部分，没有偏离"+用途"模式，因此不成立。相反，例（35）中"药"偏离了饭"充饥"的功能，因此成立。例（36）中受事"饭"内含"煮"这一制作类动作，没有偏离"+制作"模式，因此不成立；例（37）虽也同样蕴含"煮"这一制作类动作，但却增加了"饭"不可接受的特点"糊"，偏离了受事"饭"的可接受状态（质地、味道、颜色）（+可接受）②，因此成立。例（34）到例（37）均可变换成受事主语句：

(34') 饭用来充饥。（+用途）
(35') 饭吃成药了。（-用途）
(36') 饭煮了。（+制作）
(37') 饭煮糊了。（+制作）（-可接受）

---

① 例（35）在此暂不做主观化的理解，如果按照主观化的理解，应该属于发话者"意愿"的偏离（-意愿）。
② 讨论详见前文"I_d的偏离"部分。

3. II_g 的偏离

(38) *饭被用饭盒吃了。（+盛具）
(39) 饭被用盘子吃了。（-盛具）

"饭"通常被装在锅、碗、饭盒等器皿里（+盛具）。"饭盒"是"盛饭"的器皿，但"盘子"主要是"盛菜"的器皿。前者未偏离"+盛具"模式，后者偏离了"+盛具"模式，因此例（38）不成立，例（39）成立，而受事主语句都成立，如例（38′）和例（39′）：

(38′) 饭用饭盒吃了。（+盛具）
(39′) 饭用盘子吃了。（-盛具）

4. II_h 的偏离

受事"饭"状态发生适量变化：有一定例外或遗漏（+状态适量变化）。

(40) *饭被吃得不多也不少。（+状态适量变化）
(41) 饭全被吃了。（无一漏掉）（-状态适量变化）
(42) 饭都被吃了。（无一例外）（-状态适量变化）
(1h) 饭被吃光了。（-状态适量变化）

例（40）中的"饭"发生适量变化，如"不多也不少"；例（41）到例（1h）中的"饭"发生了穷尽性变化，无遗漏或例外，已不是适量变化了。因此，例（40）不成立，例（41）到例（1h）成立，相应的受事主语句都成立，例如：

(40′) 饭吃得不多也不少。（+状态适量变化）
(41′) 饭全吃了。（无一漏掉）（-状态适量变化）
(42′) 饭都吃了。（无一例外）（-状态适量变化）
(1h′) 饭吃光了。（-状态适量变化）

(三) 动作的偏离

1. Ⅲ$_{a/b}$的偏离。

（43）＊饭被吃到嘴里了。（＋固定的运动路径）（＋接触）
（44）＊饭被吃了下去。①（＋固定的运动方向）
（45）饭被吃到嘴巴子上了。（－固定的运动路径）
（46）饭被吃吐了。（－固定的运动方向）
（47）饭被吃到地板上了。（－固定的运动方向）（－接触）

例（43）和例（44）都反映受事"饭"固定的运动路径和方向，即"饭"由人体之外，经过口，位移到人体之内（＋固定的运动路径和方向），所以不成立；例（45）到例（47）都偏离了"＋固定的运动路径和方向"模式，例（45）偏离了"经过口"的路径，例（46）偏离了"位移到人体之内"的方向，而是向相反的方向运动，所以成立。例（43）中的"饭"与"嘴"发生了接触（＋接触），但例（47）中施事"人"和受事"饭"没有接触（contact），偏离了"＋接触"模式，所以，例（43）不成立，例（47）成立。有的是没有顺利完成整个路径，例如：

（48）饭被吃卡住了。（－固定的运动路径）

受事主语句均成立，例如：

（43′）饭吃到嘴里了。（＋固定的运动路径）（＋接触）
（44′）饭吃了下去。（＋固定的运动方向）
（45′）饭吃到嘴巴子上了。（－固定的运动路径）

---

① 例（44）通常不成立，但如果把"可食用的饭"理解成"本来不应该吃或很难吃，但却吃下去的饭"时，句子则成立，这需要一些特殊的语境，此处暂不考虑。感谢祁峰老师的提醒。

(46′) 饭吃吐了。(－固定的运动方向)
(47′) 饭吃到地板上了。(－固定的运动方向)(－接触)
(48′) 饭吃卡住了。(－固定的运动路径)

2. Ⅲ_c 的偏离

(36) ＊饭被煮了。(＋动作先时性)
(49) 饭被倒了。(＋动作先时性)(－用途)
(50) ＊饭被吃得香。①(＋动作先时性)
(51) 饭被吃出香味儿了。(－动作先时性)

例（36）、例（49）和例（50）中施事"人"的动作或意志、想法（will）先于受事改变后的"饭"（＋动作先时性）。例（49）是偏离"饭""＋用途"模式，例（51）偏离"饭""＋动作先时性"模式。因为"饭"的用途是"吃"而不是"倒"；"饭有香味儿"这种变化发生在动作"吃"前，动作"吃"仅是对这种现象的发现，是总括扫描（summary scanning）的结果。例（50）中动作"吃"同例（13）类似，是次第扫描（sequential scanning）的结果，由于施事胃口好，所以会吃很多饭，"饭"在数量上的变化发生在动作"吃"之后，因此未偏离"＋动作先时性"模式，不成立。受事主语句都成立，如：

(36′) 饭煮了。(＋动作先时性)
(49′) 饭倒了。(＋动作先时性)(－用途)
(50′) 饭吃得香。(＋动作先时性)
(51′) 饭吃出香味儿了。(－动作先时性)

3. Ⅲ_{d/e/f} 的偏离

(1)？饭被吃了（＋真实）

---

① "香"是"胃口好"的意思，例（50′）同。

(52) 饭可能被吃了。(-真实)①

例(1)表达一个真实的事实,例(52)偏离了"+真实"模式,对"饭被吃了"这个事件仅仅是一种猜测,因此成立。相应的受事主语句均成立,例如:

(1) 饭吃了。(+真实)
(52′) 饭可能吃了。(-真实)

4. III_g 的偏离

(53) *饭被用勺子吃。(+工具)
(54) 饭被用好大(很小)的一个勺子盛着吃了。(-工具)
(55) 饭被吃得花样百出。(-工具)

动作"吃"要借助施事的"勺子"完成"+工具",例(53)未偏离"+工具"模式,不成立。但"工具"的大小如超出常态,也是对"+工具"模式的偏离,如例(54);用不常用的"工具",也是对"+工具"模式的偏离,如例(55)。受事主语句都成立,如例(53′)到例(55′):

(53′) 饭用勺子吃。(+工具)
(54′) 饭用好大(很小)的一个勺子盛着吃了。(-工具)
(55′) 饭吃得花样百出。(-工具)

5. $III_{h/i}$ 的偏离

(56) *饭在饭馆里就被吃了。(+环境)
(57) 饭在路上就被吃了。(-环境)

---

① $III_{e/f}$ 的偏离问题详见 I_f。

(58) 最后，饭又从饭馆被吃到了家里。（-环境）

例（56）中的"吃饭"活动发生在"饭馆"里，未偏离"+环境"模式，不成立。例（57）中的"吃饭"活动发生在"路上"，"路上"并不是理想的"吃饭"场所，偏离了"+环境"模式，成立。例（58）很有趣，虽然"饭馆"和"家"都是"吃饭"活动经常发生的场所，并未偏离"+环境"模式，但由于我们吃饭时，不经常转移吃饭场所，所以，例（58）中吃饭场所的改变，也可视作偏离了"+环境"模式，句子成立。受事主语句均成立，如例（56′）到例（58′）：

(56′) 饭在饭馆里就吃了。（+环境）
(57′) 饭在路上就吃了。（-环境）
(58′) 最后，饭又从饭馆吃到了家里。（-环境）

动作"吃"发生后，周围的环境通常是整洁、干净的（+干净），例如：

(59) * 饭被吃得干净。（+干净）
(60) 饭被吃得满身都是。（-干净）
(61) 饭被吃得脏兮兮的。（-干净）

例（59）未偏离"+干净"模式，不成立。例（60）和例（61）反映动作"吃"发生后，环境既不整洁也不干净，偏离了"+干净"模式，句子成立。受事主语句都成立，如例（59′）到例（61′）：

(59′) 饭吃得干净。（+干净）
(60′) 饭吃得满身都是。（-干净）
(61′) 饭吃得脏兮兮的。（-干净）

6. Ⅲⱼ的偏离

(1) ？饭被吃了（+适量体力）（+适量精力）（+适量金钱）①
(62) 饭被狼吞虎咽地吃了。（-适量体力）
(63) 饭被慢吞吞地吃了。（-适量精力）
(64) 一顿饭被吃了好几千元。（-适量金钱）

动作"吃"要耗费一定的体力、精力和金钱（+适量体力）（+适量精力）（+适量金钱），如例（1）。例（62）到例（64）中的"狼吞虎咽""慢吞吞"与一顿饭"好几千元"，都偏离了"+适量体力""+适量精力""+适量金钱"模式，因此成立。受事主语句都成立，如例（2）、例（62′）到例（64′）：

(2) 吃饭了。
(62′) 饭狼吞虎咽地吃了。（-适量体力）
(63′) 饭慢吞吞地吃了。（-适量精力）
(64′) 一顿饭吃了好几千元。（-适量金钱）

三 理想认知模式与语境间的互动

理想认知模式与语境间有一定的互动关系，不同语境往往会营造不同的理想认知模式。

（一）施事

观察语言事实，我们发现如下语言现象：

(1) ？饭被吃了。（±单一特定）

例（1）如出现在食堂后厨的语境里，则可能是成立的。因为在后厨这个语境中，大家做饭是为了给后厨人员以外的某一特定的群体吃，"后厨人员以外单一特定"群体是施事的理想认知模式。如果饭

---

① 此处讨论暂不包括"饭被吃光了"这层意思。

是被食堂的用餐者吃了，此时，未偏离"＋后厨人员以外单一特定"模式，不成立，如例（1a）；如施事偏离了这个群体，即后厨某些人把饭吃了，则偏离了"＋后厨人员以外单一特定"模式，句子成立，如例（1b）。

（1a）＊饭被用餐的人吃了。（＋后厨人员以外单一特定）
（1b）饭被后厨的人吃了。（－后厨人员以外单一特定）

受事主语句均成立，如例（1a′）和例（1b′）：

（1a′）饭，用餐的人吃了。（＋后厨人员以外单一特定）
（1b′）饭，后厨的人吃了。（－后厨人员以外单一特定）

再举一例：

（65）？饭被煮好了。①（＋制作）（±适度操控）

例（65）如出现在一般语境中，不成立，如例（65a），因为"把饭煮好"这件事无须施事付出太大努力即可完成，未偏离"＋适度操控"模式；例（65）如出现在特殊语境中，则可能成立，如例（65b），某人刚开始学做饭，做得比较慢，或者某人做饭中间因缺少工具或材料而进展缓慢等，施事必须通过付出一定的努力才能完成，隐含难以实现之意，"难事实现"恰是对"＋适度操控"模式的偏离。

（65a）＊饭被煮好了。（＋制作）（＋适度操控）
（65b）饭被煮好了。（＋制作）（－适度操控）

---

① 此处"好"表示"完成"，"好坏"的"好"在"饭被煮好了"中，任何时候都不成立，见 I$_d$ 的讨论。

第三章 汉语被字句"理想认知模式"偏离

为了表述清晰,我们可添加副词"终于",把这种隐性意思通过显性方式表现出来:

(65b′) 饭终于被煮好了。(+制作)(-适度操控)

受事主语句均成立,如例(65c)和例(65d):

(65c) 饭煮好了。(+制作)(±适度操控)
(65d) 饭终于煮好了。(+制作)(-适度操控)

(二)受事
观察语言事实,我们发现如下语言现象:

(66) ?饭被卖了。(±用途)

例(66)在饭店的语境下不成立,因为"饭店"是以"卖饭营利"为目的的,这个语境下"饭用途"的理想认知模式是"卖饭营利即饭的用途",例(66a)未偏离"+卖饭营利即饭的用途"模式,不成立;例(66)在饭店以外的语境中是成立的,例如,"饭我没有吃,而是转手卖给了别人",这个语境下"饭用途"的理想认知模式是"吃饭即饭的用途",例(66b)偏离了"+吃饭即饭的用途"模式,因此成立。如:

(66a) *饭被卖了。(+卖饭营利即饭的用途)
(66b) 饭被卖了。(-吃饭即饭的用途)

受事主语句均成立,如例(66a′)和例(66b′):

(66a′) 饭卖了。(+卖饭营利即饭的用途)
(66b′) 饭卖了。(-吃饭即饭的用途)

（三）工具

观察语言事实，我们发现如下语言现象：

(67) ？饭被用手吃了。（±工具）
(68) ？饭被用筷子吃了。（±工具）
(69) ？饭被用勺儿吃了。（±工具）

在只通过手的抓取动作摄取食物的社团中，"手即摄食工具"是工具的理想认知模式，例（67）未偏离"+手即摄食工具"模式，不成立，如例（67a）；在只通过筷子摄取食物的社团中，"筷子即摄食工具"是工具的理想认知模式，例（68）未偏离"+筷子即摄食工具"模式，不成立，如例（68a）；在只通过勺儿摄取食物的社团中，"勺儿即摄食工具"是工具的理想认知模式，例（69）未偏离"+勺儿即摄食工具"模式，不成立，如例（69a）。在"手即摄食工具"理想认知模式中，如果是用手借助其他工具摄取食物，则偏离了（+手即摄食工具）模式，成立，如例（67b）；同理，偏离了"+筷子即摄食工具"或"+勺儿即摄食工具"模式的例（68b）和例（69b）也成立。如：

(67a) *饭被用手吃了。（+手即摄食工具）
(67b) 饭被用筷子（勺儿）吃了。（-手即摄食工具）
(68a) *饭被用筷子吃了。（+筷子即摄食工具）
(68b) 饭被用手（勺儿）吃了。（-筷子即摄食工具）
(69a) *饭被用勺儿吃了。（+勺儿即摄食工具）
(69b) 饭被用手（筷子）吃了。（-勺儿即摄食工具）

受事主语句均成立，如例（67a′）到例（69b′）：

(67a′) 饭用手吃了。（+手即摄食工具）
(67b′) 饭用筷子（勺儿）吃了。（-手即摄食工具）
(68a′) 饭用筷子吃了。（+筷子即摄食工具）

(68b′) 饭用手（勺儿）吃了。（－筷子即摄食工具）
(69a′) 饭用勺儿吃了。（＋勺儿即摄食工具）
(69b′) 饭用手（筷子）吃了。（－勺儿即摄食工具）

以上内容都反映了理想认知模式与语境间的互动。

四　汉语被字句的理论阐释

（一）图形（Figure）和背景（Ground）问题

"物"做主语的汉语被字句是以"理想认知模式"为背景（Ground）的，"偏离理想认知模式的部分"相当于图形（Figure），是凸显的部分。① 例（43）中的背景是"'饭'由人体之外，经过口，位移到体内"，由于没有发生"偏离"，没引起注意，未发生凸显，不成立；例（45）之所以成立，是因为"到嘴巴子上"偏离了常规路径，引起人的注意，发生了凸显，成立。

（43）＊饭被吃到嘴里了。（＋固定的运动路径）
（45）饭被吃到嘴巴子上了。（－固定的运动路径）

这些都和人类的经验常识比较一致，例如：某人经常在铁道附近上下班，火车来回跑动，并不能引起他的注意。突然有一天，火车由于某种原因脱轨了，他马上会注意到脱轨的火车；火车惯常跑的路线和情状相当于"理想认知模式"，可视作背景，"脱轨"等非常规情状相当于"偏离理想认知模式的部分"，是引起注意的部分，可视作图形。这和我们的语感也是较为一致的，因为汉语被字句总给我们一种要"凸显"某方面"非常规"特征的感觉。

---

① 吴为善指出："'图像—背景'最早由 Rubin 于 1915 年提出（脸与花瓶幻觉图），属于完形心理学概念，后 Talmy 运用完形心理学中的知觉场'焦点—背景分离原则'、'注意力视窗'等概念解释语言现象，Langacker 则把焦点和背景归结为人类认知建构活动，把它们放在'视角'（perspective）这个大的理论框架内进行研究。他们所用的'图像—背景'概念都被译为'焦点—背景'，这样似乎更容易理解。"本节主要考虑到"焦点"术语在学界使用时的复杂性，所以回避了该术语，这样，可能会牺牲理解上的简约性。

有关意念被动句与被字句，吴为善曾指出："研究汉语被动态构式，应该先区别两种相关语形格式：一种是'被'字句，有'被'字作为标记，是显性的被动态构式；另一种是意念被动句，无须'被'字作为标记，是隐性的被动态构式。它们之间的差别，就是'凸显'成分不同。'被'字句凸显的是'被动态'（被动处置义），有标记；意念被动句凸显的是规约性预期'结果'，所以就隐去了'被'字标记。例如'饭被吃完了'，'完'语义指向受事'饭'，就有被动处置义，要用'被'。而'饭吃饱了'中'饱'语义指向语境中的施事，属于规约性预期'结果'，一般不用'被'。"本节的研究也恰能佐证这一点。

（二）独有的构式义（Construction）

理想认知模式的偏离说对主语是"物"的汉语被字句的解释，不能由被字句的组成成分直接推出，如：

（43）＊饭被吃到嘴里了。（＋固定的运动路径）
（45）饭被吃到嘴巴子上了。（－固定的运动路径）
（43'）饭吃到嘴里了。（＋固定的运动路径）
（45'）饭吃到嘴巴子上了。（－固定的运动路径）
（43"）把饭吃到嘴里了。（＋固定的运动路径）
（45"）把饭吃到嘴巴子上了。（－固定的运动路径）
（70）吃饭吃到嘴里了。（＋固定的运动路径）
（71）吃饭吃到嘴巴子上了。（－固定的运动路径）

通过例（45）与例（45'）的对比，我们发现：两例都含有"饭吃到嘴巴子上了"这层含义，但不同的是，例（45'）仅是对"饭吃到嘴巴子上了"这件事进行较为客观的描述，而例（45）除了陈述"饭吃到嘴巴子上了"这件事实外，还强调这件事偏离了我们脑子里有关"饭"运动路径的已有百科知识（"饭"由人体之外，经过口，位移到体内），例（45）比例（45'）多了一层"偏离"义。从例（45）被字句的组成成分来看，仅比例（45'）多了一个"被"字，而"被"字除了引出施事、表示被动外，自身并不隐含"偏离义"，由此可以看出，"偏离义"应该属于"物"做主语的汉语被字句的构式义。但受事主语句和大部分把字句不受此限制，如例（43′）到例（45″），动词拷贝结构大部分也不受此限制，① 如：

（72）吃饭吃得好。②（+意欲）
（73）吃饭吃得不好。（-意欲）

带"得"的状态补语句、存现句也不受此限制，如：

（74）衣服洗得干净。（+干净）
（75）衣服洗得不干净。（-干净）
（76）山上种着树。（+存在物）
（77）山上架着炮。（-存在物）

主宾互易句也同样不受限制，如：

（78a）一桌饭吃十个人。（+适量）　十个人吃一桌饭。（+适量）
（78b）一桌饭吃十个人。（-适量）　十个人吃一桌饭。（-适量）

例（78a）我们可理解成"有十个人在一桌吃饭，人数适量"，但也可按例（78b）的理解，"十个人在一桌吃饭，人数过多"。因此，"偏离义"应是"物"做主语的汉语被字句独有的高层构式义。③

五　对"被自杀"类特殊被字结构研究的启示

网络流行语"被自杀"与被字句也有相通之处，即"被自杀"一词的大意是说：一个没有自杀动机的人，突然因某种变故而死亡，

---

① 例（70）也有一定的可接受度，不像被字句那样绝对地排斥。
② "好"是"令人满意"的意思，例（74）同。
③ 该结论解释仅限制在常用句式范围内。"不比"句实际上也受"偏离义"制约，如："?硕士不比博士有水平"（+水平），"博士不比硕士有水平"（-水平）；但鉴于"不比"句并不是常用句式，所以，这里暂不做讨论。本节限于篇幅，对中动句和汉语被字句构式义的深入探讨将在另部著作中进行。

而死亡现场呈现出自杀的迹象，或被他人安排成自杀的样子。

沈家煊（2010）认为，这种"被××"是"被强说成××"的意思："被强说成'自杀'""被强说成'就业'""被强说成'幸福'""被强说成'中产阶级'"等。这是言者故意把"说"字隐去，把嘴上说的当成实际做的，通过言和行的反差产生强烈的修辞效果。这里的"自杀、就业"等字眼就是在指称这些语词本身，使听者特别注意这样的"说法"及其内涵。[①]

换句话说，"被自杀"可理解成：某人被误认为自杀，或某人被强说成或安排成自杀，前者是无意的，后者是有意的。但无论怎么说，都是对"自杀"表象的违背。另外，被强说成"自杀"，也是对人正常意志的违反。

虽然"被自杀"在词还是短语或句子问题上有一定的争论，但它与被字句的某些特点具有相通性则是不可否认的，如被动、完结等。对理想认知模式的偏离，同样是二者相通的地方："自杀"描述的是事件的表象，事件的真实情况是"并非自杀"，是对"自杀"事实的偏离，即偏离了"＋真实"模式；"被自杀"隐含的"被强说成'自杀'"的意思，也是对"＋意欲"模式的偏离。

六 小结

经过语料统计与内省发现：我们对"饭被吃了"类被字句的分析结论，适用于所有主语是"物"的汉语被字句，以及特殊被字结构。陈昌来认为，所有被字句用起来都是受限制、不自由的，从本节观点来看，确实如此，即被字句或者受一定语境制约，或者受制于理想认知模式，因而总是给人一种不自由的感觉。

本节的研究仅表明该类句式成立的必要条件而非充分条件，例如，"受影响说"可解释本节尚不能解决的一些问题。"不如意说"，从本节研究看，似应解释成"理想认知模式的偏离说"，以往把"不如意"理解成"不愉快、消极义"似有不妥。另外，"偏离说"是否

[①] 沈家煊：《世说新语三则评说——被自杀 细小工作 有好酒》，《当代修辞学》2010年第4期。

会受句法位置的影响，还有待研究。限于篇幅，这些问题我们将另文论证说明。

另外，表被动的给字句、叫/教字句和让字句也基本上符合以上规律，① 因此，该解释可推广到整个主语是"物"的汉语有标志被动句。

七 余论

在语篇中，某些不偏离理想认知模式的被字句也能成立，例如：

（79）饭被煮好，放桌子上了。（+适度操控）

例（79）中的"饭被煮好"已成为后景，"放桌子上了"是前景，是凸显的对象。可见，当被字句作为后景信息时，可能不受"偏离说"的限制，该问题有待今后深入研究。但如果脱离语篇，"偏离说"的解释是没有疑问的。

有关本节所探讨的被字句，祁峰、王珏都指出："为什么符合'理想认知模式'的句子本身反而不能说呢？"宋文辉指出："'张三被打了'受到的限制相对于'饭被吃了'要少。这是生命度高的'人'更适合做主语，或者说典型的主语是生命度较高的'人'这个原因造成的。关于这个可以从一般的关于主语的研究中找到说明。"冯莉认为："论文结论可能有一定的类型学意义，因为比较汉语，英语的被动句是另一种类型；在英汉比较中，一般只说汉语倾向于少用被字句，或往往有负面意义，但似乎还没有人提出汉语的被字句一定

---

① 祁文娟（2013）的研究表明：在被字句中，说话人心目中的受事是受损者，施事是责任者，所以被字句常用来表示"不如意"或"遭受"义，所谓的"不如意"是对说话人来说的不如意；表被动的"叫、让"被动句，在某种程度上是受事"创造"了某一情况或条件，"容忍"施事对它加某种行为，但责任未必全在施事；在"给"字被动句中，施事通过某种动作把它的意念行为施加于受事，就像是给予了受事某种东西，更像是在客观地叙述一件事情，叙述施事与受事之间的这种"给予""施加"的逻辑关系，"给"字被动句将诠释视角放在施事与受事的关系上，而不像被字句将视角放在受事或说话人身上，"叫、让"被动句将视角放在施事身上。祁文娟（2013）最后列举了现代汉语有标志的被动句的主观性等级：被字句＞"叫""让"被动句＞"给"字被动句。这里认为：按照祁文娟（2013）的研究，几种有标志被动句的差别主要于，施事是否完责以及诠释视角的不同，由于差别比较细微，基本上不影响这里的结论。

都是受限制的。"殷树林指出:"理想认知模式究竟建构到什么程度合适?可能是进一步研究需要考虑的问题。"① 另外,崔应贤还指出:"偏离是否具有层次性?"笔者在写作时也考虑到类似的问题,即"多个理想认知模式叠合时,偏离的规律又将具有什么样的等级性?会构成什么样的优选序列?"以上这些问题将陆续在今后的著作中加以回答!

第二节 "人对人"模式的偏离

观察语言事实,我们发现如下语言现象:

(80) 张三的钱包被李四偷了。(人对物)
(81) 张三被李四绑架了。　　(人对人)

前文主要探讨了汉语被字句的"人对物"模式,如例(80)。例(80)可解释如下:"张三钱包"的用途是"用来消费和购买商品",而不是"被偷","偷"偏离了"钱包"所能激活的理想认知模式,所以成立。例(81)反映了汉语被字句的"人对人"模式。汉语被字句的"人对人"模式是否也符合"理想认知模式"的偏离说?本节拟就该问题进行深入研究,② 并同时触及了"丧葬""婚俗""比赛"模式下的理想认知模式(ICM)与语境间的互动问题。最后,我们力图对汉语被字句的构式义做统一性解释。

一 人际关系的理想认知模式

中国儒家思想中的"仁爱"观,西方基督教文化所提倡的"博爱"观,法国官方格言与1871年法国巴黎公社革命的"自由、平等、博爱"的信条,都反映出人际关系的理想模式,即人与人互敬互爱

---

① 本书第四章的讨论,也是这个问题的一个小的尝试。当然,后期著作还会有较详细的相关讨论。
② 由于"人称代词"比较特殊,本节暂不讨论,以后另文处理。

"+博爱"（如 I_e）以及人们对人身自由的渴望（+自由）（如 I_f）。另外，礼貌原则体现为以下三条准则：

准则一——慷慨准则：尽量少表达利己的和有损于对方的看法。

准则二——谦虚准则：在话语中尽量少赞誉自己并少贬低对方。

准则三——一致准则：在话语中尽量缩小与对方的分歧，尽量夸大与对方的一致。

这三条准则，我们都可理解成人际交往的平等模式（+平等）。违反礼貌原则，意味着可能会"由于地位的不平等而带来活动的不自由"，因此，从这个意义上看，平等蕴含在自由之中，并可由自由进行统一的解释（详见 I_f）。

格莱斯（Grice）认为，在所有的语言交际中，为了达到特定的目标，说话人和听话人存在着一种默契，一种双方都应该遵守的原则，他称这种原则为会话的合作原则（cooperative principle），也就是说，每一个交谈参与者在整个交谈过程中所说的话要符合交谈的公认目的或方向。格莱斯将合作原则具体化为四个准则：

准则一——量的准则（The maxim of quantity）：

1）所说的话应包含当前交谈目的所需要的信息。

2）所说的话不应包含多于需要的信息。

准则二——质的准则（The maxim of quality）：

1）不要说自知是虚假的话。

2）不要说缺乏足够证据的话。

准则三——关联准则（The maxim of relevance）：所说的话与话题要相关联。

准则四——方式准则（The maxim of manner）：清楚明白地表达出要说的话，尤其要避免晦涩、歧义，要简练、有条理。

以上准则所反映的既是会话的理想认知模式，又是人际交往、人际关系的理想认知模式。量的准则反映了人际交往的适度模式（+适度）（如 I_b、II_a、II_b、II_c、II_d、II_e、II_f）；质的准则反映了人际交往的互信模式（+互信）（如 I_d）；关联准则隐含着人与人之间相互的了解，否则，就无法把握量的准则，因此，反映了人际交往的了解模式（+了解）（如 I_c）。

基于此，我们认为，施事者与受事者可构成如下理想认知模式①：

Ⅰ 施受关系。

1）某些施事者与受事者构成固定的关系模式。（+固定关系）
2）施事者与受事者的物理、社会、心理距离适度。（+距离适度）
3）施事者与受事者相互了解。（+了解）
4）施事者与受事者相互信任。（+互信）
5）施事者与受事者相互关爱。（+博爱）
6）施事者与受事者都保持自身的独立与自由。（+自由）

Ⅱ 动作。

1）动作持续的时间适度。（+时间适度）
2）动作持续的频率适度。（+频率适度）
3）动作影响程度适度。（+影响适度）
4）动作耗费了施事者一定的体力或精力。（+体力适度）
（+精力适度）
5）动作发生在适宜的地点。（+适宜地点）
6）动作所凭借的工具适宜。（+工具适宜）

Ⅲ 文化模式。

1）"丧葬"模式：人死后入土安葬，构成了丧葬的理想模式。（+丧葬）
2）"婚俗"模式：中国文化中，结婚时，男方迎女方为"娶"，把女方送到男方家为"嫁"，这种嫁娶关系构成了理想模式。（+婚姻）
3）"比赛"模式：作为言说对象的"人"（话题）比赛最理想的模式是"赢"，"输"是对理想模式的偏离。（+赢）

以上构成了人际施受关系的理想认知模式。其中的Ⅰ和Ⅱ反映的是"人际理想交际关系"的理想认知模式，Ⅲ中的"丧葬""婚俗""比赛"所激活的理想认知模式反映的是"特殊事件中人际关系"的理想认知模式，为了称说的方便，我们把它们统称为"人际关系"的理想认知模式。接下来我们将深入探讨汉语被字句的理想认知模式

---

① 出于行文简洁的需要，下文简称理想模式。

"偏离问题"。

二 偏离人际关系理想认知模式的证明

（一）施受关系的偏离

1. I_a 的偏离

"士兵与将军、小偷与警察、病人与医生、学生与老师"（泛指，以下同）与动作"指挥、抓、治病、教"可双向激活，施事者（将军、警察、医生、老师）与受事者（士兵、小偷、病人、学生）可分别构成固定的关系模式（+固定关系）：将军指挥士兵、警察抓小偷、医生给病人治好病、老师教学生。在被字句中有如下句法表现：

（82a）＊士兵被将军指挥。（+固定关系）
（82b）？将军被士兵指挥。（-固定关系）
（83a）＊小偷被警察抓。（+固定关系）
（83b）？警察被小偷抓。（-固定关系）
（84a）＊病人被医生治好病。（+固定关系）
（84b）？医生被病人治好病。（-固定关系）
（85a）＊学生被老师教。（+固定关系）
（85b）？老师被学生教。（-固定关系）

通过观察我们发现：当施事者与受事者的位置关系符合理想模式（+固定关系）时，即"将军、警察、医生、老师"均为施事时，①不成立，如例（82）到例（85）的 a 组；当施事者与受事者的位置关系偏离理想模式（+固定关系）时，即"将军、警察、医生、老师"均为受事时，有一定可接受度，如例（82）到例（85）的 b 组。主动句如下：

（82a'）将军指挥士兵。（+固定关系）
（82b'）？士兵指挥将军。（-固定关系）

---

① 出于行文简洁的需要，相应的受事此处不赘述，以下同。

(83a′) 警察抓小偷。(+固定关系)

(83b′) ？小偷抓警察。(-固定关系)

(84a′) 医生治好病人的病。(+固定关系)

(84b′) ？病人治好医生的病。(-固定关系)

(85a′) 老师教学生。(+固定关系)

(85b′) ？学生教老师。(-固定关系)

例（82′）到例（85′）的 a 组成立，例（82′）到例（85′）的 b 组可接受度不强，原因与例（82）到例（85）的 b 组一样，主要取决于现实生活中是否有这样的现象，如果有，也是能接受的。

2. I_b 的偏离

例（82）到例（85）的 a 组虽不成立，但如果我们调整施事者与受事者的距离，便可救活被字句，例如：

(82a) ＊ 士兵被将军指挥。(+距离适度)

(82c) 士兵被冒牌将军指挥。(-距离适度)

(82d) 士兵被将军远距离指挥。(-距离适度)

(83a) ＊ 小偷被警察抓。(+距离适度)

(83c) 小偷被假警察抓。(-距离适度)

(83d) 没背景的小偷被警察抓。(-距离适度)

(84a) ＊ 病人被医生治好病。(+距离适度)

(84c) 病人被江湖郎中治好病。(-距离适度)

(84d) 重症病人被医生治好病。(-距离适度)

(85a) ＊ 学生被老师教。(+距离适度)

(85c) 学生被冒牌老师教。(-距离适度)

(85d) 农村学生被大城市老师教。(-距离适度)

例（82c）中因将军是"冒牌的"，社会地位差距减小，从而拉近了社会距离；例（82d）中因"远距离指挥"而使物理距离拉远。例（83c）中因警察是"假的"而使社会距离拉近，例（83d）中因小偷"没背景"而使心理距离拉远。例（84c）中因医生是"江湖郎中""不专业"而拉近了社会距离,例(84d)中因病人是"重症患者"而拉近了社会距离,因为病人患病过重,就超越了医生的治疗能力,很难医治。例(85c)中因老师是"冒牌的"而拉近社会距离,例(85d)中因老师是"大城市的",学生是"农村的",而拉远了社会距离。由于c组和d组都偏离"距离适度"模式(+距离适度),所以成立。主动句均成立,如:

(82a′) 将军指挥士兵。(+距离适度)
(82c′) 冒牌将军指挥士兵。(-距离适度)
(82d′) 将军远距离指挥士兵。(-距离适度)
(83a′) 警察抓小偷。(+距离适度)
(83c′) 假警察抓小偷。(-距离适度)
(83d′) 警察抓没背景的小偷。(-距离适度)
(84a′) 医生治好病人的病。(+距离适度)
(84c′) 江湖郎中治好病人的病。(-距离适度)
(84d′) 医生治好重症病人的病。(-距离适度)
(85a′) 老师教学生。(+距离适度)
(85c′) 冒牌老师教学生。(-距离适度)
(85d′) 大城市老师教农村学生。(-距离适度)

再举几例:

(86) *张三被李四当成普通朋友。(+距离适度)
(87) ?张三被李四当成朋友。(±距离适度)
(88) 张三被李四当成铁哥们儿。(-距离适度)

"张三"与"李四"最平常、最理想的关系模式是"普通朋友",距离适度(+距离适度),一旦变成"铁哥们儿",关系则非同寻常,偏离了"距离适度"模式(+距离适度)。例(86)中"普通朋友"未偏离理想模式,因此不成立,例(88)中"铁哥们儿"偏离了理想模式,因而成立。对"朋友"则有两种理解,如理解成"普通朋友",例(87)则不成立,因为未偏离"距离适度"模式(+距离适度);如理解成"铁哥们儿",例(87)则成立,因为偏离了"距离适度"模式(+距离适度)。主动句都成立:

(86′) 李四把张三当成普通朋友。(+距离适度)
(87′) 李四把张三当成朋友。(±距离适度)
(88′) 李四把张三当成铁哥们儿。(-距离适度)

3. I$_c$ 的偏离

人与人需要互相了解、体谅,构成"了解"类理想模式。(+了解)

(89) *张三被李四了解了。(+了解)
(90) *张三被李四体谅了。(+了解)
(91) 张三被李四误解了。(-了解)
(92) 张三被李四笑话了。(-了解)

"了解""体谅"是人际交往的基本常识,未偏离"了解"模式(+了解),因而不成立,如例(89)和例(90)。类似的还有"理解"。但"误解"和"笑话"都源于人们相互间不够"了解",偏离"了解"模式(+了解),因而成立,如例(91)和例(92)。有的"不了解"源自施动者的主观态度"不重视",例如:

(93) 张三被李四忽视了。(-了解)
(94) 张三被李四冤枉了。(-了解)

"张三"的"被忽视""被冤枉"源于"李四"的主观态度,即没有认真对待"张三",未做到真正的"了解",偏离了"了解"类理想模式(+了解),因而成立,如例(93)与例(94)。主动句均成立:

(89′) 李四了解张三。(+了解)

(90′) 李四体谅张三。（＋了解）
(91′) 李四误解张三。（－了解）
(92′) 李四笑话张三。（－了解）
(93′) 李四忽视张三。（－了解）
(94′) 李四冤枉张三。（－了解）

4. I_d 的偏离

人与人应该相互信任，不应该相互欺诈，这构成"互信"类理想模式。（＋互信）

(95) ＊张三被李四信任了。（＋互信）
(96) 张三被李四骗了。（－互信）
(97) 张三被李四忽悠了。（－互信）
(98) 张三被李四唬了。（－互信）

"信任"反映人际"互信"类理想模式，因为未发生偏离，所以不成立，如例（95）；"骗"是通过假话谋取不当利益，"忽悠"是把事实往大了说，"唬"是隐瞒事实真相，它们都不同程度地偏离了人际"互信"类理想模式（＋互信），所以成立，如例（96）到例（98）。"骗、忽悠、唬"还仅停留在言语层面上，以下则体现在具体行动上：

(99) 张三被李四出卖了。（－互信）
(100) 张三被李四拐卖了。（－互信）

"出卖"和"拐卖"都是欺骗别人的信任，并在具体行动中有所反映，偏离了人际"互信"类理想模式（＋互信），如例（99）和例（100）。有的"信任"问题隐藏得比较隐秘，例如"接受"和"拒绝"：

(101) ＊张三被李四接受了。（＋互信）
(102) 张三被李四拒绝了。（－互信）

"接受"一个人，首先是信任对方，"拒绝"一个人，一定有一些不信任的因素。前者未偏离"互信"类理想模式（+互信），不成立，如例（101）；后者偏离"互信"类理想模式（+互信），成立，如例（102）。相应的主动句均成立：

（95'）李四信任张三。（+互信）
（96'）李四骗张三。（-互信）
（97'）李四忽悠张三。（-互信）
（98'）李四唬张三。（-互信）
（99'）李四出卖张三。（-互信）
（100'）李四拐卖张三。（-互信）
（101'）李四接受张三。（+互信）
（102'）李四拒绝张三。（-互信）

5. I_e 的偏离
人与人应该互相关爱，从而构成"博爱"类理想模式。（+博爱）

（103）＊张三被李四爱了。（+博爱）①
（104）＊张三被李四喜欢了。（+博爱）
（105）张三被李四谋害了。（-博爱）
（106）张三被李四迫害了。（-博爱）

例（103）与例（104）中"爱"和"喜欢"没有偏离"博爱"类理想模式（+博爱），因而不成立；例（105）与例（106）中"谋害"和"迫害"偏离了"博爱"类理想模式（+博爱），因而成立。"博爱"类理想模式同时还包括人与人之间应互相尊重、互相帮

---

① 有趣的是：虽然我们可把"张三被李四恨"理解成对理想模式（+博爱）的偏离，但该句仍不成立。原因是，"爱"和"恨"都是人生活中经常出现的情感体验，各自构成独立的理想模式，此时该句未发生偏离，因而不成立。但"恨"又不是绝对不能进入被字句式，例如：？张三被李四痛恨。（-影响适度）张三被李四恨得不得了。（-影响适度）我们可把它们理解成对"影响适度"理想模式的偏离，该模式我们将在 II 中加以仔细讨论。

助。例如：

(107) ＊张三被李四尊敬了。（＋博爱）
(108) 张三被李四贬低了。（－博爱）
(109) 张三被李四讽刺了。（－博爱）
(110) ＊张三被李四帮了。（＋博爱）
(111) 张三被李四拆了台。（－博爱）

因此，例（107）与例（110）中"尊敬、帮"未偏离"博爱"类理想模式（＋博爱），因而不成立，而例（108）、例（109）、例（111）中"贬低、讽刺、拆了台"都偏离"博爱"类理想模式（＋博爱），因而成立。主动句均成立：

(103′) 李四爱张三。（＋博爱）
(104′) 李四喜欢张三。（＋博爱）
(105′) 李四谋害张三。（－博爱）
(106′) 李四迫害张三。（－博爱）
(107′) 李四尊敬张三。（＋博爱）
(108′) 李四贬低张三。（－博爱）
(109′) 李四讽刺张三。（－博爱）
(110′) 李四帮张三。（＋博爱）
(111′) 李四拆了张三的台。（－博爱）

6. I_f 的偏离

所谓"自由"有两层含义：一是自身不受他人约束；二是自身可对他人所施及的影响给予选择（同意或拒绝）。基于此，构成了人际关系的"自由"类理想模式。（＋自由）所谓的"不自由"有四层含义：一是自身受到他人的约束（包括抓、捕、命令、指令等）；二是由于自身不能阻止他人所实施的活动而造成的不自由；三是自身为了实现某种目的而需借助某种手段所造成的不自由；四是由于地位的不平等而带来的活动的不自由。

(112) ？张三被李四放了。（+自由）
(113) 张三被李四抓了。（-自由）

"自由"首先反映在人身自由上，"放"符合"自由"模式（+自由），因此，成立有疑问，如例（112）；"抓"偏离了"自由"模式（+自由），成立，如例（113）。类似的有"逮捕、扣留、俘虏、操纵、打倒、叫走"。有的约束是善意的，如例（114），有的是恶意的，如例（115）：

(114) 张三被李四搂在怀里。（-自由）
(115) 张三被李四强奸了。（-自由）

有的是抽象的，如：

(116) 张三被李四监视了。（-自由）
(117) 张三被李四发现了。（-自由）
(118) 张三被李四牵连了。（-自由）
(119) 张三被李四连累了。（-自由）
(120) 张三被李四吸引了。（-自由）

例（116）与例（117）是对个人隐私的窥探，例（118）与例（119）因为其他人的事而约束了自己的自由，例（120）是李四的"魅力"约束住"张三"。但有的活动不涉及"自由"的偏离，因而不成立，如：

(121) *张三被李四接待了。（+自由）

例（121）中"接待"工作不涉及对自由的约束，被接待者"张三"对该工作可自由选择，未偏离"自由"模式（+自由），不成立。还有的由于自身不能承担起他人所实施的活动而造成的不自由，例如：

(122) 张三被人民追认为烈士。（-自由）
(123) 张三被李四授予博士学位。（-自由）
(124) 张三被李四撤职了。（处分、开除）（-自由）
(125) 张三被李四升职了。（奖励、录用、接收）（-自由）

例（122）到例（125）都是由于"张三"自身不能承担起他人"人民""李四"所实施的活动"追认""授予""撤职（处分、开除）""升职（奖励、录用、接收）"，而造成"张三"的不自由，偏离（+自由）模式，因而成立。还有的由于自身不能阻止他人所实施的活动而造成的不自由，例如：

(126) 张三被李四称为大个子。（-自由）
(127) 张三被李四说服了。（-自由）
(128) 张三被李四催眠了。（-自由）

例（126）到例（128）由于"张三"自身不能阻止他人"李四"所实施的活动"称""说服""催眠"而造成的不自由，因而成立。还有的由于自身为了实现某种目的而需借助某种手段所造成的不自由，例如：

(129) 张三被李四介绍给用人单位。（-自由）

例（129）是由于"张三"自身为了实现"见用人单位"的目的而借助"李四的介绍"所造成的不自由，是对自由模式（+自由）的偏离，因而成立。

主动句均成立：

(112′) 李四放张三。（+自由）
(113′) 李四抓张三。（-自由）
(114′) 李四把张三搂在怀里。（-自由）
(115′) 李四强奸张三。（-自由）

(116′) 李四监视张三。（－自由）
(117′) 李四发现张三。（－自由）
(118′) 李四牵连张三。（－自由）
(119′) 李四连累张三。（－自由）
(120′) 李四吸引张三。（－自由）
(121′) 李四接待张三。（＋自由）
(122′) 人民追认张三为烈士。（－自由）
(123′) 李四授予张三博士学位。（－自由）
(124′) 李四撤张三的职。（处分、开除）（－自由）
(125′) 李四升张三的职。（奖励、录用、接收）（－自由）
(126′) 李四称张三为大个子。（－自由）
(127′) 李四说服张三。（－自由）
(128′) 李四催眠张三。（－自由）
(129′) 李四把张三介绍给用人单位。（－自由）

还有的是由于地位的不平等而带来活动的不自由，例如：

(103) ＊张三被李四爱了。（＋自由）
(130) ？张三被李四怜爱。（－自由）

"爱"并不隐含着双方地位的不平等，例如，我们既可以说"哥哥爱弟弟"，也可以说"弟弟爱哥哥"；而"怜爱"却隐含着双方心理地位的不平等，我们可以说"哥哥怜爱弟弟"，但不可以说"弟弟怜爱哥哥"。由"怜爱"所隐含的双方心理地位的不平等，带来了"张三"的不自由，因此，例（130）的可接受度就比例（103）高一些，主动句不受此影响，如例（103′）和例（130′）：

(103′) 李四爱张三。（＋自由）
(130′) 李四怜爱张三。（－自由）

再举几例，"夸"与"夸奖""奖励""表扬"意思不一样，例如：

(131a) 老师夸学生。(+自由)
(131b) 学生夸老师。(+自由)
(132a) 老师夸奖学生。(-自由)
(132b) ？学生夸奖老师。(-自由)
(133a) 老师奖励学生。(-自由)
(133b) ？学生奖励老师。(-自由)
(134a) 老师表扬学生。(-自由)
(134b) ？学生表扬老师。(-自由)

"夸"不隐含双方的地位差别，而"夸奖、奖励、表扬"则隐含着施动者地位高于受动者，因此，调换"老师"与"学生"的位置，例（132）到例（134）b组的成立有疑问，因为现实世界中很少有此类现象。基于此，例（131a'）与例（131b'）不成立，因为动词"夸"隐含施动者的地位平等，未偏离"自由"模式（+自由）；而例（132'）到例（134'）a组成立，因为偏离了"自由"模式（+自由）。例如：

(131a') *学生被老师夸。(+自由)
(131b') *老师被学生夸。(+自由)
(132a') 学生被老师夸奖。(-自由)
(132b') ？老师被学生夸奖。(-自由)
(133a') 学生被老师奖励。(-自由)
(133b') ？老师被学生奖励。(-自由)
(134a') 学生被老师表扬。(-自由)
(134b') ？老师被学生表扬。(-自由)

例（132'）到例（134'）b组有疑问的原因是"学生与老师"的搭配顺序同"夸奖""奖励""表扬"不符，成立与否主要取决于现实生活中是否有类似的现象，因为相关主动句也有疑问，如例

（132）到例（134）b 组。我们比较甲组与乙组：
　　甲组

（135）张三被李四指挥。（-自由）
（82a）＊士兵被将军指挥。（-自由）（+固定关系）
（113）张三被李四抓了。（-自由）
（83a）＊小偷被警察抓。（-自由）（+固定关系）
（136）张三被李四治好病。（-自由）
（84a）＊病人被医生治好病。（-自由）（+固定关系）
（137）？张三被李四教。（-自由）
（85a）＊学生被老师教。（-自由）（+固定关系）

　　乙组

（138）＊张三被李四夸。（+自由）
（131a′）＊学生被老师夸。（+自由）（+固定关系）
（139）张三被李四夸奖。（-自由）
（132a′）学生被老师夸奖。（-自由）（+固定关系）
（140）张三被李四奖励。（-自由）
（133a′）学生被老师奖励。（-自由）（+固定关系）
（141）张三被李四表扬。（-自由）
（134a′）学生被老师表扬。（-自由）（+固定关系）

　　从句法表现上看，甲组特定施受关系影响了句法上的对应关系，例（113）、例（135）、例（136）、例（137）基本成立，而例（82）到例（85）的 a 组不成立；但同样是特定的施受关系，乙组却不受特定施受关系的影响，例（138）到例（141）与例（131′）到例（134′）的 a 组有对应关系，即都不成立或都成立。
　　经观察我们发现：甲组"施/受事"与"动作"三者关系是极典型的，如"将军指挥士兵""警察抓小偷""医生给病人治好病""老师教学生"，而乙组算不上典型，如"老师夸学生""老师夸奖学生""老师奖励学生""老师表扬学生",因此甲组的"施/受事"与"动作"三者更容易构成理想认知模式。基于此,我们在考察理想认知模式偏离问题时,甲组主要考察"施/受事"与"动作"构成的理想认知模式问题,而乙组主要考察动作所引起的理想认知模式问题。

(二)动作的偏离

人际交往遵循"适度"原则,构成"适度"类理想模式(+适度)。"适度"有六种表现:第一,时间适度(+时间适度);第二,频率适度(+频率适度);第三,影响适度(+影响适度);第四,体力或精力适度(+体力适度)(+精力适度);第五,适宜地点(+适宜地点);第六,工具适宜(+工具适宜)。①

1. II_a 的偏离

(142a) *张三被李四看。(+时间适度)
(142b) 张三被李四看了半天。(-时间适度)

例(142a)中的"看"未偏离"时间适度"模式(+时间适度),句子不成立;而例(142b)中"看了半天",偏离了"时间适度"模式(-时间适度),句子又成立了。主动句都成立:

(142a') 李四看张三。(+时间适度)
(142b') 李四看了张三半天。(-时间适度)

2. II_b 的偏离

(143a) *张三被李四帮助。(+频率适度)
(143b) 张三被李四帮助很多次。(-频率适度)

例(143b)中"帮助"后添上补语"很多次",偏离"频率适

---

① 地点适宜和工具适宜并不属于动作偏离,这里我们是把动作偏离做广义理解,包括地点适宜和工具适宜。

度"模式（-频率适度），句子成立。有时不一定要加补语或状语，重叠也能表现出以上规律，例如：

（142a） *张三被李四看。（+频率适度）
（144） 张三被李四看了看。（-频率适度）
（145a） *张三被李四问。（+频率适度）
（145b） 张三被李四问了问。（-频率适度）

"看""问"通常一次就可完成，如果重叠，就偏离了"频率适度"模式（-频率适度），句子也成立，如例（144）和例（145b）。主动句均成立：

（143a'） 李四帮助张三。（+频率适度）
（143b'） 李四帮助张三很多次。（-频率适度）
（142a'） 李四看张三。（+频率适度）
（144'） 李四看了看张三。（-频率适度）
（145a'） 李四问张三。（+频率适度）
（145b'） 李四问了问张三。（-频率适度）

3. II$_c$的偏离

（103） *张三被李四爱了。（+影响适度）
（146） 张三被李四爱得死去活来的。（-影响适度）
（147a） *张三被李四气。（+影响适度）
（147b） 张三被李四气得要死。（-影响适度）
（148a） *张三被李四记着。（+影响适度）
（148b） 张三被李四忘记。（-影响适度）

"爱""气""记（忆）"是人际交往中再平常不过的事，所以，不用被字句表达，如例（103）、例（147a）、例（148a）；但如果"爱某人爱得死去活来""把某人气得很严重""把某人忘了"就非同寻常,偏离人际交往的"影响适度"模式(-影响适度),句子成立,如例(146)、例(147b)、例(148b)。我们再以"帮助"和"救助"为例:

(143a) *张三被李四帮助。(+影响适度)
(149) 张三被李四救助。(-影响适度)

《现代汉语词典》(2005年版)对"帮助"的解释是"替人出力、出主意或给以物质上、精神上的支援";对"救助"的解释是"拯救和援助"。由解释可见,"帮助"是人际交往中可能经常发生的事,但"救助"则非同寻常,因为往往是在威胁到生命时才称为"救助"。在句法表现上,"帮助"不能进入被字句,因为未偏离"影响适度"模式(+影响适度),如例(143a);"救助"能进入被字句,因为偏离了"影响适度"模式(-影响适度),如例(149)。类似的还有:

(150) *张三被李四得到。(+影响适度)
(151) 张三被李四抛弃了。(-影响适度)
(152) 张三被李四抢了。(-影响适度)
(153) 张三被李四占有了。(-影响适度)

动作"得到"与动作"抛弃""抢""占有"最大的不同就在于:前者动作"影响适度",后者动作偏离"影响适度"模式(-影响适度),因此,例(150)不成立,例(151)到例(153)成立。主动句均成立:

(103′) 李四爱张三。(+影响适度)
(146′) 李四爱张三爱得死去活来的。(-影响适度)
(147a′) 李四气了张三。(+影响适度)
(147b′) 李四把张三气得要死。(-影响适度)
(148a′) 李四记着张三。(+影响适度)

(148b′) 李四忘记了张三。（−影响适度）
(143a′) 李四帮助张三。（+影响适度）
(149′) 李四救助张三。（−影响适度）
(150′) 李四得到张三。（+影响适度）
(151′) 李四抛弃张三。（−影响适度）
(152′) 李四抢张三。（−影响适度）
(153′) 李四占有张三。（−影响适度）

4. II_d 的偏离

(154) 张三终于被李四得到了。（−体力适度）（−精力适度）

例（154）添加了时间副词"终于"，表示"李四"花费了一定的努力，偏离了体力或精力适度模式（+体力适度）（+精力适度），句子成立。还有的采用"极度过度量"表示偏离，例如：

(155a)？张三被李四崇拜。（−精力适度）
(155b) 张三被李四崇拜得不得了。（−精力适度）

例（155a）"崇拜"反映行为"过度"得偏离了实际情况，因此，偏离"精力适度"模式（+精力适度），句子有一定的可接受度；随着偏离程度的加深，例如，"崇拜"的程度加深（崇拜得不得了），句子就成立了，如例（155b）。主动句均成立：

(154′) 李四终于得到张三。（−体力适度）（−精力适度）
(155a′) 李四崇拜张三。（−精力适度）
(155b′) 李四崇拜张三崇拜得不得了。（−精力适度）

我们再举些极端的例子，如"哭"和"急"：

(156a) ＊张三被李四哭了。（+精力适度）（+体力适度）

(156b) 张三被李四哭醒了。(－精力适度)(－体力适度)
(157a) ＊张三被李四急。(＋精力适度)(＋体力适度)
(157b) 张三被李四急得话都说不出来。(－精力适度)(－体力适度)

"哭"和"急"都是人正常的情感体验，属于人的理想认知模式，这两个词是不及物动词，本不能进入被字句，但加上补语"醒""话都说不出来"，偏离"哭"和"急"的"适度"模式(＋适度)，反而能进入被字句，如例(156b)和例(157b)。

5. II$_e$ 的偏离

(158a) ＊士兵在战场上被将军指挥。(＋适宜地点)
(158b) 士兵在模拟战场上被将军指挥。(－适宜地点)
(159a) ＊小偷在外面被警察抓。(＋适宜地点)
(159b) 小偷在家里被警察抓。(－适宜地点)
(160a) ＊病人被医生在医院治好病。(＋适宜地点)
(160b) 病人被医生在家里治好病。(－适宜地点)
(161a) ＊学生在教室里被老师教。(＋适宜地点)
(161b) ？学生被老师在线教。(－适宜地点)

"将军指挥士兵""警察抓小偷""医生给病人治病""老师教学生"通常都发生在"战场上、外面、医院、教室"，但如果发生在"模拟战场上、家里、(网络)在线"，就偏离了动作发生的"适宜地点"(＋适宜地点)，句子成立。主动句均成立：

(158a′) 将军在战场上指挥士兵。(＋适宜地点)
(158b′) 将军在模拟战场上指挥士兵。(－适宜地点)
(159a′) 警察在外面抓小偷。(＋适宜地点)
(159b′) 警察在小偷的家里抓小偷。(－适宜地点)
(160a′) 医生在医院治好病人的病。(＋适宜地点)
(160b′) 医生在家里治好病人的病。(－适宜地点)

（161a′）老师在教室里教学生。（＋适宜地点）
（161b′）老师在线教学生。（－适宜地点）

6. II_f 的偏离

（162a）＊士兵被将军用命令指挥。（＋工具适宜）
（162b）士兵被将军遥控指挥。（－工具适宜）
（163a）＊小偷被警察用手抓。（＋工具适宜）
（163b）？小偷被警察用卧底抓。（－工具适宜）
（164a）＊病人被医生用手治好病。（＋工具适宜）
（164b）病人被医生用仪器治好病。（－工具适宜）
（165a）＊学生被老师用手教。（＋工具适宜）
（165b）学生被老师用远程电脑教。（－工具适宜）

"将军指挥士兵""警察抓小偷""医生给病人治病""老师教学生"通常都借用"命令""手"作为工具，但如果借用"遥控""卧底""仪器""电脑"等特殊工具，则偏离了动作发生的"适宜工具"（＋工具适宜），句子基本成立，主动句均成立：

（162a′）将军用命令指挥士兵。（＋工具适宜）
（162b′）将军遥控指挥士兵。（－工具适宜）
（163a′）警察用手抓小偷。（＋工具适宜）
（163b′）警察用卧底抓小偷。（－工具适宜）
（164a′）医生用手治好病人的病。（＋工具适宜）
（164b′）医生用仪器治好病人的病。（－工具适宜）
（165a′）老师用手教学生。（＋工具适宜）
（165b′）老师用远程电脑教学生。（－工具适宜）

（二）文化模式的偏离
1. "丧葬"模式
人死后入土安葬，构成了丧葬的理想模式。（＋丧葬）

(166a) ＊张三被李四埋了。（＋丧葬）
(166b) 张三被李四活埋了。（－丧葬）
(166c)？张三被李四埋在墓地。（＋丧葬）
(166d) 张三被李四埋在西边的土道上。（－丧葬）

"张三"死后被埋葬在墓地，构成了丧葬的理想认知模式（＋丧葬），例（166a）与例（166c）没有偏离理想认知模式，句子不成立；例（166b）中"张三"是在活着时被埋的，例（166d）中"张三"被埋葬的地点是"土道上"，都偏离了丧葬的理想模式（＋丧葬）。主动句都成立：

(166a′) 李四埋张三。（＋丧葬）
(166b′) 李四活埋张三。（－丧葬）
(166c′) 李四把张三埋在墓地。（＋丧葬）
(166d′) 李四把张三埋在西边的土道上。（－丧葬）

2."婚俗"模式

在中国文化中，结婚时，男方迎女方为"娶"，把女方送到男方家为"嫁"，这种嫁娶关系构成了理想模式。（＋婚姻）

(167a) ＊张三被李四娶。（＋婚姻）
(168a) ＊张三被李四嫁。（＋婚姻）
(167b) ？张三被李四假娶。（－婚姻）
(168b) ？张三被李四假嫁。（－婚姻）
(167c) 张三被李四娶回来了。（＋婚姻）（－体力适度）（－精力适度）
(168c) 张三被李四嫁出去了。（＋婚姻）（－体力适度）（－精力适度）

例（167）到例（168）的 a 组没有偏离婚姻的理想模式（＋婚姻），句子不成立；b 组的"假娶"与"假嫁"，偏离了婚姻的理想模式（＋婚姻），有一定的可接受度；c 组的"回来了"与"出去了"，偏离了"体力或精力适度"模式（＋体力适度）（＋精力适度），句子成立。① 另外，"结婚"与"离婚"都是婚姻中可能出现的情况，因此不构成对婚姻理想模式的偏离（＋婚姻），被字句不成立，例如：

（169a） ＊ 张三被李四结了婚。（＋婚姻）
（170a） ＊ 张三被李四离了婚。（＋婚姻）
（169b） ？ 张三被李四假结了婚。（－婚姻）
（170b） ？ 张三被李四假离了婚。（－婚姻）

由于例（169）和例（170）b 组的"假结婚"与"假离婚"，违背了婚姻理想模式（＋婚姻），有一定的可接受度。主动句均成立：

（167a′） 李四娶张三。（＋婚姻）
（168a′） 李四嫁张三。（＋婚姻）
（167b′） 李四假娶张三。（－婚姻）
（168b′） 李四假嫁张三。（－婚姻）
（167c′） 李四把张三娶回来了。（＋婚姻）（－体力适度）（－精力适度）
（168c′） 李四把张三嫁出去了。（＋婚姻）（－体力适度）（－精力适度）
（169a′） 李四跟张三结了婚。（＋婚姻）
（170a′） 李四跟张三离了婚。（＋婚姻）
（169b′） 李四跟张三假结了婚。（－婚姻）
（170b′） 李四跟张三假离了婚。（－婚姻）

3."比赛"模式

我们还可以从另一个角度理解礼貌三原则（慷慨准则、谦虚准则、一致准则），即"使对方处于有利地位"是人际交往的理想模式

---

① C 组不属于文化偏离，放在这里仅出于讨论方便的考虑。

（+对方有利）。汉语主语是无标记话题，可按"言说对象"理解，因此，从这个意义上看，对于言说对象的"人"而言比赛最理想的模式是"赢"，"输"是对理想模式的偏离。（+赢）

(171a) ＊张三被李四输了。（+赢）
(171b) 张三被李四赢了。（-赢）

被字句的主语是话题，例（171a）与例（171b）中的话题是"张三"，张三在比赛时，其理想模式是"能赢李四"；例（171a）未偏离该模式，句子不成立。例（171b）偏离该模式，句子成立。类似的还有：①

(172a) 张三被李四赌输了。（-赢）
(173a) 张三被李四比输了。（-赢）
(172b) ＊张三被李四赌赢了。（+赢）
(173b) ＊张三被李四比赢了。（+赢）

如果这个事件发生在"大人"与"小孩儿"之间，则还会出现有意思的现象②：

(174a) ＊小孩儿被大人输了。（+赢）
(174b) ？小孩儿被大人赢了。（-赢）
(175a) ＊大人被小孩儿输了。（+赢）
(175b) 大人被小孩儿赢了。（-赢）
(176a) ＊小孩儿被大人赌输了。（-赢）
(176b) 大人被小孩儿赌输了。（-赢）
(177a) ＊小孩儿被大人赌赢了。（-赢）

---

① 例（171a）和例（172a）实际上属于同一类，为什么一个成立一个不成立？该问题有待于我们今后做进一步思考与研究。
② 以下句子中的主语还可理解成输掉或赢到的"人"，本节暂不讨论这一复杂情况。

(177b) 大人被小孩儿赌赢了。(－赢)
(178a) ＊小孩儿被大人比输了。(－赢)
(178b) 大人被小孩儿比输了。(－赢)
(179a) ＊小孩儿被大人比赢了。(－赢)
(179b) 大人被小孩儿比赢了。(－赢)

　　成立的句子基本上都表现为"大人"输,"小孩儿"赢,如例(175)到例(179)的b组;不成立的句子多表现为"小孩儿"输,"大人"赢,如例(175)到例(179)的a组。这是由于"大人"跟"小孩儿"比赛,在人们的理想认知模式中,通常是"小孩儿"输,"大人"赢,反之,则偏离人们的理想模式。例(175)到例(179)的b组偏离理想模式,句子成立,例(175)到例(179)的a组未偏离理想模式,句子不成立。例(174a)是个例外,可能还受制于其他因素,待日后进一步研究。

　　主动句基本都成立:①

(171a′) 李四输了张三。(－赢)
(171b′) 李四赢了张三。(＋赢)
(172a′) 李四赌输了张三。(＋赢)
(172b′) 李四赌赢了张三。(＋赢)
(173a′) 李四比输了张三。(＋赢)
(173b′) 李四比赢了张三。(＋赢)
(174a′) ？大人输了小孩儿。(－赢)
(174b′) 大人赢了小孩儿。(＋赢)
(175a′) ？小孩儿输了大人。(－赢)
(175b′) 小孩儿赢了大人。(＋赢)
(176a′) 大人赌输了小孩儿。(＋赢)
(176b′) 小孩儿赌输了大人。(＋赢)
(177a′) 大人赌赢了小孩儿。(＋赢)

---

① 例句后的括号,标注主语的状态。

(177b′)　小孩儿赌赢了大人。（＋赢）
(178a′)　？大人比输了小孩儿。（＋赢）
(178b′)　小孩儿比输了大人。（＋赢）
(179a′)　？大人比赢了小孩儿。（＋赢）
(179b′)　？小孩儿比赢了大人。（＋赢）

以上语料表明，无论是"大人赢小孩儿"，还是"小孩儿赢大人"，基本上都不影响主动句的成立。

（四）余论

发话者脑子里的某种意愿可构成理想模式。（＋发话者意愿）例如：

(180)　被一个特务跑了。（－发话者意愿）
(181)　被他杀了四个猛将。（－发话者意愿）
(182)　警察被小偷跑了。（－发话者意愿）
(183)　张三被吃胖了。（－发话者意愿）

例（180）和例（181）属于零主语被字句，表示这样一个事实：发话者脑子里的理想模式是"有效地控制住特务""'杀四个猛将'的事是很难实现的"，但事实却偏离了这个理想模式（＋发话者意愿），即"特务跑了""杀了四个猛将"。类似的还有例（182）和例（183），它们也分别偏离了"发话者意愿"。

三　汉语被字句构式义的统一性解释

通过以上研究我们发现，汉语被字句的"人对人"模式也符合"理想认知模式"的偏离说，这与我们前文研究的结论一致，可见，"偏离说"对汉语被字句式有极强的解释力，成为汉语被字句构式义的一部分。[①] 以往很多学者对汉语被字句句式义进行的总结，似乎都

[①]　构式义的证明此处从略，与前文证明的方法与结论相同。语料的实际情况详见前文的详细对比证明。

可用"偏离说"做统一解释。我们现抄录一下相关学者的研究结论,并附上《现代汉语词典》(2005年版)里的相关释义①:

如意:符合心意(第1159页)("不如意"说)(王力,1985/1943)

遭受:受到(不幸或损害)(第1699页)(王力,1958)

企望:希望(第1074页)("不企望"说)(王力,1958)

蒙受:受到;遭受(第935页)(王力,1958)

不幸:不幸运;使人失望、伤心、痛苦;表示不希望发生而竟然发生(第117页)("不幸"说)(王力,1958)

愉快:快意;舒畅(第1662页)("不愉快"说)(王力,1958)

自愿:自己愿意(第1810页)("不自愿"说)(丁声树等,1961)

损害:使事业、利益、健康、名誉等蒙受损失(第1308页)("受损"说)(丁声树等,1961)

愿意:认为符合自己心愿而同意(做某事);希望(发生某种情况)(第1681页)("不愿意"说)(丁声树等,1961)

承受:接受;禁(jīn)受(第175页)(刘世儒,1963)

满意:满足自己的愿望;符合自己的心意(第916页)("不满"说)(吕叔湘,1965)

情愿:心里愿意(第1117页)("不情愿"说)(吕文华,1987)

减损:减少,减弱(第666页)(吕文华,1987)

否定:否认事物的存在或事物的真实性(跟"肯定"相对)(第415页)(袁义林,1989)

抗拒:抵抗和拒绝(第765页)("不可抗拒"说)(范剑华,1990)

偶然:事理上不一定发生而发生的;超出一般规律的(第1012页)(杉村博文,1998)

---

① 列人名时,出于简洁,以主要学者为代表。

意外：意料之外的（第 1618 页）（杉村博文，1998）

预测：预先推测或测定（第 1668 页）（"不可预测"说）（宋文辉，2003）

异常：不同于寻常（第 1614 页）（熊学亮、王志军，2003）

由以上解释我们发现，他们似乎都围绕心中的一个"完形"展开，被字句都不同程度地偏离了这个"完形"，从而给人带来很多不快与失望。这些解释从另一个侧面也证明了理想认知模式"偏离"说的存在，因此，"偏离"说可对汉语被字句做统一性的解释。另外，"偏离"说还可弥补以上诸学说解释上的某些自相矛盾之处，例如，王振来、高志武（2010）研究发现："'授予类'常出现在'被授予——称号、头衔、证书、奖状、奖章、奖金、突出贡献奖、荣誉市民'等中，表达的语义色彩是称心如意。"另外，他们还列举了"赠授类、评聘类、感动类、接受类与保护类"五类"肯定义被动"[①]，这些都无法用上面的学说做到统一的解释，但"偏离"说弥补了这一欠缺，如例（123）"张三被李四授予博士学位"，我们认为该句是"由于自身不能承担起他人所实施的活动而造成的不自由"，因此，偏离了人际交往的自由模式。另外，汉语被字句少用否定形式，也是源于此，因为"偏离说"实际上隐含着"否定"，如果在此基础上再使用否定词，就等于双重否定，这种用法在语言中使用得少，是有标记的语法现象。

本节的研究仅表明该类句式成立的必要条件，而非充分条件，例如，"受影响说"可解释本节尚不能解决的一些问题。另外，表被动的给字句、叫/教字句和让字句也基本上符合以上规律，因此，该解释可推广到整个汉语被动句。

第三节　小结

本章首先以"饭被吃了"类被字句为例，建构了"吃饭"的理

[①] 王振来、高志武：《有标记被动表述欧化现象研究》，《辽宁师范大学学报》2010 年第 1 期。

想认知模式（ICM）。然后，在此基础上深入探讨了主语是"物"的汉语被字句对理想认知模式的偏离问题，以及理想认知模式与语境间的互动问题。最后，用"图形—背景"与构式语法理论对该类现象进行了解释，并附带解释了汉语"被自杀"类特殊被字结构。"物"做主语的汉语被字句是以"理想认知模式"为背景（ground）的，"偏离理想认知模式的部分"相当于图形（figure），是凸显的部分。

中国儒家思想中的"仁爱"观，西方基督教文化所提倡的"博爱"观，法国官方格言与1871年法国巴黎公社革命的"自由、平等、博爱"信条，都反映出人际关系的理想模式。据此，我们又建构了"人际关系"的理想认知模式，证明汉语"人对人"被字句的"偏离义"同样存在；同时，也触及了"丧葬""婚俗""比赛"模式下汉语被字句式的偏离问题。

最后，我们用"偏离义"对汉语被字句的构式义做了统一性解释。

第四章 汉语被字句的事件类型

在前三章里，我们较为详尽地讨论了汉语被字句的三类"偏离义"："预设"偏离义、"预期"偏离义和"理想认知模式"偏离义，为我们进一步深入研究打下了较好的基础，但有关"理想认知模式"偏离义还处在"个案"分析与研究阶段，因此，不同程度地存在着一定的研究缺憾。下面，为了更好地分析汉语被字句对理想认知模式的"偏离义"，我们具体从"事件类型"角度出发，对汉语被字句进行系统梳理，具体找出汉语被字句的各种"事件偏离"情况。

接下来，本章主要以陈忠实的《白鹿原》，老舍的《四世同堂》《骆驼祥子》，莫言的《丰乳肥臀》，王朔的《我是你爸爸》《玩的就是心跳》，张爱玲的《十八春》为封闭语料，并结合内省[①]进行分析。基于以上汉语事实，我们将系统梳理汉语被字句的各种"事件类型"，进而分析汉语被字句偏离理想认知模式的各种具体表现。

根据研究，我们发现汉语被字句共有六种主要的事件类型："言说类事件""认识类事件""位移类事件""击打类事件""计量类事件"和"致使类事件"。

第一节 言说类事件

"言说类事件"，是人类交往时最常用的一类方式，具体可分为"称呼类""表达类""传播类""指令类""评判类""哄骗类"和"言说量类"。因为"言说类事件"显著度比较高，所以，对于涉及

[①] 内省语料暂不标注出处。

"位移""致使"事件的"言说类事件",我们也将其划归到"言说事件"中。有关言说中"量"的问题,我们单列一类"言说量"进行讨论,由于"量"的问题在各类"言说事件"中都有表现,我们允许"言说量类"可以同前六类言说事件存在交叉。

另外,有关"称谓语"和"称呼语",以往研究都有一些争论与限制,本书尚不包括如此细致的共性与个性探讨,对所谓的"称呼",本书也仅做宽泛的理解,不细分"面称"抑或"背称"问题。

一 称呼类

"称呼类"具体包括"类亲属"称呼、"社交"称呼、"特点类"称呼、"尊称类"称呼、"贬称类"称呼,它们都属于"言说类事件"中的一种,都隐含着一定的地位差异,是对"自由、平等"理想型完形的偏离,涉及"贬称"的还关系到对"博爱"理想型完形的偏离。

(一)"类亲属"称呼

我们发现,"类亲属"称呼语似乎不是特别喜欢用被字句来表达,例如:

(1) *他被叫作老公。
(2) *她被称为姐姐。

相反,一定要有些"特点",或者"具体化",才能使用,例如:

(3) 他被称为"国民老公"。
(4) 她被人叫作张大姐。

例(3)与例(4)中的"国民老公"[①] 与"张大姐",实际上已

[①] 在网络语境里,"国民老公"所隐含的意思是有钱,或者很帅,大家都喜欢,所以戏谑为"大家的老公",不是绝对意义上的贬义。此处感谢张蕾蕾同学的校改。

经不再是一种"亲属关系",而是"假想"成的一种亲属关系,我们把它看成是一种"类亲属关系",这类称呼我们称为"类亲属称呼"。类似的例子还有:

(5) 他被称为大哥。
(6) 他被称为小弟。

"类亲属称呼"用被字句表达时,更多的是为了反映一种"人际关系":有的凸显说话者的"主观态度",如例(3);有的则反映了一种较为"和谐"的关系,如例(4);例(5)与例(6)中的两个人实际上并不一定具有"血缘"关系,而仅仅是一种"朋友"关系,如此称呼是为了显得关系更为"亲昵",主观性比较强。

(二)"社交"称呼

"人"是"群居性"的"动物","人"是以"社团"形式存在的,孤立的一个"人"也就失去了"人"存在的价值;而且"人"处在社会中,就一定要有一定级别与位置,否则,作为"人类收纳箱"的社会就会陷入混乱之中:官场需要职级,军界需要军衔;教育界有老师与学生两级,医院有医生与患者两级[1];当然,教师内部也分级(教授、副教授、讲师、助教),学生内部也分级(博士、硕士、学士)。因此,所有的职务(部长、省长、校长、厂长、经理等)、军衔(上尉、大校、上将等)、职称(工程师、教授、编审等)、学位(学士、硕士、博士)、职业(医生、护士、老师、律师等),都可以加上姓来称呼。[2]

我们把这类除去"亲属称谓"的,反映人们在社会生活中相互关

---

[1] 这里的"医生"涵盖"护士"。当然,老师与学生、医生与患者称为两种身份更合适。教育界可以按行政级别分为校长、副校长、科室的主任、班主任、普通老师等;还可以按教师职称分为特级教师、高级教师、中级教师、初级教师等;校园里的学生可以分为高年级、中年级、低年级;医院内的医生可以分为初级职称(医士、医师/住院医师)、中级职称(主治医师)、副高级职称(副主任医师)、正高级职称(主任医师)等。此处感谢张蕾蕾同学的校改。

[2] 当然,也有个别例外,例如"学士",我们一般不说"张学士",但可以说"张大学生",虽然现在这种说法随着高校"扩招"而变得越来越少。

系的称谓习俗，称为"社交"称呼，它本质上反映了人与人之间的一种"级差关系"。

1. 职级

有的是"职级"上的级差，例如：

(7) 黑娃被宣布为筹备处主任。(《白鹿原》)
(8) 她被封为王后。

例(7)明为"宣布"，实为"任命"；例(8)中的"封"往往都是以"宣读"的方式"任命"的，所以，我们也把它归为"言说类事件"。有的甚至可以不是针对"人"的，例如：

(9) 北平自从被封为故都，它的排场，手艺，吃食，言语，巡警……已慢慢的向四外流动，去找那与天子有同样威严的人和财力的地方去助威。(《骆驼祥子》)

例(9)实际上是一种"拟人"化的处理，当然，有时我们也可以把它理解成一种"隐喻"。

2. 军衔

有的是"军衔"上的级差，例如：

(10) 他被称为张上将。
(11) 他被人称为李大校。

例(10)与例(11)明为"称呼"，实为抬高对方的身份，因为我们不会说下面这样的话：

(12) *他被称为张下士。
(13) *他被称为张上等兵。

因为"下士"与"上等兵"基本上都处于军衔的最底端，无法实现抬高对方身份的目的,所以句子不能成立。①

3. 职称

有的是"职称"上的级差,例如:

(14) 他被人称为张教授。
(15) 她被人称为张工程师。

例(14)与例(15)明为"称呼",实也为抬高对方的身份,因为我们不会说下面这样的话:

(16) ＊他被人称为讲师。
(17) ＊她被人称为助教。

因为"讲师"与"助教"基本上都处于职称的最底端,无法实现抬高对方身份的目的,所以,句子不能成立。

4. 学位

有的是"学位"上的级差,例如:

(18) 他被人称为张博士。
(19) 他被人称为李硕士。

例(18)与例(19)明为"称呼",实也为抬高对方的身份,因为我们不会说下面这样的话:

(20) ＊他被人称为张学士。
(21) ＊他被人称为李学生。

---

① 根据中国人民解放军现行军衔制(2009年至今):将官(上将、中将、少将),校官(大校、上校、中校、少校),尉官(上尉、中尉、少尉),士官包括高级士官(一级军士长、二级军士长、三级军士长)、中级士官(四级军士长、上士)、初级士官(中士、下士),士兵(上等兵、列兵)。

因为"学士"与普通的"学生"基本上都处于职级的最底端，无法实现抬高对方身份的目的，所以句子不能成立。①

5. 职业

有的是"职业"上的话语权，例如：

（22）他愿意作真奴隶，而被呼为先生……（《四世同堂》）
（23）在北平人的记忆里，有些位理发匠（在老年间被叫作剃头的）曾有过不甚光荣的历史。（《四世同堂》）
（24）他被称为张警官。
（25）他被称为王大夫。

例（22）中的"先生"、例（24）中的"张警官"和例（25）中的"王大夫"，都反映了一个人的"职业"，但同时都有"尊敬"的意思，否则也不能成立，例如：

（21）＊他被人称为李学生。
（26）他被称为张老师。
（27）他被称为张医生。

例（26）与例（27）中的"老师"与"医生"似乎是个例外，这可能是因为在中国文化背景下，"教师"与"医生"都有很高的社会身份与地位的缘故。但例（23）中的"剃头的"似乎也是个例外，这可能是因为"剃头的"凸显了职业动作的缘故，②换成"普通"的称呼则不能成立，例如：

（28）＊他被叫作张理发师。

（三）"特点类"称呼

人们在观察世界时，并不总是事先分好了类，有很多是根据观察

---

① 例（21）中的"学生"通常不会被理解为硕士或博士。
② 当然，"剃头的"也可能是受口语的影响。此处感谢张蕾蕾同学的校改。

临时"范畴化"的,即抓住人或事物的某一"特点"而称呼。这样的表达,我们比较喜欢用被字句来进行,例如:

(29) 他被称为王瞎子。
(30) 枪子穿透了身体被土匪们称作亮眼儿,未穿透被称作瞎眼儿,弹头还留在小腿肚儿里。(《白鹿原》)

例(29)中的"瞎子"和例(30)中的"亮眼儿"与"瞎眼儿",都具有某一"显著"的特点,从而发生"范畴化"。
有的是根据"轮廓"特点,例如:

(31) 他被称为李大个子。
(32) 他被人称为王大脑袋。

例(31)中的"大个子"与例(32)中的"大脑袋",都是"轮廓"特征明显而发生"范畴化"的。
有的是根据自身的"社会价值"与"社会地位",例如:

(33) 他被人称为钻石王老五。
(34) 他被人称为马二爷。

例(33)中的"钻石王老五"是指很受人喜欢与欢迎的一类人,例(34)中的"马二爷",一般也是指很有"社会地位"与"身份"的一类人,凸显度比较高,发生了"范畴化"。

(四)"尊称类"称呼

"尊称类"称呼本质上是由汉语"强主观性"特点所决定的,并不是一个独立的类,它更多地依附于前三类;更多地反映人们对"礼貌原则"的推崇,很多的表达仅仅是依托前三类的形式而已。我们把这类称呼语归为"尊称类称呼语",汉语被字句很喜欢这类表达,例如:

(35) 土匪们的组织五花八门称谓也别出心裁,土匪头子被尊称

为大拇指,二头目黑娃自然就是二拇指了。(《白鹿原》)

(36) 这是白家的一个传久不衰的故经。虽然平淡无奇却被尊为家规,由谢世的家主儿严肃认真地传给下一辈人,尤其是即将接任的新的家主儿。(《白鹿原》)

例(35)中的"大拇指",例(36)中的"家规",本身并不具有绝对的凸显度,但用被字句进行表达后,发生了主观化,强调对"土匪头子"与"故经"的尊重与重视。

有时是"明贬实褒",例如:

(37) "你简直是块活宝!"晓荷非常的得意,因为被太太称为活宝是好不容易的。(《四世同堂》)

(38) 他被人称为老顽童。

例(37)中的"活宝"与例(38)中的"老顽童"都是"贬义的"或"中性的",但用在被字句里却发生了"褒用"的现象。

有时通过"命名"的形式表达"尊敬",例如:

(39) 中正中学在古城被政府命名为一所模范学校,教员乃至学生都逐个经过审查,绝无异党嫌疑。(《白鹿原》)

(40) 山海关被命名为"天下第一关"。

例(39)中的"模范学校"与例(40)中的"天下第一关",都是以命名的形式表达"尊重"或"尊敬"的。

有时是通过凸显"类亲属",反映人们对"礼貌原则"的推崇,例如:

(41) 她被人叫作张大姐。

(42) 他被称为大哥。

因为在中国,"长辈"在文化中蕴含着很高的"社会地位",很高的"尊敬"与"礼貌值",所以它们在中国文化里都是"尊称类"称呼。

有时,通过凸显"社交级差"抬高对方,反映人们对"礼貌原则"的推崇,例如:

(43) 他被称为张大教授。
(44) 他被称为王总。
(45) 他喜欢被称为文艺家。(《四世同堂》)
(46) 他被称为王师长。

例(43)到例(46)中的"教授""王总""文艺家"和"师长",都因为其有着较高的"社会等级"而受到"尊重"。

(五)贬称类称呼

"贬称类"称呼本质上也是由汉语"强主观性"特点所决定的,也不是一个独立的类,它依附于前三类;更多地反映人们对"礼貌原则"的违反,很多表达也仅仅是依托前三类的形式而已。我们把这类"称呼语"归为"贬称类称呼语",汉语被字句很喜欢这类表达,人们基于对"礼貌原则"的违反,用"贬称类"称呼表达说话者的"主观态度",例如:

(47) 他不怕被呼为洋奴,刘师傅——一个臭棚匠——可是没有叫他的资格!噢!我不是中国人,你是,又怎么样?(《四世同堂》)
(48) 今天,他既被他们叫作奸商,而且拿出没法报账的钱。(《四世同堂》)
(49) 那我也是干部子弟了,你也不用跟着我被人叫作胡同串子。(《我是你爸爸》)
(50) 他被人叫作书呆子。

例(47)到例(50)中的"洋奴""奸商""胡同串子"和"书呆子"都是极具"贬义"色彩的词汇,此处在使用时,还是表达了作者主观上的"贬义"态度。

有时"宣布某人罪名"时,也表现出"贬义"倾向,例如:

(51) 白灵在惊恐里猛然发现了,十一个被宣布为潜伏特务的,游击队员全部都是由西安投奔红军的男女学生,禁不住一阵哆嗦。(《白鹿原》)
(52) 他被宣判了死刑。

例(51)中的"潜伏特务"与例(52)中的"死刑"都是"宣布某人罪名",它们都表现出"贬义"。

有时是"明褒实贬",例如:

(53) 不久,书院住进来滋水县一派造反队,这儿被命名为司令部,猪圈里的猪们不分肉猪或种猪、公猪或母猪、大猪或小猪一头接一头被杀掉吃了,小白连指儿抖着丑陋的手掌,连对红卫兵小将那样的话也不敢说。(《白鹿原》)
(3′) 他被称为"中央空调"。

例(53)中的"司令部"一般都是具有"褒义"的,但造反队也命名了一个"司令部",很显然是"明褒实贬";例(3′)中的"中央空调"表面上是说这个人很细心体贴,实则是说这个人很花心,对谁都很好,说一个人是"中央空调"①,显然是一个"贬义"的表达。

有时,通过凸显"社交级差"贬低对方,反映人们对"礼貌原则"的违反,例如:

(54) 他被儿子称为老李。
(55) 他被爱人称为"废物"。
(56) 她不得宠,被打入了冷宫。

---

① 此处感谢张蕾蕾同学的校改。

例(54)中的"被儿子称为'老李'"是通过"社交级差颠倒"来贬低对方;例(55)中的"废物"社交级别较低,例(56)中的"打入了冷宫"是彻底将对方的社会地位"归零",这些都反映了人们对"礼貌原则"的违反。

二 表达类

语言是为"表达"服务的:一方面,是把"内心"想要说的表达出来;另一方面,是通过"表达"而达成某种"结果"。前者如"提意见方案""强调""审查起诉"等,后者主要由一些"致使结构"所构成。"表达类"同样隐含"社会地位"差异,是对人类"自由、平等"这一理想型完形偏离的结果。

(一)提意见方案

有时,"表达"是通过"提意见方案"形式表现出来的,例如:

(57) 一项事先未作安排的祭礼被朱先生提出来,在刚刚安置下灵柩的灵棚前,焚烧四十三撮野兽的毛发,以祭奠兆海的灵魂。(《白鹿原》)

(58) 意见被大家摆到了桌面,你一言我一语,打算讨论出个最佳方案。

例(57)与例(58)都是"提意见方案",是"表达"的一种方式。

(二)强调

有时,"表达"是通过"强调"的形式表现出来的,例如:

(59) 孝文媳妇听到时猛乍愣了一下,随之就解开了被婆强调了重音的稀,是被婆脱淖牙齿漏风泄气的嘴把那个最不堪入耳的字说转音了,她惊愕地瞪大了眼睛,唰地一下红赤了脸,羞得抬不起头来了。(《白鹿原》)

(60) 这事被我再三强调,你们怎么还是不注意,出问题了?

例（59）与例（60）都是"强调"某件事，是"表达"的一种方式。

（三）审查起诉

有时，"表达"是通过"审查起诉"的形式表现出来的，例如：

（61）瑞宣明白了为什么这两天，狱中赶进来那么多人，也明白了他为什么没被审讯和上刑。（《四世同堂》）

（62）他被法院起诉。

例（61）与例（62）都是"审查起诉"某件事，都以"问"或"控告"为主要"表达"形式，所以，也是"表达"的一种方式。

（四）致使

有时，"表达"是通过"致使"的形式实现的，例如：

（63）顾太太被她说得心里很是凄惨，因道："话虽然这样说，到底还是不行，这样你太委屈了。"（《十八春》）

（64）他被说跑了。

例（63）与例（64）中由"说"分别导致了"心里很是凄惨"和"跑"的结果。

有些"致使"是隐性的，例如：

（65）有一次演出给她留下最深刻的记忆，她在被慰问的民兵中看见了鹿兆海。（《白鹿原》）

（66）他被安抚下来。

例（65）与例（66）中的"慰问"与"安抚"，都隐含着隐性"致使义"，即通过行动和语言"致使"对方情绪稳定下来。

三 传播类

语言在"传承"和"散布"上起到了很好的"连接"作用，被字句也经常用于这样的表达，例如：

（67）这个带着神话色彩的真实故事千百年来被白鹿原上一代一代人津津有味地传诵着咀嚼着。(《白鹿原》)
（68）他的威严的脸眼被县城的市民所注目……(《白鹿原》)
（69）他的名字很快在本县大街小巷市井宅第被人传说……(《白鹿原》)
（70）中华文化被传播到海外。

例（67）到例（70）中的"传诵""注目""传说"和"传播"，都是"传播类"的表达。传播类同样隐含着"社会地位"差异的，是对人类"自由、平等"这一理想型完形偏离的结果。

四 指令类

"指令类"主要指 A 命令或让 B 做某事，这种"指令"分两类：一类是 A 的指令不与 B 的意愿相违背，或至少没有明显看出与 B 意愿违背的倾向，抑或至少 A 不是有意发出违背 B 意愿的指令的，我们把它称为"正向指令"；另一类是 A 的指令与 B 的意愿明显违背，我们把它称为"负向指令"。

"指令类"同样隐含着"社会地位"差异，是对人类"自由、平等"这一理想型完形偏离的结果。其中"指令类"中的"负向指令"还关系到对"博爱"理想型完形的偏离。

（一）正向指令

"正向指令"包括"令叫类""指派类""劝说类"和"鼓动类"。它们都是 A 的指令不与 B 的意愿相违背，或至少没有明显看出有与 B 意愿违背的倾向，或至少 A 不是有意发出违背 B 意愿的指令的。

1. 令叫类

"令叫类"倾向于"口头"派发指令，重在普通的"指令传递"，例如：

（71）正看得入神，他被人家叫起来，"票"到了。(《四世同堂》)

（72）孝义在保安团喂了半个多月马，被闻讯赶来的父亲叫回家去了……(《白鹿原》)

例（71）中"他被叫起来"，并没有完全违背"自己意愿"；例（72）中的"孝义被叫回家"，也没有完全违背"孝义自己意愿"。

有的与"传唤""训诫"有关，例如：

（73）白嘉轩退出人窝，又听到台上传呼起鹿子霖的声音，白鹿原九个保长被传来陪斗接受教育。(《白鹿原》)

（74）就是在捉住那个小虫的当天晚上，他被传去受审。(《四世同堂》)

例（73）与例（74）中的"传"都有"传唤""训诫"的意思。

有的与"判罚"有关，例如：

（75）廖军长被周恩来下令释出图窑后又当了正规红军师长，也牺牲在黄河边的抗日前线指挥堑壕里，是被日军飞机投掷的炸弹击中的。(《白鹿原》)

（76）他被宣告拘押。

例（75）与例（76）中的"下令释出"与"宣告拘押"都与"判罚"有关。

2. 指派类

"指派类"倾向于任务的"派发"，而不只是指令的"传递"，往往与参加某项"活动"或某项"任命"有关，这也是与一般"通知类"最大的不同，例如：

（77）他被指派去灾区参加救援。

（78）他被通知去区里任区长。

（79）第二天晌午，她被通知参加全军大会，会议由毕政委做肃反动员报告，宣布组成肃反小组名单，紧接着就对十一个游击队员当场实施逮捕。（《白鹿原》）

（80）孝义被白嘉轩打发到山里去找哥哥孝武，让他跟上驮骡把药材发回西安，家里需得钱用。（《白鹿原》）

例（77）到例（80）这类"指派类事件"后面也都附带或伴有一定的行为动作，都有"让某人做某事"的意思。

3. 劝说类

"劝说类"主要指在尽量避免伤害某人的前提下说服某人做某事，例如：

（81）昨晚上，母亲被司马库和二姐说服，到教堂看电影。（《丰乳肥臀》）

（82）他被劝上车。

例（81）与例（82）中的"说服"与"劝"，都是在尽量避免伤害某人的前提下说服某人做某事的。

4. 鼓动类

"鼓动类"主要指通过故意制造刺激因素以诱导某类事件发生，例如：

（83）白嘉轩充耳不闻只顾干着手里或脚下的活儿，被他们咄咄得烦了也就急躁了……（《白鹿原》）

（84）他被指使着干了很多坏事。

（85）白嘉轩心急如焚，那些被传帖煽动起来的农人肯定已经汇集到三官庙了，而煽动他们的头儿却拔不出脚来，贺家兄弟一怒之下还不带领众人来把他砸成肉坨！（《白鹿原》）

（86）他被人怂恿，走上了犯罪的道路。

例（83）到例（86）中的"咄咄得烦了""指使""煽动"和

"怂恿",都是通过故意制造刺激因素以诱导某类事件发生。

以上是"消极"的,当然,也有"积极"的,例如:

(87) 两人被这个奇异的变化鼓舞着走向欢乐的峰巅。(《白鹿原》)

(88) 被母亲哄慰睡下,又从梦中惊醒,听见父亲和母亲正在说话……(《白鹿原》)

例(87)与例(88)中的"鼓舞"与"哄慰"在句子中都体现出一种"积极义",而不是"消极义"。

(二)负向指令

"负向指令"包括"阻止类""警告类"和"诅咒类",表示 A 的指令与 B 的意愿明显违背。

1. 阻止类

"阻止类事件"指 A 与 B 的意愿相悖,A 阻挡了 B 接下来的动作,具体来说,就是一种"话语拦截",例如:

(89) 姜政委洪亮激越的声音被热烈的呼喊打断了,他谦逊地低着硕大的脑袋等待呼声结束,然后扬起头来分析这次行动的形势……(《白鹿原》)

(90) 我想溜被她叫住。(《玩的就是心跳》)

(91) 权副军长是进攻派,他的意见被否决,怀着深沉的惭愧和羞耻的心绪一声不吭跟在队伍后头。(《白鹿原》)

(92) 百姗在大家的怂恿下也欲进车,被我拒绝了……(《玩的就是心跳》)

(93) 司马库被哥哥反驳得理亏,骂道……(《丰乳肥臀》)

(94) 可是,他怕被人问倒……(《四世同堂》)

例(89)与例(90)中的"打断"与"叫住"都是"阻止"在话语上的较为直接的表达方式,例(91)与例(92)中的"否决"与"拒绝"都是"阻止"在话语上的较为间接的表达方式,例(93)

与例（94）中的"反驳"与"问倒"都是"阻止"在话语上更为夸张的表达方式。

有的是一种"隐喻"或"转喻"的表达，例如：

（95）嘴上没有胡须的人哪能随便就上前门呢！常二爷被自己的话绕在里边了！他非去不可！众望所归，还有什么可说的呢？（《四世同堂》）

（96）鹿子霖正怀着上任后第一次执行公务的神圣和庄严，一时变不过脸来，虽然被这话噎得难受，却只能是玩笑且当它玩笑……（《白鹿原》）

（97）他试图坐起来，被母亲制止了。（《丰乳肥臀》）

（98）旁人觉得被休了就羞得活不成人了，我觉得没啥。（《白鹿原》）

例（95）与例（96）中的"话绕"与"话噎"，都是一种"隐喻"或"转喻"的表达，"话"本身不是有意识的，因此发生了"隐喻"，或者由部分"转喻"整体，代指人。例（97）与例（98）中的"制止"与"休"都是以具体的行为"转喻"话语上的"阻止"。

2. 警告类

有时就是一种"警告"，"警告类事件"是指 A 明示或暗示 B 不能做某事，例如：

（99）他被人警告不能把事情说出去。

（100）他被人提醒了两次。

例（99）与例（100）中的"警告"与"提醒"，都是"明示"或"暗示"对方不能做某事，构成了一类"警告类事件"。有时就是一种"禁止示意"，例如：

（101）人们先前把国外输入的被林爷爷禁止的鸦片称作洋烟，现

在却把从自家土地上采收,自家铁锅里熬炼的鸦片称为土烟,最后简化为一个简洁的单音字——"土"。(《白鹿原》)

(102) 这个门已经被禁止出入。

例(101)与例(102)中的"禁止的鸦片"和"禁止出入",构成了一类"警告类事件"。

3. 诅咒类

"诅咒类事件"是指A通过施以一定活动迫使B遭受某种背运,例如:

(103) 给日本人作过一天事的,都永远得不到我的原谅!我的话不是法律,但是被我诅咒的人大概不会得到上帝的赦免!(《四世同堂》)

(104) 他经常被人咒骂。

例(103)与例(104)中的"诅咒"与"咒骂",都是通过施以一定活动而迫使对方遭受某种背运,构成了一类"诅咒类事件"。

五 评判类

"评判类事件",我们主要是指对事件好坏的评判,主要包括"低评"与"高评"两类。"评判类"同样隐含着"社会地位"差异的,是对人类"自由、平等"理想型完形偏离的结果,其中"低评事件"还是对"博爱"理想型完形偏离的结果。

(一)低评

"低评事件"多数都隐含着"不尊重""嘲讽"或"谩骂"的意味,例如:

(105) 他被人训斥。
(106) 他被人谩骂。

例(105)与例(106)中的"训斥"与"谩骂"都隐含着"不

尊重""嘲讽"的意思。有的"低评事件"反倒是通过"笑",以"反语"的方式表达出来的,例如:

(107)我被众人当尻子笑了!我没法活了!你跟岳书记说干脆把我押了杀了,省得我一天人不人鬼不鬼地受洋罪……(《白鹿原》)

(108)她一直想回南京去,又怕被大少奶奶讪笑,笑她那样帮着二房里,结果人家自己去组织小家庭了,她还是被人家挤走了。(《十八春》)

例(107)与例(108)中的"笑"都是通过"笑"以"反语"方式表达的"低评"。有的"低评事件"是通过表面平淡的"叙说"完成的,例如:

(109)如果不想被说成厚颜无耻就无地自容了。(《我是你爸爸》)

(110)这种欺软怕硬,为虎作伥的作风,居然被无聊的人们称为"东洋派",在汉奸中自成一家。(《四世同堂》)

例(109)与例(110)都似乎是通过表面平淡的"叙说"完成的"低评"。

(二)高评

"高评事件"多数都隐含着某种"过量义",例如:

(111)她背后有许多怨言,怪世钧太软弱了,又说他少爷脾气,不知稼穑之艰难,又疑心他从前住在小公馆里的时候,被姨太太十分恭维,年轻人没有主见,所以反而偏向着她。(《十八春》)

(112)他被周围的人大加赞赏。

例(111)与例(112)中的"恭维"与"赞赏"都是一种"高评"表达,语料里都倾向于隐含某种"过量义"。

六 哄骗类

"哄骗类事件"指 A 以虚假的方式诱导 B 做某事,例如:

(113) 他被人唬了。
(114) 他被人骗了。
(115) 他被人哄骗了。
(116) 他被人蒙了。

例(113)到例(116)中的"唬""骗""哄骗"和"蒙"都是指 A 以虚假的方式诱导 B 做某事,构成了一种"哄骗类事件"。"哄骗类"同样隐含着"社会地位"的差异,是对人类"自由、平等"这一理想型完形偏离的结果。

七 言说量类

"言说量"主要包括"估计言说量""强调言说量""极限言说量"和"预期言说量"。"言说量类"中的"估计言说量"是对人"信任"类理想型完形的偏离,"强调"言说量、"极限"言说量和"预期"言说量是对人"适度"理想型完形的偏离。

(一)估计言说量

句子表达"可能""应该""好像""似乎"这类含义的,往往带有一种"估计"的意味,我们把它称为"估计量",例如:

(117)小文——现在,连他自己似乎也忘了他应当被称为侯爷——在结婚之后,身体反倒好了一点,虽然还很瘦,可是并不再三天两头儿的闹病了。(《四世同堂》)

(118)反之,牛教授若是肯就职,那就即使是出于不得已,也会被世人笑骂。(《四世同堂》)

(119)夏青好像被马锐说服了,同意他的观点,称赞了一句马锐……(《我是你爸爸》)

(120)他决定采取和平手段,而且要拉着大哥一同去看菊子,因

为他独自一个人去也许被菊子骂个狗血喷头。(《四世同堂》)

例（117）到例（120）中的"应当""会""好像"和"也许"往往带有一种"估计"的意味，我们把它称为"估计量"，表达的是一种"估计"言说量。

（二）强调言说量

句子有时表达人对某件事的"确定"程度，有"传信"意味，我们把它称为"确定量"，我们认为这种"确定量"有强调的意味，例如：

（121）祁老人觉得自己是被瘦子圈弄住了，不得不先用话搪塞一下。(《四世同堂》)

（122）"是这样！要杀就拣大个的杀！是！"小文夫妇是被传到南海唱戏的，听到这个消息，小文发表了他的艺术家的意见。(《四世同堂》)

（123）弟兄们出出进进嘻嘻嚷嚷，显然是被好酒好菜鼓舞着。(《白鹿原》)

（124）是不是长顺被外婆给说服了呢？(《四世同堂》)

例（121）到例（124）都有"是……"这类结构，表示一种"强调"，有"传信"的意味，我们可称之为"强调言说量"。

（三）极限言说量

"极限量"最明显的特点是很多句子除去"极限义"则不成立，主要包括"结果"极限言说量、"方式"极限言说量、"范围"极限言说量与"时间"极限言说量。

1. 结果极限言说量

"结果极限言说量"指结果有极限义的情况，例如：

（125）祥子本来觉得很冷，被这一顿骂骂得忽然发了热，热气要顶开冻僵巴的皮肤，浑身有些发痒痒，头皮上特别的刺闹得慌。(《骆驼祥子》)

(126) 富善先生是个典型的英国人,对什么事,他总有他自己的意见,除非被人驳得体无完肤,他决不轻易的放弃自己的主张与看法。(《四世同堂》)

(127) 鹿兆鹏被突如其来的问题问得愣住片刻,紧紧盯着白灵的眼睛,企图从那眼神里判断出她话的意图。(《白鹿原》)

(128) 他被骂惨了。

例(125)到例(128)中的"骂得忽然发了热""驳得体无完肤""问得愣住"和"骂惨了"都已经远远超出了"骂""驳""问"的实际语力,表达出了一种"结果极限言说量"。

2. 方式极限言说量

"方式极限言说量"指动作进行的方式存在"过量"的情况,例如:

(129) 朱先生在农协潮起和潮落的整个过程中保持缄默,在岳维山回滋水田福贤回白鹿原以后仍然保持不介入不评说的超然态度,在被妻弟追问再三的情况下就撂出来那句……(《白鹿原》)

(130) 正当他一切准备就绪即将成行的最后日子,县里发生了一件轰动朝野的大事,土匪头子黑娃被保安团擒获,这是他上任营长后的第一场大捷,拎获者白孝文和被活捉者黑娃的名字在整个滋水县城乡一起沸沸扬扬地被传播着……回原上的时日当然推迟了。(《白鹿原》)

(131) 现在,他害了怕——随便就被逗笑了的人也最容易害怕,一个糖豆可以使他欢喜,一个死鼠也可以吓他一跳。(《四世同堂》)

(132) 被菊子问急了,他才说了句……(《四世同堂》)

例(129)到例(132)中的"追问再三""沸沸扬扬地被传播着""随便就被逗笑"和"问急了",都反映了动作进行的方式存在着"过量"的情况,反映出的是"方式极限言说量"。

3. 范围极限言说量

"范围极限言说量"指"全量"或"级差量"中两端的量。

1）全量

有的是"全量",例如:

(133) 白灵是在她做文化教员经常进的那个窑洞门口看到的,五个全被判定为特务。(《白鹿原》)

(134) 在壮年的时候,他到处都被叫作"祁大个子"。(《四世同堂》)

例（133）和例（134）中的"全"和"到处"表达的都是一种"全量",属于"范围极限言说量"。

2）级差量中两端的量

有的是级差量中"两端"的量,例如:

(135) 那种最令人神往的记忆却被勾动起来。(《白鹿原》)

(136) 他反被诬陷。

例（135）和例（136）中的"却"和"反",都有极强的"极限反向义",表达的是极差量中"两端"的量,因此,属于"范围极限言说量"。

4. 时间极限言说量

"时间极限言说量"指高频发生的、带有永久含义的或距离较近的时间言说量,主要包括"频度量"和"距离量"。

1）频度量

有的涉及"频度量",例如:

(137) 也许他在他们视野之外的某个隐蔽的角度自始至终都在目睹……那时他堪称风华正茂,自我感觉相当好,妻子也正是成熟动人、注重修饰的年龄,他们俩常常被邻居街坊称赞为天造地设的一对儿。(《我是你爸爸》)

(138) 黑娃年龄最小,又极伶俐,脚快手快,常被长工头儿指使着去做许多家务杂活儿,扫庭院、掏茅厕、绞水担水、晒土收土、拉

牛饮马。(《白鹿原》)

（139）罂粟的红的白的粉红的黄的紫的美丽的花儿又在白鹿原开放了，而且再没有被禁绝。(《白鹿原》)

（140）他总被人戏弄。

例（137）到例（140）中的"常常""常""再"和"总"都表示一种"频度量"，表达的是一种高频发生的、带有永久含义的"时间言说量"①

2）距离量

有的表示两个动作"紧密相连"，例如：

（141）白嘉轩问："乡约怎的成了官名了，"鹿子霖说："人家就这么称呼。"……接着两个烟鬼被叫到众人面前，早已吓得抖索不止了，白嘉轩用十分委婉的口气问……(《白鹿原》)

（142）孝文刚刚直进入时心里一阵畏怯，很快就被一张张饥饿的脸孔和粗鲁的咒骂所激励，拄着棍子朝人流密集的地方蹾去，开阔的原野上临时垒起八九个露天灶台，支着足有五尺口径的大铁锅，锅台的两边架着一只大风箱往灶台下送进风去，火焰从前后两个灶口呼呼呼啸叫着蹿起一丈多高，灶锅拥挤着的尽是年轻人，密实到连一根麦草也插不进去。(《白鹿原》)

（143）瑞宣的复杂的，多半是兴奋的心情，忽然被老二这几句象冰一样冷的话驱逐开，驱逐得一干二净。(《四世同堂》)

（144）所以日本中国的猫腻全知道，满口的北京土话连我都听着不明白，没两下子就被他哨晕了。(《玩的就是心跳》)

例（141）到例（144）中的"接着""很快就""忽然"和"没两下子就"都表示两个动作紧密相连，时间距离较近，表达的是一种

---

① 有的表示的不是频度时间极限量，例如，第一，"没事，八路在那里被我教训了一下，那些野鸭子是被吃死尸的老鹰吓飞的。"(《丰乳肥臀》) 第二，"被她骂了一顿。"(《十八春》) 这两例仅仅是单纯计量，由于数量较少，我们未作特殊标注。

"距离时间极限量"。

有的表示两个"相近"情况的出现，例如：

（145）碑子栽在白鹿村的祠堂院子里，从此白鹿村也被人称为仁义庄。(《白鹿原》)

（146）李四爷晓得八元的出诊费已经是很高的，他不能既出二十元的诊金，再被医生敲一笔药费。(《四世同堂》)

（147）已经走出屋门，他又被叫住。(《四世同堂》)

（148）甲长和总甲长成为风箱里两头受气的老鼠，本村本族的乡邻脸对脸臭骂他们害人，征不齐壮丁收不够捐款又被联保所的保丁训斥以至挨柳木棍子。(《白鹿原》)

例（145）到例（148）中的"也""再""又"表示两个相近情况的出现，也是"距离时间极限量"的表现。

（四）预期言说量

"预期言说量"指言说事件中所涉及的预期量偏离的情况，例如：

（149）她一直追着棺材，哭到胡同口，才被四大爷叱喝回来。(《四世同堂》)

（150）二十年前，白嘉轩的父亲白秉德出面掏钱为鹿三连订带娶一手承办了婚事，这件义举善行至今还被人们传诵着。(《白鹿原》)

（151）可是，这沉默竟自被瑞丰解释作"很乖！"瑞丰的无耻也许是他个人的，但是他的解释不见得只限于他自己，许多许多人恐怕都要那么想，因为学生一向是为正义，为爱国而流血的先行。(《四世同堂》)

（152）她的自信开始动摇，她想到了死！不，不，不，她不会死！她还没被审问过，怎会就定案，就会死？(《四世同堂》)

例（149）到例（152）中的"才""至今还""竟自"和"还没"都涉及"预期量"偏离的情况，反映的是一种"预期言说量"的偏离问题。

八 言说类事件的完形偏离问题

"言说类事件"多数隐含着"社会地位"的差异,是对人类"自由、平等"① 这一理想型完形偏离的结果,如"称呼事件""表达事件""传播事件""指令事件""评判事件""哄骗事件"。涉及"贬义"的,还关系到对"博爱"理想型完形的偏离,例如"贬称类"称呼事件、"指令事件"里的"负向指令","哄骗事件""评判事件"中的"低评"等。

"言说量"中的"估计言说量"是对人"信任"类理想型完形的偏离,"强调言说量""极限言说量"和"预期言说量"是对人"适度"理想型完形的偏离。

第二节 认识类事件

"认识类事件"主要指人们对世界的总体看法和认识,换句话说,就是人们对这个世界是怎么认识的。"认识类事件"具体可细分为"划类事件""认识正误事件""认知发现事件""主观识解事件"等。

一 划类事件

人们对这个世界总是不知不觉地有一种"分类"的意识:有些是"纯主观"的,我们把它称为"臆断事件";有些是有一定客观依据的,是"非纯主观"的,我们把它称为"分类事件"和"归类事件"。

"臆断事件"同"分类事件"和"归类事件"的最大区别在于:前者并不强调划类要有一定的标准,而后者则强调划类是在一定标准下进行的。大多数"划类事件"都与"致使类事件"交叉,但鉴于"划类事件"的显著度要高于相应的"致使类事件",我们将其独立

---

① "自由、平等、博爱"通常是指人际关系上的,但人们在实际应用时,却不限于此,例如,通常人相对物,有更大的自由性,也更有地位上的优势。另外,人相对物也更多地体现为人爱物。基于此,我们认为:"自由、平等、博爱"信条也同样适用于非人际关系,本书接下来对相关问题的讨论都不受人际关系的局限。

出来进行处理。

"划类事件"都隐含着地位的"不平等",是对"自由、平等"理想型完形的偏离。

(一)臆断事件

所谓"臆断事件"是指仅凭主观判断就做决断的事件,具有极强的"主观性"。通常分为"当作类""认为类"和"看类"。

1. 当作类

"当作""作为""当成""充当"等经常用在"臆断"事件中,例如:

(153)在土壕里被野狗当作死尸几乎吃掉的那一刻,他完全料定自己已经走到人生尽头,再也鼓不起一丝力气,燃不起一缕热情跨出那个土壕,土壕成为他生命里程的最后一个驿站。(《白鹿原》)

(154)《春风化雨》而轰动文坛,白嘉轩被作为小说中顽固落后势力的一个典型人物的生活原形给他很深印象。(《白鹿原》)

(155)他被当成敌人。

(156)就这样,传奇英雄鸟儿韩,便寄居在我家那两间被鸟仙充当过仙室的东厢房里。(《丰乳肥臀》)

例(153)到例(156)中的"当作""作为""当成"和"充当"都是"臆断事件"的典型代表。

2. 认为类

有时是用具体的心理动词,例如:

(157)这一派被认为是保守派,进不了县城夺不上权,却依然雄心勃勃高喊着……(《白鹿原》)

(158)当然也可以食用,大栏市的官员们都是些食物冒险家,他们大大地拓宽了人类的食物领域,过去,许多被传统观念认为有毒、不洁、不能吃的东西,都被这批冒险家征服了。(《丰乳肥臀》)

例(157)与例(158)中的"认为"是一类有极强"臆断"表

达的词语,所以,构成了一种"臆断事件"。

3. 看类

人们还常常用"看"这个动作来表达对这个世界的总体看法,例如:

(159) 他被人看作瞎折腾。
(160) 他被人看成疯子。

"看"是一个蕴含很强主观表达的词语,"看"表面上就是一个简单的视觉活动,但例(159)与例(160)中的"看"却反映了对一个人的"认识",即认为"他"瞎折腾,认为"他"是疯子。[1]

有时用的是"看待""视为"这样的近义表达,例如:

(161) 假若宫里的太监本来是残废的奴役,而因在皇宫里的关系被人另眼看待,那么,大赤包理当另眼看待丁约翰。(《四世同堂》)
(162) 一排排排列整齐的草屋、灰白的宽敞胡同、一柱柱青烟般的绿树、环绕着村庄闪闪发光的河流、镜子般的湖泊、茂密的苇荡、镶嵌着圆池塘的荒草甸子、被野鸟视为乐园的红色沼泽、画卷般展开到天边去的坦荡原野、黄金颜色的卧牛岭、槐花盛开的大沙丘……(《丰乳肥臀》)

例(161)与例(162)中的"看待""视为"也不是简单的视觉活动,反映的是不同的认识。[2]

(二) 分类事件

"分类事件"最常见的是组织、社团、单位、部队等建制的分类,例如:

(163) 这营士兵被分成若干小组赶赴电厂面粉厂和纱厂等要害工

---

[1] 当然,例(160)从另一个角度看,也可以看成是一个"致使事件"。
[2] 当然,例(162)从另一个角度看,也可以看成是一个"致使事件"。

厂去了。(《白鹿原》)

（164）他们被分成两个支部。

例（163）与例（164）分别是对部队编制和党团分支机构的分类。

（三）归类事件

最常见的是某人归属于组织、社团、单位、部队等建制机构，例如：

（165）你被接纳为中共党员了。(《白鹿原》)

（166）他被吸收为中共党员。

例（165）与例（166）中"接纳为中共党员""吸收为中共党员"，都是将"你"或"他"归类于党团组织。有的是发生了"转喻"，例如：

（167）祁老人，这全胡同的最老的居民，大家的精神上的代表，福寿双全的象征，现在被列为没有资格领粮的老乞丐，老饿死鬼！他不能忍受！(《四世同堂》)

（168）全城的大搜捕并不受任何传闻的影响正加紧进行，特务机关侦察和审讯被捕学生的口供中，确认了共党插手操纵了学生，又很快确定了追缉的目标，白灵被列为首犯。(《白鹿原》)

例（167）与例（168）中的"列"，字面意思是"列出"，是用"动作"转喻"归类事件"。还有的带有一定的"描述性"的意思，例如：

（169）家里有儿媳妇和两女一男三个孩子，儿子在邻村的一所小学校里当工友，打铃、扫地、掏公厕、烧开水，被学校里的地下党发展为党员。(《白鹿原》)

（170）被捕去的青年，有被指为共产党的，有被指为国民党的，都随便的杀掉，或判长期的拘禁。(《四世同堂》)

例（169）与例（170）中的"发展"与"指"都比较形象，有一定的"描述性"。有的还涉及书籍编撰、纪念日的确立，有一定的"隐喻性"，例如：

（171）关中名儒朱先生更是田总乡约特邀的贵宾，重建白鹿仓的盛事将被朱先生载入正在编纂的新本县志。（《白鹿原》）
（172）大年正月初一被选定为白鹿原农民协会总部成立的日子，地点再一次选定了白鹿村的戏楼。(《白鹿原》)

例（171）与例（172）中的"载入正在编纂的新本县志"与"大年正月初一被选定为白鹿原农民协会总部成立的日子"，也是"归类事件"的一种"隐喻"表达。

二 认识正误事件

"认识正误事件"是反映人对世界认识水平的一类事件：有些反映人对世界的正确认识，我们将其归为"正识类"；有些反映人对世界的错误认识，我们将其归为"误识类"；还有的连说话者也无法判断正误，从而产生怀疑的，我们将其归为"怀疑类"。

"认识正误事件"中的"误识类"与"怀疑类"，是对"信任"理想型完形的偏离，而其中的"正识类"更像是一种"强调"与"印证"，是对"适度"理想型完形的偏离。

（一）正识类

"正识类"主要涉及"定理验证""消息证实""事实确认""事件证明""公认"或"平反"的事件，例如：

（173）这条定理被验证了。
（174）这个消息被证实了。
（175）他被确认死亡。

例（173）是定理验证，例（174）是消息证实，例（175）是事实确认。再如：

(176) 他被证明已经失踪。

(177) 马锐在刚出生时是个可爱婴儿，在同时出生的那拨婴儿中他被产科的护士们公认为是最漂亮、最雄壮的。(《我是你爸爸》)

(178) 后来，他被平反。(《玩的就是心跳》)

例 (176) 是事件证明，例 (177) 属于公认类，例 (178) 属于平反类，属于重新正确认识。例 (173) 到例 (178) 都构成了"正识类事件"，它们本质上都反映人对世界的正确认识。

(二) 误识类

"误识类事件"主要包括"误会""误解""误认为""弄错""冤枉"，例如：

(179) 小崔，在拉着车子的时节，永远不肯对邻居们先打招呼，怕是被人误会他是揽生意。(《四世同堂》)

(180) 女孩儿眼中甚至隐隐出了一种被人带有夸大色彩误解了的担忧。(《我是你爸爸》)

(181) 那条被四姐误认为肉棍子的粗大鳗鲡，笨拙地摆动着银灰色的身体从幽暗的河底浮游上来。(《丰乳肥臀》)

(182) 这件事被弄错了。

(183) 他被人冤枉。

例 (179) 到例 (183) 中的"误会""误解""误认为""弄错""冤枉"都反映了人对世界的错误认识，构成了误识类事件。

(三) 怀疑类

"怀疑类事件"主要以"怀疑"为主导，例如：

(184) 先头侧重于出事那天晚上谁到大拇指窑里去过，聚宴时谁和谁都给大拇指倒过酒敬过酒，谁跟大拇指挨近坐着等等细节，被牵涉被怀疑的土匪一一领受了杖责和捆绑，却没有一个人招认。(《白鹿原》)

(185) 她没有被通知旁听廖、毕的最高会议尚可自慰，而支队长以上指挥官会议也回避她参加，她就感到不正常，一种被猜疑，不被信任的焦虑开始困扰着她。尤其是支队长以上指挥员会议之后，整个根据地里陡然笼罩着一片沉默紧张的严峻气氛，白灵从那些指挥员熟悉的脸上摆列的生硬狐疑的表情更证实了某种预感。(《白鹿原》)

例（184）与例（185）中的"怀疑""猜疑"和"不被信任"，都是连说话者也无法判断正误，从而产生怀疑的事件，因此，构成了"怀疑类"事件。

三 认知发现事件

"认知发现事件"即人类对世界本来面目的觉察情况：一类是揭露世界本来面目的事件，我们把它称为"发现类事件"；另一类是不希望世界本来面目被发现的事件，我们把它称为"遮蔽类事件"。当"认知发现事件"与"位移类事件""击打类事件""计量类事件""致使类事件"交叉时，鉴于"主观性"事件显著度高，都归作"认知发现事件"；但与"言说类事件"交叉的除外，因为我们还是承认"言说类事件"的相对独立性。

"认知发现事件"无论是"发现类"事件，还是"遮盖蒙蔽类"事件，都是对人"意愿"理想型完形的偏离。

（一）发现类事件

"发现类事件"主要包括"看类""听类""知觉类""查验类"和"揭掘类"五类。

1. 看类

"眼睛"是我们与外界联系的重要窗口，在这一过程中，自然也起到"发现"与"认识"世界的桥梁与纽带作用，例如：

(186) 他以为只有被大家看出他可怜，大家才肯提拔他……(《四世同堂》)

(187) 我刚想躲，晚啦，被小狮子那个杂种看到了。(《丰乳肥臀》)

(188) 她往饭店旁边的供销社百货门市部移动时被上官金童看到了裤子。(《丰乳肥臀》)

（189）曼桢觉得如果定要推辞，被那看护小姐看着，也有点可笑，就没说什么了。(《十八春》)

（190）这件事被大家看破了。

例（186）到例（190）中的"看出""看到""看着"和"看破"，都不是简单地看看，而是一种"发现"。当然，这些发现都是借助眼睛"看"实现的，而且，后面往往也配上了结果补语。有时，单独的"看见"也表达类似的含义，例如：

（191）到祁家去，倘若被暗探看见，报告上去，总……所长你说是不是？(《四世同堂》)

（192）满脸胡子拉碴，太阳与腮都瘪进去，眼是两个深坑，那块疤上有好多皱纹！屋里非常的热闷，他不敢到院中去，一来是腿软得象没了骨头，二来是怕被人家看见他。(《骆驼祥子》)

（193）说到这里，曼桢忽然想起来，今天她母亲陪着她姊姊一同去布置新房，不知道可回来了没有，要是刚巧这时候回来了，被她们看见她站在弄堂口和一个男子说话，待会儿又要问长问短，虽然也没什么要紧，究竟不大好。(《十八春》)

例（191）到例（193）中的"看见"，都有"发现"的意思。有时虽然变换不同的近义词，但"发现"的语义并没有变，例如：

（194）这就像一个人突然发现自己的日记被人偷看了，那点隐私已经成了别人的笑柄。(《我是你爸爸》)

（195）不，不能道歉！一道歉，他就失去了往日在学校的威风，而被大家看穿他的蛮不讲理原来因为欠打。(《四世同堂》)

（196）当时我以为他不愿被过去的熟人碰见。(《玩的就是心跳》)

（197）他的行动被叛徒察觉。

例（194）到例（197）中的"偷看""看穿""碰见"和"察

觉"都是"看见"的近义词，但都有"发现"的意思。

2. 听类

"耳朵"是我们与外界联系的重要途径，在这一过程中，自然也起到"发现"与"认识"世界的桥梁与纽带作用，例如：

（198）她不敢用力，怕出了响声被那两个枪手听见。（《四世同堂》）

（199）两人一同回到楼上，世钧因为刚才一鹏取笑他的话，说他跟曼桢好，被叔惠听见了，一定想着他们这样接近的朋友，怎么倒一直瞒着他，现在说穿了，倒觉得很不好意思。（《十八春》）

（200）恐怕就是在这三天里，他与三匹骆驼的关系由梦话或胡话被人家听了去。（《骆驼祥子》）

（201）他们的谈话被人听到了。

例（198）到例（201）中的"听见""听了去"和"听到"都表示通过耳朵"发现"，构成了"发现类事件"。

3. 知觉类

"发现类事件"，除了前面我们谈到的具体的"看""听"途径外，还有"发现、知道"这样的"知觉发现"，例如：

（202）十几年前，驴贩子袁金标的年轻妻子方金枝与一年轻后生在坟地里偷情被捉住，袁家的人把那年轻后生活活打死，方金枝也饱受毒打，羞恨交加，喝了砒霜，被人发现，用人粪尿灌口催吐救活，方金枝醒后，便自称狐仙附体，请求设坛。（《丰乳肥臀》）

（203）她没有回家的路费，几乎在汉中沦为乞丐，后来被一位茶叶铺子的掌柜发现。（《白鹿原》）

（204）她更紧地抱住了他，把他的脸揿没在她胸前，唯恐被人家发觉这是一个死孩子。（《十八春》）

（205）一时间他手足无措，既想认出一个熟识的乡亲，又怕被人认出的矛盾心情使他手心发黏。（《丰乳肥臀》）

例（202）到例（205）中的"发现""发觉"和"认出"，都表示"知觉"，实际上都是"发现"的意思。类似的还有"知道"，例如：

（206）他的婚事，如果当初他家里就不能通过，现在当然更谈不到了——要是被他们知道她在外面生过一个孩子。(《十八春》)
（207）再说，这个事要是吵嚷开，被刘四知道了呢？(《骆驼祥子》)

例（206）与例（207）中的"知道"，也都有"发现"的意思。

4. 查验类

有时"发现"是通过"查验"发现的，例如：

（208）车站上被检查，小庙里看见钱伯伯，丢了钱，又几乎丢了性命。(《四世同堂》)
（209）哼！他还惦记着妈！信要被日本人检查出来，连妈也得死！(《四世同堂》)

例（208）中的"检查"更强调"发现"的过程，例（209）中的"检查出来"则更强调"发现"的结果。有时更具体为"搜、搜查、破获"，例如：

（210）母亲在放工回家的路上，捡了一个红薯，放在草筐里，被房石仙搜出来。(《丰乳肥臀》)
（211）白灵惊愣一下笑了……白嘉轩沉默了大约半月光景，绝口不提及白灵的事，也不许家里人再谈论被搜家的事。(《白鹿原》)
（212）不知道被屏妮从哪里觅来的。(《十八春》)
（213）案子被破获。

例（210）到例（212）中的"搜出来""搜家"和"觅"，都有通过搜查而"发现"的意思，例（213）中的"破获"也隐含着"发现"这层含义。

5. 揭掘类

有时"发现"是通过"揭、掘"这样更具体的动作实现的，例如：

(214) 及至"小三儿"不辞而别，钱默吟被捕，生日没有过成，坟墓有被发掘的危险，最后，钱少爷在中秋节日死去，一件一件象毒箭似的射到他心中，他只好闭口无言了！假若他爽直的说出他已经不应当再乐观，他就只好马上断了气。(《四世同堂》)

(215) 小娥的骨殖从窑洞里被挖出来已经生了一层绿苔。(《白鹿原》)

(216) 第六个女人胡氏被揭开盖头红帕的时候，嘉轩不禁一震，拥进新房来看热闹的男人和女人也都一齐被震得哑了嘻嘻哈哈的哄闹。(《白鹿原》)

(217) 谜底被揭开了。

例(214)与例(215)中的"发掘"和"挖出来"，并不必然有"发现"的意思，是较为具体的动作，而例(216)与例(217)中的"揭"，则必然具有"发现"的意思，而且，例(217)比例(216)中的"揭"语义更抽象。类似抽象化的例子还有很多，例如：

(218) 我从没见过这么硬吹硬侃被戳穿了仍不改弦更张，这非得有点不屈不挠明知山有虎偏向虎山行的二杆子作风。(《玩的就是心跳》)

(219) 他们的骗局被揭穿，村主任杜宝船，用步枪指着他们，给他们指出两条路。(《丰乳肥臀》)

(220) 上官金童被他揭了老底，感到无地自容，恨不得钻到桌子下边去。(《丰乳肥臀》)

(221) 有人被揭发被杖责之后，拖着两腿鲜血，爬到黑娃窑里又去揭发旁的弟兄，几乎所有弟兄都揭发过别人，又被别人揭发过，因此几乎所有弟兄无一例外地都挨了棍杖，打了屁股。(《白鹿原》)

例(218)到例(221)中的"戳穿""揭穿""揭了老底"和

"揭发"的语义更为抽象,都具有"发现"的意思。

(二)遮盖蒙蔽类事件

"遮盖蒙蔽类事件"主要包括"掩藏类"与"包裹类",它们都是对人"意愿"理想型完形的偏离。

1. 掩藏类

"掩藏"包括"遮盖、蒙蔽、藏"等,例如:

(222)已离北长街不远,马路的北半,被红墙外的槐林遮得很黑。(《骆驼祥子》)

(223)灯光被窗帘遮住,只透出一点点。(《四世同堂》)

(224)"我管不着!"三爷还在地上坐着,红鼻子被黄土盖着,象一截刚挖出来的胡萝卜。(《四世同堂》)

(225)巴比特往前走了几步,我更近地看到他那双鲜嫩得令我极度不快的红唇,和他红扑扑的、被一层白色的茸毛覆盖的脸。(《丰乳肥臀》)

(226)还有一个可能,也许她早就写信来了,被他母亲藏了起来,没有交给他。(《十八春》)

例(222)到例(226)中的"遮""盖""覆盖"和"藏",都是有所"掩藏"的意思,不让发现,有时用的是引申义,例如:

(227)革命的——同志们——红卫兵——战友们——贫农下中农们——不要被老牌历史反革命分子——上官鲁氏——的假慈悲蒙蔽啊——她企图转移斗争大方向——(《丰乳肥臀》)

(228)他被蒙在鼓里。

例(227)与例(228)中的"蒙蔽"和"蒙在鼓里",语义更为抽象,但"不让发现"的意思并没有变。

2. 包裹类

"包裹"由于动作内部隐含着"遮掩",所以也划归到"遮盖蒙蔽类"事件中,例如:

（229）这桩家庭隐患被全家成员自觉地包裹着不向外人泄漏，唯恐冷先生知道了真情。(《白鹿原》)

（230）白孝文的脸面被药布包扎着不露真相，只是点头，伸出结着血痂的右手在契约上按下了指印。(《白鹿原》)

例（229）与例（230）中的"包裹"与"包扎"都有"遮挡""不让外界发现"的意思。

四　主观识解事件

"主观识解事件"即人们在观察世界时，对整个世界主观上的情感态度：一类反映人"尊重"或"蔑视"的态度；还有一类反映的是同人类预期之间的关系。具体分为"尊重""轻视"和"预期"三类。

"主观识解事件"中的"尊重类"与"轻视类"都隐含着一定的地位差异，是对"自由、平等"理想型完形的偏离，涉及"轻视类"的还关系到对"博爱"理想型完形的偏离；"主观识解事件"中的"预期"类则是对人"预期"理想型完形的偏离，"不偏离的"则构成对人"希望"理想型完形的偏离。

（一）尊重类

人们有时是抱着一种"尊重"的态度对待周围人的，例如：

（231）她永远没盼望过儿子们须大红大紫，而只盼他们结结实实的，规规矩矩的，作些不甚大而被人看得起的事。(《四世同堂》)

（232）现在，他是老太爷，可是他总觉得学问既不及儿子——儿子到如今还能背诵上下《论语》，而且写一笔被算命先生推奖的好字——更不及孙子，而很怕他们看不起他。(《四世同堂》)

（233）假若瑞宣也有点野心的话，便是作牛教授第二——有被国内外学者所推崇的学识，有那么一座院子大，花草多的住宅，有简单而舒适的生活，有许多图书。(《四世同堂》)

（234）被人尊重，被人呵护，可能是每个女孩儿的梦想。

例（231）到例（234）中的"看得起""推奖""推崇"和"尊

重"都反映人"尊重"的态度。

(二) 轻视类

人们有时是抱着一个"蔑视"的态度对待周围人的,例如:

(235) 想起乍由山上逃回来的时候,大家对他是怎样的敬重,现在会这样的被人看轻,他更觉得难过了。(《骆驼祥子》)

(236) 他已有点讨厌拉散座儿了,一来是因为抢买卖而被大家看不起,二来是因为每天的收入没有定数,今天多,明天少,不能预定到几时才把钱凑足,够上买车的数儿。(《骆驼祥子》)

例 (235) 与例 (236) 中的"看轻"与"看不起"都是反映人"轻蔑"的态度。有时这种"轻蔑"的态度是通过某种行为间接地反映出来的,例如:

(237) 一种被时代淘汰了的怅惘,像蚕吃桑叶一样,啃着他的心。(《丰乳肥臀》)

(238) 那两个孩子眼巴巴地等待着,期望他尽快离去,这种毫不掩饰流露出的愿望刺痛了马林生,他感到一种被误会被不公正地对待后的委屈。(《我是你爸爸》)

例 (237) 与例 (238) 中的"淘汰"与"不公正地对待"字面上仅仅表明一种选择与面对,但都间接地反映了人"轻蔑"的一种态度。

(三) 预期类

汉语被字句在"预期"问题上有"偏离"与"不偏离"两种情况。

1. 预期偏离

"预期偏离"的情况如下:

(239) 我已经受损失了,白白被夏令时偷了一小时——你还让我

早起？(《我是你爸爸》)

(240) 女人气得半死，赌徒羞愧难当，解下裤带吊到后院的核桃树上幸被人发现救活。(《白鹿原》)

(241) 奇怪的是，这地主崽子竟被画得面若粉团、目若朗星，一点也不可恨，倒有九分可爱。(《丰乳肥臀》)

(242) 他竟然被选为了班长，大家都很惊讶。

"预期偏离"多数都是以"白白""幸""竟""不料"这样的词汇形式表达出来的，有"意外""反预期"的意思，甚至有的就是"无心中""没想到"，例如：

(243) 有时候无心中的被别个车夫给碰伤了一块，他决不急里蹦跳的和人家吵闹，而是极冷静的拉回厂子去，该赔五毛的，他拿出两毛来，完事。(《骆驼祥子》)

(244) 小羊圈的人们只注意到孙七的失踪，而没想到他会被活埋。(《四世同堂》)

例(243)与例(244)中的"无心中"与"没想到"，也都表达了"意外""反预期"的意思。有的"预期偏离"形式不是通过"词汇形式"表达出来的，而是通过"复句"或"紧缩复句"形式表达出来的，语义关系上多为"转折"。例如：

(245) 他奋力抽杀，球拍挥舞得嗖嗖生响，但他还是被儿子一步步向后赶去。(《我是你爸爸》)

(246) 我说没关系，你杀没杀敌我都把你当杀敌英雄款待，你好歹比那些没杀着敌人倒被敌人打残成了英雄的家伙般配些……(《玩的就是心跳》)

(247) 五月初五那天，司马库放火烧桥，没烧到日本人，自己的屁股反被烧伤，伤口久久不愈，转变成褥疮。(《丰乳肥臀》)

(248) 母亲的乳房却被一道门帘半遮半掩着。(《丰乳肥臀》)

例（245）到例（248）都是具有"转折关系"的紧缩句或复句，这种转折关系有预期偏离的意思，但也不一定总是转折关系。例如：

（249）她一直想回南京去，又怕被大少奶奶讪笑，笑她那样帮着二房里，结果人家自己去组织小家庭了，她还是被人家挤走了。(《十八春》)

（250）招弟这样不明不白的被李空山抢去，她吃不消。(《四世同堂》)

（251）说一千道一万，司马库还是个讲理的人，要不是司马库，我就被小狮子那个杂种给活埋了。(《丰乳肥臀》)

（252）铁皮嘎嘎地响了一声，随即便有瀑布般的积水泻下来，我双手急忙搂住杉木柱子才没被冲下磨台。(《丰乳肥臀》)

例（249）到例（252）分别是"解释关系复句""因果关系复句""条件关系复句""条件关系紧缩句"，虽然它们不是"转折"关系，但仍然表达了"预期偏离"的意思。有时，汉语还通过"疑问"来达到"预期偏离"的目的，例如：

（253）别人碰不上的事为什么偏被我碰上了？我招谁惹谁了？(《丰乳肥臀》)

（254）他自己不是无缘无故的被抓进去了么？(《四世同堂》)

例（253）与例（254）都是通过"疑问"来表示"预期偏离"的意思，都表示同人们的"预想"不一致。

2. 合预期

经过考察我们发现，"合预期"的例子基本上都是通过"词汇形式"实现的。例如：

（255）头几年里，他还都用那把破菜刀隔一段时间切削一次头发，但那把菜刀，终于被磨成一块废铁，失去了任何使用价值，头发便自由地生长起来。(《丰乳肥臀》)

（256）他们到底被冲散了。(《丰乳肥臀》)

（257）果然被我找到一穗玉米，剥开皮，咯嘣咯嘣啃着吃，好久好久没吃人粮食了，牙酸牙晃，玉米清香。(《丰乳肥臀》)

（258）他仗着他与厂长的私人关系，胆子越来越大，不肯与他同流合污的人，自然被他倾轧得很厉害。(《十八春》)

例（255）到例（258）中的"终于""到底""果然"和"自然"都有一种"合预期"的倾向，但同时也反映了说话人"不情愿"或"不愿面对"的一种"消极"态度，是一种对"希望"理想型完形的"偏离"。

五 认识类事件的完形偏离问题

"划类事件"都隐含着地位的不平等，是对"自由、平等"理想型完形的偏离；"认识正误事件"中的"误识类"与"怀疑类"，是对"信任"理想型完形的偏离，而其中的"正识类"更像是一种"强调"与"印证"，是对"适度"理想型完形的偏离；"认知发现事件"，无论是"发现类"事件，还是"遮盖蒙蔽类"事件，都是对人"意愿"理想型完形的偏离。

"主观识解事件"中的"尊重类"与"轻视类"都隐含着一定的地位差异，是对"自由、平等"理想型完形的偏离，涉及"轻视类"的还关系到对"博爱"理想型完形的偏离；"主观识解事件"中的"预期类"则是对人"预期"理想型完形的偏离，"不偏离的"则构成对人"希望"理想型完形的偏离。

第三节 位移类事件

"位移类事件"即人类在社会生产生活过程中基于各种原因与目的所导致的人与物位置上的"移动变换"，但"位移类事件"基本上不包括"致使类事件"，因为"致使类事件"的显著度要高于"位移类事件"，然而，由于"聚散事件""驱离事件""普通位移事件"（后接位移终点或起点宾语的情况），"位移"的显著度明显高于"致使",所以将其划归在"位移类事件"中。

部分带"趋向补语"的,由于"位移"受到了强化,我们倾向于把它划在"位移事件"中,个别也可能是"计量事件",但如果含有"致使义",或构成"致使结构"的,我们最终还是把它划分到"致使类事件"中。另外,"抓捕"通常都伴随着"位移"或"状态"的变化,鉴于"抓捕事件"的显著性,我们将其划归到"位移类事件"中。

"位移类事件"具体包括"普通位移事件""聚散事件""所有权转移事件""存现事件"和"主观位移事件"。"普通位移事件"基本上是划归不到"聚散事件""所有权转移事件""存现事件"和"主观位移事件"中的"位移事件"。

一 普通位移事件

我们所说的"普通位移事件",主要是指"物理空间"的位移事件,根据凸显的结果不同,我们将其分为"终点位移事件""起点位移事件""路径位移事件"和"零位移事件"。

(一)终点位移

"终点位移事件"主要指凸显位移"终点"的事件,有的是"自愿"的,例如:

(259)祁老人被四大妈搀进屋里去。(《四世同堂》)

(260)半个月后,他被拉进了担架队,与一个黑脸的青年合抬一副担架。(《丰乳肥臀》)

(261)白嘉轩被众人扶上抬架,八个人抬着,绕在他头上身上的黄绸飘飘扬扬。(《白鹿原》)

(262)他被让到了办公室。

例(259)到例(262)中的"屋里""担架队""抬架"和"办公室"都是位移的"终点",此时,句子凸显的是位移的"终点"。

有的动作则是"非自愿"的,例如:

（263）他的双手被捆在背后，随之就被人提起来，才看见他面前站着三个人。(《白鹿原》)

（264）庄稼人被厚厚的积雪封堵在家里，除了清扫庭院和门口的积雪再没有什么事情好做。(《白鹿原》)

（265）她的散开的头发一部分被泪粘在脸上，破鞋只剩了一只，咬着牙，哑着嗓子，她说……(《四世同堂》)

（266）三个月后，反动道会门头子、暗藏的、经常站在高坡上打信号弹的特务门圣武被枪毙在县城断魂桥边。(《丰乳肥臀》)

例（263）到例（266）中的"捆""封堵""粘"和"枪毙"都是"他""庄稼人""她"和"特务门圣武"不愿意发生的。

（二）起点位移

凸显位移"起点"的较少，例如：

（267）从他们的双脚被吊离地面的那一瞬起，直到他们升上杆顶，四个人粗的或细的妈呀爸呀爷呀婆呀的惨厉的叫声使台下人感觉自己也一阵阵变轻失去分量飘向空间。(《白鹿原》)

（268）我在残阳如血的群山间行驶，越驶越远，一个人影被另一个人影从山脊上推下去，飞舞的胳膊晃抖，倾斜的身躯交错，踢起的腿久久印显在嫣红的暮色中……(《玩的就是心跳》)

例（267）与例（268）中的"地面"和"山脊上"都是位移的"起点"，此时，句子凸显的是位移的"起点"。

（三）路径位移

凸显"路径"位移的例子也不算多，例如：

（269）最后，从驾驶棚里钻出两个兵，打开了车后的挡板，身材高大的司马库戴着亮晶晶的手铐，被车上的士兵推下来。(《丰乳肥臀》)

（270）李老人指挥着钉好棺材盖，和尚们响起法器，棺材被抬起来，和尚们在前面潦草的，敷衍了事的，击打着法器，小跑着往前走。(《四世同堂》)

(271) 她的身体渐渐下滑,那张用图钉按在墙上的画片子,被她的脑袋拖下来。(《丰乳肥臀》)

(272) 两只灰鹤被爆竹惊起,向天上飞去。(《四世同堂》)

例(269)到例(271)中的"下来"和"起来"只是凸显位移的"路径"或"方向",例(272)中的"惊"后接的是趋向补语,① 也是凸显位移的"路径"或"方向"。因此,构成的是"位移类事件"。

(四)零位移

还有极少数"位移类事件",实际上可视为"零位移",例如:

(273) 朱先生猛乍扬起被妻子按压着的脑袋问……(《白鹿原》)

(274) 我的包被人动过,那只我一直塞在里面的灰色女用翻包被人抽走了,在装得满满的包里留下一个空档……(《玩的就是心跳》)

例(273)与例(274)中的"按压着"与"动过",最终的位移都是"零",所以,构成的是"零位移事件"。

二 聚散事件

"聚散事件"主要包括两种情况:一种是"由分散到集中",另一种是"由集中到分散"。

(一)由分散到集中

"由分散到集中",多数是反映具体的运动情况,例如:

(275) 散场之后,凡乡约以上的官员都被集中到学校一间教室里,岳维山对他们进行训话……(《白鹿原》)

(276) 他们被集合到操场中间。

例(275)与例(276)中的"集中"与"集合",都是"由分散到集中",但有时也会有比较"抽象"的情况,比如"注目、注

---

① 动词"惊"后如果接的是完成义补语,则构成的是阻碍事件。

意、理睬、吸引"等，例如：

（277）他的威严的脸眼被县城的市民所注目，他的名字很快在本县大街小巷市井宅第被人传说……（《白鹿原》）

（278）八十年代的第一个春天，服刑期满的上官金童怀着羞怯、慌乱的心情，坐在汽车站候车大厅的一个不被人注意的角落里，等待着开往高密东北乡首府大栏镇的公共汽车。（《丰乳肥臀》）

（279）何况仔细费心一思量，那些令他感触不已的事还真有些不好出口，都是些什么事嘛！玩扑克受歧视装病不被理睬……如此最好，一切尽在不言中，正在通与不通之间便得胜还朝。（《我是你爸爸》）

（280）教堂院子里有的人被街上的锣鼓声吸引，仰脸望着超越屋脊的红尘……（《丰乳肥臀》）

例（277）到例（280）都是"抽象"的"集中"，是"注意力"的"集中"，但"吸引类"词语还比较特殊，例如：

（281）呕！即使她的本质就不好吧，她还可爱！每逢一遇到她，他就感到他的身与心一齐被她的黑眼睛吸收了去。（《四世同堂》）

（282）可是及至他看到街上铺户的五色旗，电车上的松枝与彩绸，和人力车上的小纸旗，他的心被那些五光十色给吸住，而觉得国家的丧事也不过是家庭丧事的扩大，只要客观一点，也还是可以悦心与热闹耳目的。（《四世同堂》）

例（281）中"吸收"后接的"去"强调位移，构成"聚散事件"，例（282）中"吸"后接的"住"强调完成，构成"阻碍事件"。前者倾向于表达一个"积极性"事件，后者倾向于表达一个"消极性"事件。

（二）由集中到分散

"由集中到分散"，多数同具体的位移相联系，例如：

（283）街上的雾被炮打散了，德国兵慌乱地躲进胡同里。（《丰

乳肥臀》）

（284）他不知道那是金元时代的遗迹，而只晓得他自幼儿就天天看见它，到如今它也还未被狂风吹散。（《四世同堂》）

例（283）与例（284）中的"打散"与"吹散"，都构成了"由集中到分散"的"具体位移事件"。

三 所有权转移事件

"所有权转移事件"主要涉及"商业"事件、"军事"事件、"政治"事件和"公民权利"事件。

（一）商业事件

"商业事件"主要包括正常合法的"买卖租赁"事件、"雇佣"事件和非法的"拐卖"事件。

1. 买卖租赁

有的是"买卖租赁"事件，例如：

（285）他喜欢看自己的东西变成钱，被自己花了。（《骆驼祥子》）
（286）房子被他卖了。
（287）旱冰鞋被租给了小李。
（288）房子被他租到了。

例（285）到例（288）中的"花""卖""租给"与"租到"都是"买卖租赁"事件。

2. 雇佣

有时，"雇佣"或"解雇"人员工作，我们也视为构成了"所有权转移事件"，例如：

（289）关中地区的城镇和乡村，对被雇佣的工人、店员、长工称为相公……（《白鹿原》）
（290）上官金童被独乳老金解雇后，在日渐繁华的大栏市的大街小巷上游荡。（《丰乳肥臀》）

例（289）与例（290）中的"雇佣"与"解雇"，是对人"使用权"的转移，我们也都视为构成了"所有权转移事件"。

3. 拐卖

人口不能买卖，但现实生活中有时也出现"买卖人口"的现象，例如：

(291) 我四岁的时候，被卖给一个白俄女人。(《丰乳肥臀》)

(292) 四岁的时候，她被人拐卖出来。(《四世同堂》)

例（291）与例（292）中的"卖"与"拐卖"都是"人口的买卖"。

（二）军事事件

"军事事件"往往以"占领"或"侵犯"领土为代表，所以，我们也视作构成了"所有权转移事件"，例如：

(293) 她的西厢房被兵占领。(《丰乳肥臀》)

(294) 这么小的一条胡同，倒有两个院子被日本人占据住，大家感到精神上的负担实在太重。(《四世同堂》)

(295) 一会儿，他又想到，假若被侵略的不去抵抗，不去打死侵略者，岂不就证明弱肉强食的道理是可以畅行无阻，而世界上再没有什么正义可言了么？(《四世同堂》)

(296) 我们的国土不容被侵犯。

例（293）到例（296）中的"占领""占据""侵略"与"侵犯"都是以"占领"或"侵犯"领土为代表的，因此，我们也都视为构成了"所有权转移事件"。

（三）政治事件

从事政治的人十分注意"政治立场"，所以"政治立场"也可视作构成了"所有权转移事件"。例如：

(297) 他被敌人收买，供出了自己的战友。

(298) 他被敌人出卖，身陷囹圄。

例（297）与例（298）中的"收买"与"出卖"都与个人的"政治立场"有关，因此，我们也视为构成了"所有权转移事件"。

（四）公民权利事件

"公民权利事件"主要包括"信息知识产权""人身自由权""政治权利""财产权"和"名誉权"。对部分知识的获得表示新发现的，我们归到"认识事件"中。①

1. 信息知识产权

信息知识产权主要涉及"知识""情报"和"意见"三个方面。三者的区别是："知识"主要服务于人们正常的"生产生活"；"情报"主要服务于特殊领域，如"安全领域"，有时虽然不是安全领域，但主观上认为"比较重要"的也归入此类；"意见"主要体现为"谏言""谏策"，涉及"意见采纳"等问题。

1）知识

"知识"主要是学习或掌握的知识或经验，例如：

(299) 先进的科学技术被他们掌握，迅速用在了实战领域。
(300) 投机取巧那套被他学会，一股脑地用在了工作上。

例（299）与例（300）中"先进的科学技术被他们掌握"与"投机取巧那套被他学会"，都属于我们学习或掌握的知识或经验。

2）情报

"情报"的获得多数是通过"隐喻"或"转喻"实现的，例如：

(301) 鹿兆鹏在大王镇高级小学已经住下整整十天了，难得的安静生活和美好的矿泉水的滋润，使他褪去了疲惫焕发起精神，当这个游丝似的线索被他抓住以后就断然决定……（《白鹿原》）
(302) 马锐的屈辱被夏青，铁军看在眼里，气忿在心头。（《我是你爸爸》）

---

① 在知识获得方面，所有权转移事件与认识事件没有绝对严格的界限，更多的是换角度看问题的事。

(303)"自然也死喽！拚命的事吗！"桐芳回到家中，把这些话有枝添叶的告诉给高第，而被招弟偷偷听了去。(《四世同堂》)

例（301）到例（303）中的"线索被他抓住""屈辱被夏青，铁军看在眼里"与"被招弟偷偷听了去"，都是"情报"的获得，① 构成了"所有权转移事件"。"线索被他抓住"是发生了"隐喻"和"转喻"，"屈辱被夏青，铁军看在眼里"与话"被招弟偷偷听了去"是发生了"转喻"。

3）意见

"意见"主要体现为"谏言""谏策"，涉及"意见采纳"等问题，例如：

(304) 他的意见被采纳，在全局推广。
(305) 经过讨论，他的建议被大家接受。

例（304）与例（305）中的"意见被采纳"与"建议被大家接受"，都涉及"意见采纳"等问题，构成了"所有权转移事件"。

2. 人身自由权

"人身自由权"主要涉及"抓捕事件"："抓捕事件"是对"人身自由权"最大的伤害，所谓"抓捕事件"，即在现实世界中，基于某人犯了某种过错所导致的被"抓捕"，"抓捕"通常都伴随着"位移"或"状态"的变化，所以"抓捕事件"也是"位移类事件"中的一种。另外，我们所提到的"抓捕事件"，是带有"逮捕"意义的，所以一般性的"捆缚"仅仅构成"阻碍事件"，不构成"抓捕事件"②。该类事件也不包括复杂的"致使"情况。"抓捕事件"主要涉及具体的"抓捕动作""拘押"及"候审"或"宣判"事件，同时也涉及

---

① 当然，例（302）与例（303）如果换个角度看，也可以算是认知发现事件。
② 例如，"徐瞎子，你这是成心捣乱，俺家什么地方得罪过你？你那个骚老婆，勾引了司马库，在麦子地里胡弄，被人抓住，她无脸见人，才吃了鸦片。"（《丰乳肥臀》）此例中的"抓住"构成的是"阻碍事件"，而不是"抓捕事件"。涉及人身自由权的还有"释放事件"，但我们认为，那已经属于"恢复类位移事件"了，因此，不归在此处。

相关的"隐喻"与"转喻"表达。

1）抓捕

有的是强调具体"抓捕"动作，例如：

（306）快，快，快不行啦！父亲被捕，弟弟殉难，他正害病；（《四世同堂》）

（307）尽管官兵享有逮着凶手后严刑拷打的权力，但所有人都争当凶手，因为凶手在逃跑时可以捉弄大家，被俘后又有表演的权力，尽可不屈不挠，是游戏中最出风头最有创造性的人物。（《玩的就是心跳》）

例（306）与例（307）中的"被捕"与"被俘"都是强调具体的"抓捕"动作。

2）拘押

有的强调"约束""限制自由"①，例如：

（308）张三被刑事拘押。

（309）被押解的人再也不敢说话，都灰溜溜地低了头。（《丰乳肥臀》）

例（308）与例（309）中的"拘押"与"押解"都是强调"约束""限制自由"。有的还强调"约束"到某一地点，例如：

（310）身子被囚在小屋里，他的精神可是飞到历史中去，飞到中国一切作战的地方去。（《四世同堂》）

（311）她默默地跪倒在佛爷观音菩萨药王爷关帝爷马王爷面前，祈祷各路神主护佑两个时刻都处在生死交界处的儿子……鹿子霖被押监，须得她自作主张的时候，鹿贺氏表现出了一般男人也少有的果决

---

① 文中说的限制自由，多是合法的事件，生活中也有非法事件，例如，"张三被绑架，回不了家。"

和干练,她不与任何亲戚朋友商量,就把老阿公和鹿子霖藏在牛槽底下墙壁夹缝和香椿树根下的黄货白货挖掏出来,把拭净了绿斑的银元和依然黄亮的金条送给那些掐着丈夫生死八字的人,她不仅没有唉声叹气痛心疾首,反而独自开心说……(《白鹿原》)

(312)两列保丁作扇形分开,郝县长被押到主席台下,他已经直不起筒子,脑袋低溜下去,双腿弯着无法站立,全凭着两保丁从两边提夹着。(《白鹿原》)

(313)鹿子霖被押进一间窄小的房子,想不到岳维山书记从套间走出来,动手就解他胳膊上的绳子。(《白鹿原》)

例(310)到例(313)中的"囚在小屋里""押监""押到主席台下"与"押进一间窄小的房子",都是强调"约束"到某一地点。

3)候审或宣判

有的强调"拘押候审"或"宣判",例如:

(314)结果是贪污学生伙食费的总务处长被收审,校长也被撤职。(《白鹿原》)

(315)张三被法院判刑了。

例(314)与例(315)中的"收审"与"判刑"分别强调"拘押候审"和"宣判、施加了刑罚"。

4)隐喻或转喻现象

有的则是发生了"隐喻"或"转喻",例如:

(316)正当他一切准备就绪即将成行的最后日子,县里发生了一件轰动朝野的大事,土匪头子黑娃被保安团擒获,这是他上任营长后的第一场大捷,拎获者白孝文和被活捉者黑娃的名字在整个滋水县城乡一起沸沸扬扬地被传播着……回原上的时日当然推迟了。(《白鹿原》)

(317)那时候,政治上咱受压迫,经济上一贫如洗,小舅被抓走,姥姥,您背着我,讨饭吃,踏遍了高密东北乡一万八千户的门槛。(《丰乳肥臀》)

(318) 万一我被他们逮了去，您就带个信儿给瑞宣。(《四世同堂》)
(319) 不象，绝不象个拉骆驼的！倒很象个逃兵！逃兵，被官中拿去还倒是小事……(《骆驼祥子》)
(320) 他被扣下来了。
(321) 鸟儿韩，鸟儿韩，你是好汉，不能被小日本捉住。(《丰乳肥臀》)

例（316）到例（321）中的"擒获""抓走""逮""拿""扣"和"捉"都是隐喻或转喻"逮捕"。类似的还有：

(322) 他在孝文哥那儿吃晚饭，黑娃来找孝文商量事情，还说了鹿子霖被下牢的事，随后对他说……(《白鹿原》)
(323) 我们一家，被关在司马家的偏房里。(《丰乳肥臀》)
(324) 她已不是摩登的姑娘，而是玉堂春与窦娥，被圈在狱中。(《四世同堂》)
(325) 孝武被任命为白鹿村的总甲长，目睹了鹿子霖被绑的全过程，带着最确凿消息回到家中，惊魂未定地告诉了父亲。(《白鹿原》)
(326) 从他被搡进囚室的头一天起，首先想到能够救他的只有田福贤一个人，只要田福贤出马到岳维山面前死保，他肯定不出半月就可以回家。(《白鹿原》)

例（322）到例（326）中的"下牢""关""圈""绑"和"搡"都是发生了"转喻"，是"逮捕"隐喻或转喻的表达。

3. 政治权利

"政治权利"具体包括"权利赋予""权利剥夺"和"人员选聘"。

1）赋予

"权利赋予"的情况如下：

(327) 他被赋予审查权，专门对提干人员进行考核审查。

(328) 他被赋予新的历史使命,以极大的热情投入下一个工作。

例(327)与例(328)中的"赋予审查权"和"赋予新的历史使命"都是赋予一种"政治权利"。

2)剥夺

"权利剥夺"的情况如下:

(329)从面向着田野的窗户,我看到被剥夺了上学权利的反革命的儿子司马粮和汉奸的女儿沙枣花牵着羊,怔怔地向这边张望着。(《丰乳肥臀》)

(330)他强迫自己拖着身子从床上爬起来时,心里充满怨恨,他觉得自己的某种权利被剥杀了。(《我是你爸爸》)

例(329)与例(330)中的"剥夺了上学权利"和"某种权利被剥杀了",都可以视作剥夺了"广义的政治权利"。

3)选聘

"选聘事件",即在生活中"评聘""提拔""征召"等跟选拔与评聘相关的事件,这类事件主要存在于"政治事件"中。因为"选聘事件"的显著度高于其他类事件,所以,虽然有个别事件会同其他事件相关联,我们还是统一按"选聘事件"处理。具体包括"以上举下"和"以下举上"两种情况。

①以上举下

具体包括"评聘""征招""委任""提拔""撤职"和"调转分配",例如:

其一,评聘。

"评聘"是一种比较常见的选人模式,例如:

(331)冷先生被聘为媒人。(《白鹿原》)

(332)名册的"甲"部都是日本人,"乙"部是伪组织的高官,"丙"部是没有什么实权而声望很高,被日本人聘作咨议之类的"元老","丁"部是地方上有头脸的人。(《四世同堂》)

例（331）与例（332）中的"聘为媒人"和"聘作咨议"构成一种"评聘"类的选人模式。

其二，征招。

"征招"是通过发布公告、参与者报名，最终录用的一种选人模式，例如：

（333）大征丁大征捐的头一年，他让孝武躲到山里去经营中药收购店，不是为了躲避自己被征，而是为了躲避总甲长和保长的差使。（《白鹿原》）

（334）直到天黑，鹿兆鹏被师长亲自招来分配新的任务……（《白鹿原》）

例（333）与例（334）中的"征"和"招"构成一种"征招"类的选人模式。

其三，委任。

"委任"是凸显评聘任务"责任重大""使命光荣"的一种选人模式，例如：

（335）黑娃和弟兄从一开始决定受降招安就潜藏在心底的凝虑很快得以化释，弟兄们全部编为新成立的炮营，黑娃被任命为营长。（《白鹿原》）

（336）大赤包被委为妓女检查所的所长，冠先生不愿把妓女的字样贴在大门外。（《四世同堂》）

例（335）与例（336）中的"任命"与"委（任）"都构成了评聘任务"责任重大""使命光荣"的一种选人模式。

其四，提拔。

"提拔"是凸显选人过程中个人职级等方面的"晋升"，例如：

（337）那支枪很快就成为他手中的一件玩物，第一次实弹演习几乎打了满靶，因此被提为一排一班班副。（《白鹿原》）

(338) 他被提拔为团长。

例（337）与例（338）中的"提"与"提拔"都是凸显选人过程中个人职级等方面的"晋升"。

其五，撤职。

与"任命"相反的就是"撤职""降职"，例如：

(339) 被撤差的巡警或校役，把本钱吃光的小贩，或是失业的工匠，到了卖无可卖，当无可当的时候，咬着牙，含着泪，上了这条到死亡之路。（《骆驼祥子》）

(340) 日本人拿去他的财产，当他被免职的时候。（《四世同堂》）

(341) 再说了，老姨奶奶是人吗？她压根儿就不是人，她原本是百鸟仙子，因为啄了西王母的蟠桃，被贬到人间的，现在，她的期限到了，自然是要回归仙位了。（《丰乳肥臀》）

(342) 被降职为副县长的鲁立人站在前清举人单挺高大坟墓前的石供桌上，声嘶力竭地发表了动员撤退的演讲。（《丰乳肥臀》）

例（339）到例（342）中的"撤差""免职""贬"与"降职"都是与"任命"相反的"撤职""降职"。

其六，调转分配

"调转分配"主要是指工作上的变动，例如：

(343) 国民党和共产党共同组建的国民党省党部宣布解散，共产党和国民党共同组成的省农民协会也被勒令解散停止一切活动，国民党主持陕政的省府于主席被调回国民党中央，一位姓宋的主席临陕接替。（《白鹿原》）

(344) 我说不久我就回了家，去"复转军人安置办公室"报了到，被分到一家挺有名的大药店卖药膏，那药店就在市公安局旁边的大街上……（《玩的就是心跳》）

例（343）与例（344）中的"调"与"分（配）"都是工作上的变动。

②以下举上

"以下举上"具体为"推（荐）""选"，例如：

(345) 白嘉轩被推举为学董，鹿子霖被推为学监。（《白鹿原》）
(346) 还有其他的好些个团体，都约他入会，而且被选为理事或干事。（《四世同堂》）

例（345）与例（346）中的"推举""推（荐）""选"都是"以下举上"。

4. 财产权

财产权主要涉及家产、偷盗、嫁娶和养育四类事件。

1) 家产

"家产"是财产里经常出现的一类财产，例如：

(347) 她亲眼看见她的母亲作了些什么，和怎样被抄家。（《四世同堂》）
(348) 剥夺了地位权力名誉的人们纷纷恢复了权力、地位和名誉，住回了被赶出来的房子，坐上了新车，领回了被没收的财产，活着的各归其位，死了的平反昭雪，所有人都在忙碌捞回失去的时间和其他一切，不但要恢复生活的旧貌还要比过去生活得更好更舒畅。（《玩的就是心跳》）

例（347）与例（348）中的"抄家"与"没收的财产"，都是对家产的一种处置。有的是发生了"转喻"，例如：

(349) 日本军进城，店铺被查封。
(350) 他被抄了。

例（349）中的"查封"是没收财产的一种"转喻"表达，例

(350)中的"他"是转喻"他的财产",意思是"他的财产被抄没了"。

2)偷盗

"偷"是最常见的掠夺他人财产的一种比较"隐蔽"的方式,例如:

(351)他东西被偷了。
(352)他东西被顺了。

例(351)中的"偷"是比较常见的一种侵扰家产的方式,例(352)中的"顺"是侵扰家产的一种"隐喻"表达。有的是发生了"转喻",例如:

(353)他被偷了。
(354)他家被偷了。

例(353)与例(354)中的"他"与"他家"都是"他的财产"的"转喻"表达。"抢"是掠夺他人财产的一种"公开的""比较激烈的"方式,例如:

(355)自己那么不容易省下的几个钱,被人抢去,为曹宅的事而被人抢去,为什么不可以去偷些东西呢。(《骆驼祥子》)
(356)当某一个财东被土匪抢劫财宝又砍掉了脑袋的消息传开,所有听到这消息的男人和女人就会慨叹着吟诵出圣人的这句话来。(《白鹿原》)
(357)他家财物被土匪掠去。
(358)她被土匪掠去。

例(355)到例(358)中的"抢"与"掠"都是掠夺他人财产的一种"公开的""比较激烈的"方式。有的是发生了"转喻"的结果,例如:

（359）他的耳朵被野狗咬去。

（360）对，我们都可以证明你在北京又见着了高洋，而且在我们大家都在场的情况下那把高洋买来当作工艺品后来成了凶器的刀被你据为己有。(《玩的就是心跳》)

例（359）与例（360）中的"咬"与"据为己有"都是"抢"的一种"转喻"表达。

3）嫁娶

"嫁娶"一种是比较常见的"婚俗模式"，也可看作人身"所有权的转移"，例如：

（361）自从她被娶到祁家来，她就忧虑着也许有那么一天，瑞宣会跑出去，不再回来，而一来二去，她的命运便结束在"离婚"上。(《四世同堂》)

（362）她被嫁给了邻村的老王。

（363）你们听吧！你们笑吧！姑夫，人活一世就是这么回事，我要做贞节烈妇，就要挨打、受骂、被休回家。(《丰乳肥臀》)

（364）他近来的心情一直不好，从那个踯躅街头的节日之夜起，他就产生了并总也无法打消被人抛弃的惨淡心境，他觉察到生活重心的倾斜、不平衡。(《我是你爸爸》)

例（361）与例（362）中的"娶"与"嫁"具体指的是"迎娶新娘"与"嫁出新娘"。有的则是发生了"转喻"的结果，如例（363）与例（364）中的"休"与"抛弃"都是解除婚姻关系的一种"隐喻"或"转喻"表达。

4）养育

"养育"也可视作"人身所有权的转移"，例如：

（365）后来，白俄女人酗酒而死，我流落街头，被一个火车站站长收养。(《丰乳肥臀》)

（366）她被奶奶抚养大。

例（365）到例（366）中"收养"与"抚养"都可视作"人身所有权的转移"。

5. 名誉权

我们认为"竞技"和"欺骗"两类事件都涉及人的"名誉"，所以归入"名誉权"中。

1）竞技

最常见的竞技手段就是比"输赢"，例如：

(367) 中国队被美国队赢了。
(368) 张三被李四赢了。
(369) 中国队被美国队打败了。
(370) 张三被李四打败了。

例（367）到例（370）中的"赢"与"打败"都可视作"人身名誉权的转移"，即使得一方的"名誉受损"，而另一方的"名誉提升"。有的是发生了"转喻"，例如：

(371) 张三被李四甩到身后。
(372) 张三被李四超过。
(373) 这次足球比赛被巴西夺冠。
(374) 中国队被美国队赶超。

例（371）到例（374）中的"甩""超过""夺冠"与"赶超"，是用"具体动作"转喻"输赢事件"，它们都可视作"人身名誉权的转移"，即使得一方的"名誉受损"，而另一方的"名誉提升"。

2）欺骗

"欺骗"是对人"名誉权"比较大的侵害，例如：

(375) 他因为知道曼桢和祝家那一段纠葛，觉得顾太太始终一味地委曲求全，甚至于曼桢被祝家长期锁禁起来，似乎也得到了她的同意，不管她是忍心出卖了自己的女儿还是被愚弄了，慕瑾反正对她有

些鄙薄。(《十八春》)
(376) 他被人骗了。
(377) 他被人唬了。
(378) 他被人蒙了。

例 (375) 到例 (378) 中的"愚弄""骗""唬"与"蒙"都可视作"人身名誉权的转移",即使得人的"名誉受损"①。

四 存现事件

事物的"存在"与"消失",都可以看作一种"位移"的现象,因此,我们把这类事件划归到"位移类事件"里。部分趋向动词具有"完成义",因此也被归并在此类。"存现事件"具体分为"出现"与"消失"两类。② 当然,很多其他类位移事件,如果可以做"存现"理解的,也可以归并到"存现事件"里,这是认知语言学"换视角"看问题的结果。

(一) 出现

"出现"主要涉及两种情况:一种情况是"从无到有";另一种情况是"从无关到有关"。

1. 从无到有

"从无到有"这类主要涉及"联通事件",是带"起""进出"类补语的情况。

1) 联通

"联通事件"本身也属于一种"位移类事件",只不过不同的是,一般的"位移类事件"强调路径的"距离"或"方向",而"联通事件"强调位移或联系发生的"可能",因此,我们把"联通事件"也归并到"位移类事件"中。

---

① 当然,"骗"也因为可以表示"使……能……"的意思,而构成"隐性致使事件",我们将在"致使类事件"中予以详尽讨论。
② 这里需要补充说明的是,有时"出现"还是"消失"并不是总能分得很清楚,以常见的"出来"为例,有时凸显的是"出现",但有时凸显的却是"消失",我们应该依据具体"语境"而定,下文例子可资对比借鉴。

(379) 村巷里的道路被一家一户自觉扫掉积雪接通了，村外牛车路上的雪和路两旁的麦田里的雪连成一片难以分辨。(《白鹿原》)

(380) 电话被接通，对面传来一个女人的声音。

(381) 两个村落被公路连在一起。

(382) 隧道被贯通了，工程顺利通过验收。

例(379)到例(382)中的"接通""连""贯通"都可视作构成了"联通事件"，强调位移或联系发生的"可能"，具体构成了"存现事件"中的"出现事件"。

2) 起类

补语是"起(来)"类的，也构成了"存现事件"中的"出现事件"，例如：

(383) 溪水声传播得很远，被岩石激起的一簇簇浪花洁白如雪。(《丰乳肥臀》)

(384) 有一年麦子刚刚碾打完毕，家家户户都在碾压得光洁平整的打麦场上晾晒新麦，日头如火，万里无云，街巷里被人和牲畜踩踏起一层厚厚的细土，朱先生穿着泥屐在村巷里叮咣叮咣走了一遭，那些躲在树荫下看守粮食的庄稼人笑他发神经了，红红的日头又不下雨穿泥屐不是出洋相么？(《白鹿原》)

(385) 母亲重复着这个动作，被她的粗糙的手搅动起来的温热的水味弥漫，清凉的豌豆味儿扑鼻，感人肺腑的血腥味儿如一束利箭射穿了八姐的心。(《丰乳肥臀》)

(386) 我悄悄地把草缨儿往前伸，接近那被乳房撑起来的褂子的缝隙了。(《丰乳肥臀》)

例(383)到例(386)中的"激起""踩踏起"、"搅动起来"和"撑起来"都构成了"存现事件"中的"出现事件"。

3) 进出类

补语是"进出"类的，也构成了"存现事件"中的"出现事件"，例如：

第四章　汉语被字句的事件类型 // 177

（387）她喂完沙枣花，放下奶瓶，解开那件紫貂皮大衣，沙枣花的臊狐狸一样的味道被抖落［搂］出来。(《丰乳肥臀》)

（388）徐仙儿双手拄着竹竿，因为恨极，他把竹竿连连往台上戳，松软的土台子上，被他戳出了一片窟窿。(《丰乳肥臀》)

（389）那两个被魏羊角在混乱中捅出肠子的……(《丰乳肥臀》)

（390）母亲慌忙循原路退出时，才发现，苇塘中模模糊糊的，不知被人脚还是兽蹄踩出的小路纵横交错，她无法分清自己是顺着哪条小路进来的。(《丰乳肥臀》)

（391）她的衣服被荆榛挂破，双脚血迹斑斑，身上被蚊虫叮咬出一片脓疱，头发凌乱，目光呆滞，面孔肿胀，她变成了丑陋不堪的野人。(《丰乳肥臀》)

（392）看见自己的稿子被登出，他都细心的剪裁下来，用学校的信笺裱起，一张张的挂在墙上。(《四世同堂》)

例（387）到例（392）中的"抖落［搂］出来""戳出了一片窟窿""捅出肠子""踩出的小路""叮咬出一片脓疱"和"登出"都表示一种新情况的"出现"，类似的还有：

（393）媒人被拉来时，对白嘉轩也颇多埋怨，表面上做出居中调解不偏不倚的态度，现在突然发生了根本逆转。(《白鹿原》)

（394）生为一个人，他以为，已经是很可怜，生为一个日本人，把可怜的生命全花费在乱咬乱闹上，就不但可怜，而且可笑了！一队一队的囚犯，由外面象羊似的被赶进来，往后边走。(《四世同堂》)

（395）扑嗒一声跪下了，孝文被田福贤押进来，转身就要出门，姑夫朱先生挡住他说……(《白鹿原》)

（396）回来时看见她的嘴死死咬着被角儿，指甲抓掉了，手上的血尚未完全干涸，炕边和炕席上凝结着发黑的血污和被指甲抓抠的痕迹。(《白鹿原》)

例（393）到例（395）中的"拉来""赶进来"和"押进来"也都是一种新情况的"出现"，例（396）中的"抓抠的痕迹"虽然没有出现"进出"类的补语,但也同样表示一种新情况的"出现"。

2. 从无关到有关

"从无关到有关"主要是以独立的"词汇形式"表达的,例如:

(397) 先头侧重于出事那天晚上谁到大拇指窑里去过,聚宴时谁和谁都给大拇指倒过酒敬过酒,谁跟大拇指挨近坐着等等细节,被牵涉被怀疑的土匪一一领受了杖责和捆绑,却没有一个人招认。(《白鹿原》)

(398) 我们就搬过来住,省得被老三连累上!(《四世同堂》)

(399) 六国被秦统一。

(400) 两件事被联系在了一起。

例(397)到例(400)中的"牵涉""连累上""统一"与"联系"都是"从无关到有关"的连接,也是"出现"情况的一种。

(二)消失

"消失"包括"强驱离"和"弱驱离"两种情况。所谓"消失"主要指从某处所被驱逐后,在某处所里发生了"消失",或者被我们视作"消失"。

1. 强驱离

"强驱离"主要包括"驱逐类动词"后带"出来""去""起来""走"等补语的情况,当然,也包括一些独立的"词汇形式"。后接的补语以"出来"和"去"居多。

1) 出来类

"驱逐类动词"后带"出来"的最为多见,例如:

(401) 他被逐出师门。

(402) 他准知道只要打着贺客的招牌,他就不会被人家撵出来,所以他要来吃一顿喝一顿。而且,既无被驱逐出来的危险,他就必须象一个贺客的样子,他得对大家开玩笑,尽情的嘲弄新郎,板着面孔跟主人索要香烟,茶水,而且准备恶作剧的闹洞房。(《四世同堂》)

(403) 黑娃被父亲撵出门以后就住进了这孔窑洞。(《白鹿原》)

(404) 再说后来民国了,我爷爷被鹿钟麟的兵赶出来了。(《玩

的就是心跳》)

（405）破产倒灶了的人家被挤出罗嗦巷，而暴发起来的新富很快又挤进来填补空缺。(《白鹿原》)

（406）曼桢觉得她说的话多少得打点折扣，但是她在祝家被别的佣人挤出来了，这大约是实情。(《十八春》)

（407）这时候，钱太太被兽兵从屋里推了出来，几乎跌倒。(《四世同堂》)

例（401）到例（406）都是由驱逐类动词"逐""驱逐""撵""赶"和"挤"后接"出来"类动词构成，表示"强驱逐"。例（407）是一个比较有意思的例子，"推"可以有驱逐与非驱逐两种语义的理解，例（407）里表现出的是"驱逐义"。

2）去类

"驱逐类动词"后带"去"的也较为多见，例如：

（408）她迷迷糊糊地抡起擀面杖，擂在上官吕氏被揪去了白毛的头顶上。(《丰乳肥臀》)

（409）在后来的一个战役里，司马亭被炮弹皮子削去了右手的三根指头，但他还是忍着痛，把一个断腿的排长背了下来。(《丰乳肥臀》)

（410）"打！打！我没的说！"他咬着牙，可是牙被敲掉。(《四世同堂》)

（411）这是一个逻辑学上的三段论，被省略掉的结论是……(《丰乳肥臀》)

（412）"你们打人就不对，打人犯法！"夏青不屈不挠，被拨拉开，又勇敢地冲上去。(《我是你爸爸》)

例（408）到例（412）都是由驱逐类动词"揪""削""敲""省略"和"拨拉"后接"去""掉"和"开"等"去"类动词构成的，表示"强驱逐"。

3）其他类

"驱逐类动词"少数后带"起来""走""跑"等补语，个别也可不带任何补语，例如：

（413）一群伏在垃圾上休息的苍蝇被她轰起来，嗡嗡地飞行一阵后，重新落下去。(《丰乳肥臀》)

（414）黄昏时分，马锐的一些同学来看望他，被马林生轰走了，拦着门没让进，后来，夏青放学回来也到他家来了，看样子也是来慰问和寄予同情的。(《我是你爸爸》)

（415）几个士兵，紧紧地扯住拴在筏子边上的绑腿带，防止木筏被水冲走。(《丰乳肥臀》)

（416）据警察说尸体已经完全腐烂掉了，只剩一具骨架子，脑壳也不知掉到哪里被什么野兽叼跑。(《玩的就是心跳》)

（417）杨妈走后，他等着被辞。(《骆驼祥子》)①

（418）日本友军在城里，你们要是不和友军合作，就是自讨无趣！友军能够对你们很客气，也能够十分的严厉！你们要看清楚！为不参加游行而被开除的，我必报告给日本方面，日本方面就必再通知北平所有的学校，永远不收容他。(《四世同堂》)

（419）老得躲着，被人追着，最后再碰上昏官说不清也难逃一死。(《玩的就是心跳》)

（420）这一对改名换姓的夫妻，被贬到这偏远之地、看来也是一对倒霉蛋——她穿着一件俄罗斯花布短袖衬衣，一条像豆腐皮一样、皱皱巴巴、哆哆嗦嗦的黑色凡尔丁裤子，脚蹬一双高腰回力球鞋。(《丰乳肥臀》)

例（413）到例（416）是由驱逐类动词"轰""冲""叼"后接"起来""走""跑"等去类动词构成，表示"强驱逐"。例（417）到例（419）中的驱逐动词"辞""开除"和"追"，因为自身"驱逐义"较强，所以其后可以不接补语。例（420）中的驱逐动词"贬"也因为自身较强的驱逐义，所以后面可以不必带"起

---

① 当然，撤职类事件如果着眼于"存现"，也属于"强驱离"事件，这属于认知语言学换视角看问题的结果。此处感谢曾汉英同学校对时的提醒。

来""走""跑"这样的补语，而是选择一个表示运动终点的介宾结构做补语。

2. 弱驱离

"弱驱离"主要包括驱逐类动词后带"走""出"补语的情况，同"强驱离"的区别主要在于"驱离动词"强度较弱。

1）走类

"驱逐类动词"后带"走"的较为多见，例如：

（421）侍守火炉的人用铁钳夹住一只烧成金黄色的铁铧送到方桌跟前，伐马角的小伙掂来一张黄表纸衬在手心去接铁铧，那黄表纸呼啦一下子就变成灰白的纸灰，小伙尖叫一声从方桌上跌滚下来，被接应人搀扶走了。（《白鹿原》）

（422）今年，存货既已卖完，而各矿的新煤被日本人运走，只给北平留下十分之一二。（《四世同堂》）

（423）我发现这张照片，刘炎的照片被人取走了，相簿上空了一块很显眼。（《玩的就是心跳》）

例（421）到例（423）中的驱逐动词"搀扶""运"与"取"都后接动词"走"，整体表示出一种"弱驱离"。

2）出类

"驱逐类动词"后带"出"的也较为常见，例如：

（424）他的世界到了末日！他亲眼看见富善先生被拖出去，上了囚车！他自己呢，连铺盖，衣服和罐头筒子，都没能拿出来，就一脚被日本兵踢出了英国府！他连哭都哭不上来了。（《四世同堂》）

（425）夏青被马锐推出门，站在门外还冲马林生嚷……（《我是你爸爸》）

（426）他揉着蛋子，感到冰在慢慢融化，有一些凉凉的湿气，被揉出来了。（《丰乳肥臀》）

例（424）到例（426）中的驱逐动词"拖""推"与"揉"都

后接动词"出去""出门"和"出来",整体表示一种"弱驱离"。

五 主观位移事件

"主观位移事件"主要包括两类:一类是涉及"常规位置"与"非常规位置"间位移变换的"位移",具体包括"反常规类位移"和"恢复类位移";另一类是涉及"虚拟运动"一类的"位移",即"虚拟位移",以及涉及神话世界里"运动"一类的"位移",即"虚构位移"。

(一)反常规类位移

"反常规类位移"即由"常规位置"到"非常规位置"的"位移",例如:

(427)终于有一天,鸟儿韩在第二十次报告中说,他与这头有神经病的熊展开了一场恶斗,他体力不支,被熊打翻在地。(《丰乳肥臀》)

(428)小孙子在大人的忙乱中被丢弃在火炕上,已经哭叫得嗓音嘶哑,朱白氏偎贴着小孙子的脸,泪珠滚滚却哭不出声,待儿子们哭过一阵子,她就坚决地制止了他们继续哭下去,指令二儿子怀义在书院守灵,让老大怀仁和媳妇回朱家去安排丧葬事项。(《白鹿原》)

(429)她把被我弄乱了的裙领往上扯了扯,低声骂道……(《丰乳肥臀》)

(430)上官金童拼命咀嚼着柳叶子和柳枝,感到这是被遗憾地遗忘了的美食。(《丰乳肥臀》)

例(427)到例(430)中的"打翻""丢弃""弄乱"和"遗忘"都是发生了由"常规位置"到"非常规位置"的"位移",是一种"反常规类位移"。有的不是通过单一的动词表现出来的,例如:

(431)粮食装满木斗后,发粮的人用一块木板沿着斗沿刮过去,高出斗沿的麦子被刮落到地上,这是粮食交易中最公正的"平斗"。(《白鹿原》)

（432）朱先生啥话不说吆着牛进入罂粟地，犁铧插进地里，正在开花的罂粟苗被连根钩起，埋在泥土里。(《白鹿原》)

（433）母亲坐在一只车把上，从篓子里拿出几个被风吹裂的馍，掰成几半，分给他们。(《丰乳肥臀》)

（434）死人被人从坟墓里掘出来。

例（431）到例（434）中的"麦子被刮落到地上""罂粟苗被连根钩起""被风吹裂的馍"与"掘出来"，都是发生了由"常规位置"到"非常规位置"的"位移"，是一种"反常规类位移"。

（二）恢复类位移

"恢复类位移事件"即由"非常规位置"到"常规位置"的位移。"恢复类事件"是同"反常规类事件"相对的一种事件类型，"恢复类事件"，主要有以下几种类型：

"抢救"事件，即把人的生命从"危险境地"重新恢复到人原有的"安全健康"的理想型完形状态。

"释放"事件，即把人从"受约束"的状态重新恢复到"自由"的理想型完形状态。

"清除"事件，即把"杂质"从人或物体上"移除"，恢复到人或物体本来的理想型完形状态。

"醒"事件，即人由"睡眠"或"不清醒"状态恢复到人正常"清醒"的常规型完形状态。

"回"类事件具体包括"返还类"与"回忆类"。"返还类事件"，即人由某一状态恢复到原来的常规型完形状态或人们所"期望"的理想型完形状态。"返还类事件"具体包括退还、收拾、重启、抓回、挡回五类。"回忆类事件"，即人对过往事件的"再现"，倾向于人由某一状态恢复到原来的常规型完形状态，属于"虚拟"的"恢复类事件"。

"抵消替代"事件，即发生了"抵消"或"替代"行为的事件，是一种"假"恢复事件。

有的"恢复类事件"是同"致使类事件"交叉的，但鉴于"恢复类事件"的显著性，我们还是将其归为"恢复类事件"。

1. "抢救"事件

（435）嘉轩一声哭嚎就昏死过去，被救醒时父亲已经穿上了老衣，香蜡已经在灵桌上焚烧。(《白鹿原》)
（436）鹿三被救醒后，断然说……(《白鹿原》)
（437）他被救上岸，捡了一条命。
（438）"一声都不要出，把嘴闭严象个蛤蜊！"同时，他又须设计怎样去报告给祁老人，叫老人放心，一会儿，他又想象着祁瑞宣怎样被救出来，和怎样感激他。(《四世同堂》)
（439）他的病被治好了。
（440）奄奄一息的上官玉女被解救 (《丰乳肥臀》)

例（435）到例（440）中的"救醒""救上岸""救出来""治好"和"解救"，都是使人的生命从"危险境地"重新恢复到人原有的"安全健康"的理想型完形状态。

2. "释放"事件

（441）冠祁二位被放了出来，因为日本人既没法定他们的罪，又不愿多费狱中的粮食。(《四世同堂》)
（442）那五个输家被解下来，做梦也没有想到会有失财复得的事，颤巍巍地从桌子上码数了银元，顾不得被刺刷打得血淋淋的手疼，便趴在地上叩头 (《白鹿原》)
（443）他被释放了。
（444）海南岛被解放。

例（441）到例（444）中的"放了出来""解下来""释放"和"解放"，都是使人从"受约束"的状态重新恢复到"自由"的理想型完形状态。

3. "清除"事件

（445）异己被清除，他现在可以为所欲为。

（446）垄梁两边土地的主人都不容它们长到自家地里，更容不得它们被铲除，几代人以来它们就一直像今天这样生长着。（《白鹿原》）

（447）内鬼已经被清理。

（448）很多老同志被清洗。

例（445）到例（448）中的"清除""铲除""清理"和"清洗"，都是把"杂质"从人或物体上"移除"，恢复到人或物体本来的理想型完形状态。

4. "醒"事件①

（449）上官金童被母亲发出的怪声惊醒，他推了母亲一把，母亲大叫一声坐起来，喘息不迭，冷汗淋漓，半晌方说……（《丰乳肥臀》）

（450）大约半月后的一天夜里，黑娃正睡着，被一阵女人的惊叫声吵醒，拉开门一看，黑牡丹一丝不挂，披头散发，抖抖索索站在月亮下，说大拇指死在她炕上了。（《白鹿原》）

（451）进攻和溃败时都没有害怕而逃亡时却如惊弓之鸟，那原因是端枪瞄准大哥的士兵时他已经豁出去了，而逃亡时他不想豁出去了，他率领的警卫排谁死了谁活着谁伤了谁跑了习旅长死了活了撤走了到哪里去了一概不明，黑娃被露水激醒时看见满天星光，先意识到右手里攥着的折腰子短枪，随之意识到左手抓着一把湿漉漉黏糊糊的麦穗，最后才意识到肩膀挨了枪子儿受了伤，伤口正好与上次习旅长被黑枪子射的相吻合。（《白鹿原》）

（452）他被冻醒了，自己把衣服披上了。

（453）在一个卖杂物的小铺子里，他被一种无法言述的痛苦折磨清醒了。（《丰乳肥臀》）

例（449）到例（453）中的"惊醒""吵醒""激醒""冻醒"

---

① 我们将"救醒"归入"抢救类事件"。

和"折磨清醒",都是人由"睡眠"或"不清醒"状态恢复到人正常"清醒"的常规型完形状态。

5. "回"类事件

"回"类事件具体包括"返还"类与"回忆"类。

1) 返还类事件

人由某一状态恢复到原来的常规型完形状态或人们所"期望"的理想型完形状态,我们将其简称为"返还类事件"。"返还类事件"具体包括"退还""收拾""重启""抓回""挡回"五类。

①退还

(454) 他一向以为自己是受压迫的,因为他的文稿时常因文字不通而被退回来。(《四世同堂》)

(455) 他的诗文,在寄出去以后,总是不久或好久而被人家退还,他只好降格相从的在学校的壁报上发表。(《四世同堂》)

例(454)与例(455)中的"退回来"与"退还",都是由某一状态恢复到原来的常规型完形状态。

②收拾和重启

有的如"收拾"和"重启",例如:

(456) 屋里已被小福子给收拾好。(《骆驼祥子》)

(457) 他被重新启用。

例(456)与例(457)中的"收拾好"和"重新启用",都是人由某一状态恢复到原来人们所"期望"的理想型完形状态。

③抓回

(458) 鹿兆鹏被解回白鹿仓的当天晚上,只在那个临时作为监房的小屋里躺了不到一个小时,随后就被悄悄抬上他父亲亲自赶来的骡马大车,顶替他的替死鬼被强迫换上了他的长袍。(《白鹿原》)

(459) 小陈跑了,被捉回来,当着大伙的面,被狼狗扒了肚子。

《丰乳肥臀》）

（460）不行，还得往深山里走，小日本要完蛋了，被他们抓回去喂狼狗，多冤哪！想起那大头尖屁股的狼狗，他浑身皮紧，那些滴着血的狗嘴，拖着小陈的肠子，像吃粉条一样。（《丰乳肥臀》）

（461）小妞子也要出来，被她的妈扯了回去。（《四世同堂》）

（462）看到钱少奶奶，马老寡妇几乎哭出声来，被长顺搀了回去……（《四世同堂》）

例（458）到例（462）中的"解回""捉回来""抓回去""扯了回去"与"搀了回去"，也都是人由某一状态恢复到原来的人们所"期望"的理想型完形状态。

④挡回

（463）神父本也想笑一下，可是被一点轻蔑的神经波浪把笑拦回去。（《四世同堂》）

（464）他撞到人身上，被人推回来。（《丰乳肥臀》）

（465）我就是到一个认识的港客房里聊天，临走顺了他一皮包，没想到正赶上宾馆清查，都走出走廊了被人堵了回来，包里就区区几千港币耽误了我八年。（《玩的就是心跳》）

（466）他被盾牌挡了回去。

例（463）到例（466）中的"拦回去""推回来""堵了回来"与"挡了回去"，也都是人由某一状态恢复到原来的人们所"期望"的理想型完形状态。

2）回忆类事件

"回忆类事件"，即人对过往事件的"再现"，倾向于人由某一状态恢复到原来的常规型完形状态，属于一类"虚拟"的"恢复类事件"。语义较为"抽象"，例如：

（467）大饥馑的恐怖在乡村里渐渐成为往事被活着的人回忆，朱先生偶然在睡梦里再现舍饭场上万人拥挤的情景，像是一群饿极的狼

争夺一头仔猪，有时在捉筷端碗时眼前猛然现出被热粥烫得满脸水泡的女人的脸，影响他的食欲……(《白鹿原》)

(468) 平常她从来不去注意到这些的，今天也是因为被叔惠劝得有些回心转意了。(《十八春》)

(469) 往事被他回想起来。

(470) 白嘉轩被翻起老账更加气恨羞恼。(《白鹿原》)

例（467）到例（470）中的"回忆""劝得有些回心转意""回想"与"翻起老账"属于"回忆类事件"，都是人对过往事件的"再现"，属于一类"虚拟"的"恢复类事件"。

6. 抵消替代

"抵消替代"事件，即发生了"抵消"或"替代"行为的事件，是一种"假"恢复事件，或者说是"形式"上的恢复，是恢复的一种"特殊"表现，例如：

(471) 他的负能量被孩子天真的笑声抵消了。

(472) 人类被人工智能取代了。

(473) 夕阳斜辉最后照亮了水面便敛芒沉没了，外面已是汪洋分片，碧波清涟被浪飞涌伏替代，雪白的海鸥在蓝色的波涛上飞翔。(《玩的就是心跳》)

(474) 临近黎明时，雨势减小，铁皮屋顶上混乱的轰鸣被有空隙的噼啪声代替，闪电少了些，颜色也由可怕的蓝光和绿光变成了温暖的黄光和白光。(《丰乳肥臀》)

例（471）到例（474）中的"抵消""取代""替代"与"代替"都是发生了"抵消"或"替代"行为的事件，是一种"假"恢复事件，

（三）虚拟位移

"虚拟位移"即指仅发生"虚拟运动"的一类"位移"现象，例如：

（475）假若相对起来，院子便被挤成一条缝，而颇象轮船上房舱中间的走道了。(《四世同堂》)

（476）从原顶到坡根的河川，整个原顶自上而下从东到西摆列着一条条沟壑和一座座峁梁，每条又大又深的沟壑统进几条十几条小沟，大沟和小沟之间被分割出一座或十几座峁梁，看去如同一具剥撕了皮肉的人体骨骼，血液当然早已流尽枯竭了，一座座峁梁千姿百态奇形怪状，有的像展翅翱翔的苍鹰，有的像平滑的鸽子。(《白鹿原》)

（477）他剃着光头，眉毛花白，两只黑色的被细密的皱纹包围着的大眼睛里，深藏着一种令人不敢正视的东西。(《丰乳肥臀》)

（478）鸟儿韩的屁股不停地耸动着，在他的前边，上官来弟高高地翘着臀部，她的双乳在胸前悬垂着，晃荡着，她的被散乱的黑发缠绕着的头颅在鸟儿韩的枕头上滚动着，她的手痉挛地抓着褥子，那些强烈地刺激着他的神经的呻吟声，从散乱的黑发中甩出来，甩出来……(《丰乳肥臀》)

例（475）到例（478）中的"院子便被挤成一条缝""大沟和小沟之间被分割出一座或十几座峁梁""细密的皱纹包围着的大眼睛"与"散乱的黑发缠绕着的头颅"都是涉及"虚拟运动"的一类"位移"，即"虚拟位移"。

（四）虚构位移

"虚构位移"即指仅发生在神话世界中的一类"位移"现象，例如：

（479）孝武回到白刘村，被三个老者拦住，叙说了鹿三被小娥鬼魂附体的事，又把他引到祠堂前的广场上来，那些跪着的族人一下子把他围裹起来……(《白鹿原》)

（480）他的魂被小鬼儿招走了。

例（479）与例（480）中的"鬼魂附体"与"魂被小鬼儿招走"都是涉及神话世界的一类"位移"现象，即"虚构位移"。

六 位移类事件的完形偏离问题

"普通位移事件""聚散事件""所有权转移事件""存现事件"与"主观位移事件"都隐含着一定的"地位差异",是对"自由、平等"理想型完形的偏离,涉及"贬义"的还关系到对"博爱"理想型完形的偏离,例如"拐卖事件""军事事件""政治事件""剥夺事件""撤职事件""偷盗事件""欺骗事件""强驱离事件"以及涉及"人身自由"的事件。

"主观位移事件"中的"反常规类位移"是对常规完形的偏离,"恢复类位移"虽然不是完形偏离,但也都同"完形"相关联。"恢复类事件"中的"抢救"事件、"释放"事件、"清除"事件涉及理想型完形;"醒"事件、"回忆类"事件和"抵消替代"事件涉及常规型完形;"返还"类事件涉及常规型完形或理想型完形。

第四节 击打类事件

"击打类事件"主要包括"击打事件""杀灭事件""阻碍事件"和"控制事件"。"杀灭事件"是击打事件的一种极端表现,"阻碍事件"是一种"被动的"击打类事件,"控制事件"是"击打事件"的一种间接表达。

"击打类事件"与"致使类事件"的最大不同是:前者主要表达一个事件,而后者可拆分为两个事件。另外,虽然言说事件与"口"相关,但并不包括与吞食、杀害相关的事件,这类事件我们还是认定为"击打类事件",因为它们有"破坏"或"伤害"的含义,是破坏或伤害的极限表达。为了详细论述,我们单列一节进行讨论;涉及"叮咬"的我们归为"击打类事件"的隐喻表达。另外,有些表示"完成义"的补语,我们不认为它们同致使义有联系,如"着"(zhāo 虚义)、"住""死"和"倒"等,这些主要表达"完成体",并不表达一个独立的事件;但"掉"除外,因为它更强调"位移"。

一 击打类事件的含义

"击打类事件"在用被字句表达时,主要表现的是"破坏事件"和"伤害事件"。前者强调对"非生命体"的损害,多数表现为具体的击打;后者强调对"生命体",尤其是"人"的损害,多数表现为"抽象"的击打。当然,客观世界是复杂的,"破坏"与"伤害"并举的也是存在的。"击打类动作"通常包括"具体的敲击""自然力[①]的击打"与"情感的打击"。通常来说,"击打"都伴随着物体的位移或状态的变换,有时还蕴含着某种"致使义"或"量"的增减。对以上种种,我们分别归入相应的"位移类事件""致使类事件""计量类事件"。我们现在讨论的"击打类事件"不包括以上三类现象。

(一)破坏事件

1. 敲击

"敲击"类事件是比较典型的"击打事件",例如:

(481)商场被砸,店铺关门,到处一片狼藉。

(482)东北的义勇军又活动了,南口的敌人,伤亡了二千,青岛我军打退了登陆的敌人,石家庄被炸……这些真的假的消息,一个紧跟着一个,一会儿便传遍了全城。(《四世同堂》)

(483)他沮丧地说着,把被砍伐的大森林扔到脑后。(《丰乳肥臀》)

(484)幸而枝子的最高处还挂着几个未被小顺儿的砖头照顾到的红透了的枣子,算是稍微遮了一点丑。(《四世同堂》)

例(481)到例(483)中的"砸""炸"与"砍伐"都是比较典型的"击打"动作,整体构成"击打事件"。例(484)中的"照顾"是"敲击"的"隐喻"和"转喻"表达,也是一类"击打事件"。

---

① 日、月、水、火、风、雨、雷、电构成"自然力"。

2. 自然力

"自然力"导致的"破坏事件",如:

(485) 于大巴掌听到鲁璇儿被烫的消息,提着一支长苗子鸟枪便冲进了上官家家门。(《丰乳肥臀》)

(486) 房子被淹,无家可归,没处待了。

(487) 是,枪枝[支]便横着竖着,扔到了被火把照亮的空地上。(《丰乳肥臀》)

(488) 大树被刮倒了。

例(485)到例(488)中的"烫""淹""照亮"与"刮倒"都是一类特殊的"击打事件",是"火""水""光"和"风"的一种特殊的"击打破坏"方式。有的发生了"词汇化",例如:

(489) 火苗子轰轰响,使人担心锅底被熔化。(《丰乳肥臀》)

(490) 一位族长在大旱之年领着族人打井累得吐血死,井台上至今还可以看到被风化了的白克勤模糊的字迹。(《白鹿原》)

例(489)与例(490)中的"熔化"和"风化",实际上都是动作结构"词汇化"后的结果,类似的还有"腐蚀"等。

(二)伤害事件

1. 敲击

"敲击"类事件是比较典型的"击打事件",例如:

(491) 被打的低下头去,打人的变了招数,忽然给囚犯右肋上一拳,被打的倒在了地上。(《四世同堂》)

(492) 孩子不耐烦了,被大人打了耳光。(《骆驼祥子》)

(493) 为了不让被阉的牛趴下挤开伤口,必须不停地牵着它们走。

(494) 他冷,走到阳光里晒着,看到身上,一道道的鞭痕,有许多白色的化脓小疮,一片片肿胀的包块,被蚊子和小咬叮的。(《丰

乳肥臀》)

例(491)与例(492)中的"打"与"打了耳光"都是比较典型的击打动作,整体构成"击打事件"。例(493)与例(494)中的"阉"与"叮"是"敲击"的"隐喻"表达,也是一类"击打事件"。有的语义比较"间接",例如:

(495)但齐怀远如果无意或有意碰了他一下,譬如说摸了一下他的手,他脸上虽无变化,但被接触部位会倏地一颤,谈话也会戛然而止,似乎什么东西被从他们之间冷丁抽走了,线断了。(《我是你爸爸》)
(496)来弟坦然地脱光了衣服,指点着身上被哑巴虐待过的累累伤痕,哭着抱怨……(《丰乳肥臀》)

例(495)与例(496)中的"接触"与"虐待"都是"敲击"的"隐喻"或"转喻"表达,也是一类"击打事件"。

2. 自然力

"自然力"作用的对象是人或人的一部分,我们也都视作"人",例如:

(497)他被雷击,倒在了地上。
(498)脚背被烫,他又哎哟了一声。(《丰乳肥臀》)

例(497)与例(498)中的"雷击"与"脚背被烫"都是"敲击"的"隐喻"表达,也是一类"击打事件"。

3. 情感击打

"情感"也可以伤害到某一个人,例如:

(499)这是对内奸的,她可以理解,却忍受不住被怀疑被仇恨的压迫和冤屈。(《白鹿原》)
(500)在如血的夕阳辉映下,上官金童目睹了他的七姐被奸污的情景。(《丰乳肥臀》)

（501）他被人欺负，一句话不说。

（502）八姐你被母亲的呕吐声折磨着，你虽然双目失明，但你比我还要清楚地看到了母亲的形象，娘啊娘，你低声抽泣着，光滑的脑门顶在乌黑的墙上。（《丰乳肥臀》）

例（499）中的"仇恨"是一种情感击打，例（500）到例（502）中的"奸污""欺负"与"折磨"不仅存在身体上的伤害，而且是一种情感上的伤害，是"敲击"的一种"隐喻"表达，是另一类的"击打事件"。有的发生了"转喻"，例如：

（503）就感到过去被孝文掏空的心又被他自己给予补偿充实了，人们对族长白家的德仪门风再无非议的因由了。（《白鹿原》）

（504）但手指是剁不掉，掉了手也无济于事，被你摸过了的、吻过了的姑娘正站在你的房间里掩着脸哭泣，她是真哭，不是假哭，泪水从她的指缝里渗出来……（《丰乳肥臀》）

例（503）与例（504）中的"掏空的心""摸过了的"和"吻过了的"，都是通过具体动作"转喻"情感类的"击打事件"。

二 杀灭事件

"杀灭事件"是"击打事件"的一种"极端"表现。

（505）他被人杀了。

（506）那年秉义被人杀害，老阿公从山里赶回，路上遭了土匪，回到家连气带急吐血死去了。（《白鹿原》）

（507）吃够了山珍海味，最后专门要吃黄腿小公鸡腿上那层黄皮，为了满足她的奢欲，司马库家被宰杀的黄腿小公鸡堆积如山！（《丰乳肥臀》）

（508）瘟疫究竟是从何时传上白鹿原的哪个村子，被害致死的头一个人究竟是谁，众说纷纭。而白鹿村被瘟神吞噬的第一个人却是鹿三的女人鹿惠氏，鹿惠氏先是呕吐，随后又拉稀……（《白鹿原》）

例（505）到例（507）中的"杀""杀害"和"宰杀"都是一种"杀灭事件"，例（508）中的"吞噬"①是"杀灭事件"的一种"隐喻"表达。有的是发生了"转喻"，例如：

（509）特使被刺，大概特务不够用的了，所以祁家的埋伏也被调了走。(《四世同堂》)

（510）几年之后，当爆炸大队改编成一个独立团杀回来时，司马支队那些被枪毙的士兵和军官，无不感到委屈。(《丰乳肥臀》)

（511）主持家事的老二白秉义在白鹿原发生的骚乱中被点了天灯，白掌柜赶回家去的途中又遭匪劫，不久就去世了，老大白秉德只好回白鹿原主持家政，盘龙镇中药材收购店就交给吴长贵料理，说定每年交多少银子，其余的盈利全归吴长贵。(《白鹿原》)

（512）即使被填井，我还是骄傲。(《白鹿原》)

例（509）到例（512）中的"刺""枪毙""点了天灯"与"填井"是"杀灭事件"的一种"转喻"表达。

三 阻碍事件

"阻碍事件"，即发生阻碍的事件，它同"控制事件"最大的区别在于："阻碍事件"强调方向相反，"控制事件"强调范围缩小。总的来看，我们对"阻碍事件"从"严"划分，对控制事件从"宽"划分。另外，有的"阻碍事件"会伴随着状态的变化，鉴于"位移事件"和"致使事件"的显著度比较高，我们把带有"位移变化"或"致使状态变化"的"阻碍事件"归为"位移事件"或"致使事件"，个别还可能是"计量事件"；但不包括带有"停止"义动词"死""住""开""倒"等，还有表示时间的"起来""下来""上"等的情况。对于"遮蔽掩藏类事件"，我们认为它还是构成"认识事件"。

"阻碍事件"是一种"被动的"击打类事件，"阻碍事件"具体

---

① 当然，这里的"吞噬"也表达了"高程度量"，构成"计量事件"的一种。

包括"堵""围堵""捆缚"和"纠缠"。

(一) 堵

1. 堵物

"堵物"指的是"物"被堵塞,例如:

(513) 他的英国府被封,他的大天使富善先生被捕,他的上帝已经离开了他。(《四世同堂》)

(514) 下水道被堵住,用不了了。

(515) 白鹿村清静的村巷被各个村庄来的男人女人拥塞起来,戏楼下的广场上人山人海,后台那边不断发生骚乱,好多人搭着马架爬上后窗窥视捆在大柱上的老和尚。(《白鹿原》)

(516) 去你娘的吧!衣服鼓胀起来,像黄色的牛尿脬,顺流而下,在岩石边被阻挡,转几圈,又流下去。(《丰乳肥臀》)

例(513)到例(516)中的"封""堵""拥塞"与"阻挡"构成一种"阻碍事件"。有些虽然不是典型的"堵",但也可作"堵"来理解,例如:

(517) 门被他锁死。

(518) 门被他挤住。

(519) 她现在得到了具体的新鲜的被揉捏奶子时的酥麻,被毛茸茸嘴巴拱着脸颊时的奇痒难支,以及那骡马汗息一样的男人气味的浸润和刺激,如此具体,如此逼真,如此勾魂荡魄!(《白鹿原》)

(520) 她想来想去,除非是他根本没收到那封信,被他家里人截留下来了。(《十八春》)

例(517)到例(520)中的"锁""挤""拱"与"截留"也都可作"堵"来理解,因此,构成一种"阻碍事件"。

2. 堵人

"堵人"指的是"人"被堵塞,例如:

（521）在他已经遥遥看到了那座巨大的体育场，并听到了从那座体育场敞口的上空传出来的近十万以低语交织，汇聚成的犹如一座巨大蜂房般的嗡嗡声时，他被一个手执步话机的警察拦了下来。(《我是你爸爸》)

（522）司马粮跟着骡子跑了两步，被一个士兵拉住，士兵叉着他的胳膊，把他放在他爹司马库方才骑过的那匹马的背上。(《丰乳肥臀》)

（523）他忍着躲着，终于瞅中机会，照一个的脸上迎面砸了一拳，手感告诉他击中了对方的鼻子，那个人趔趔趄趄退了几步被河滩上的石头绊倒了。(《白鹿原》)

（524）他着急吃饭，没吃好，被噎住了。

例（521）到例（524）中的"拦了下来""拉住""绊倒"与"噎住"都构成一种"阻碍事件"。有时发生了"转喻"，人身体的一部分，或属于人功能的一部分，我们基本上也将其视为"人"，因为它只是"人"的"转喻"表达，例如：

（525）鹿子霖的手被挡住了。(《白鹿原》)

（526）看着屋中的东西，都是她的，她本人可是埋在了城外！越想越恨，泪被怒火截住，他狠狠的吸那支烟，越不爱吸越偏要吸。(《骆驼祥子》)

例（525）与例（526）中的"鹿子霖的手被挡住"与"泪被怒火截住"中的"手"与"泪"都是"人"的转喻表达，构成了"阻碍事件"。有的"阻碍事件"比较抽象，例如：

（527）大兵眼被迷住了，小兵偷偷地转到大兵脑后，一手榴弹就把大兵的脑袋砸得葫芦大开瓢。(《丰乳肥臀》)

（528）他不能被这个小泥东西诱惑住，而随便花钱。(《四世同堂》)

（529）他感到不是跟着她，而是被她的气味牵着，走进了一个妖

精的洞穴。(《丰乳肥臀》)

(530) 他随后的二十多年里，又经历过无数次的被盯梢被跟踪被追捕的险恶危机，却都不像这夜的脱身记忆鲜明。(《白鹿原》)

例 (527) 到例 (530) 中的"迷住""诱惑住""牵着""盯梢"与"跟踪"构成了"阻碍事件"，语义比较抽象。有的例子比较特殊，例如：

(531) 司马粮被沙枣花累赘着，无法施展他的速度。(《丰乳肥臀》)

(532) 她现在达到报复的目的却没有产生报复后的欢悦，被预料不及的严重后果吓住了。(《白鹿原》)

例 (531) 中的"累赘"更多地强调"阻碍"，而不是"关联"或"连接"，所以，更多地构成"阻碍事件"，而不是"存现事件"。例 (532) 中的"吓"后接完成义[①]补语，因此构成"阻碍事件"。

(二) 围堵

"围堵"主要是从阻碍"方式"上看的，是指施以"堵"这个动作的人很多，例如：

(533) 在南海的大门前，他们被军警包围着，登记，检查证章证件，并搜检身上。(《四世同堂》)

(534) 被大家围住，老人把话又说了一遍，说得很客观，故意的不带感情，为的是使大家明白……(《四世同堂》)

例 (533) 与例 (534) 中的"军警包围"与"大家围住"都是指施以"堵"这个动作的人很多，也构成了"阻碍事件"。有的是一种"隐喻"表达，例如：

---

① "吓"后接"趋向补语"时，才可能构成"位移事件"。

（535）她慌忙爬起来，看到高大的祖母跪在被香烟缭绕着的观音像前。(《丰乳肥臀》)

（536）她的心被享受与淫荡包围住。(《四世同堂》)

（537）在这个漫长的严冬里，我的吃奶过程被惶惶不安的情绪笼罩着，当我的嘴衔住左边的奶头时……(《丰乳肥臀》)

（538）小渔村被群山环抱。

例（535）到例（538）中的"香烟缭绕""享受与淫荡包围""惶惶不安的情绪笼罩"与"群山环抱"都是"围堵"的一种"隐喻"表达，也都构成了"阻碍事件"。

（三）捆缚

"捆缚"是比较常见的一种"阻碍事件"，例如：

（539）鹿子霖最初从小学校门口瞥见郝县长的一瞬间，眼前出现了一个幻觉，那被麻捆缚的人不是郝县长，而是儿子鹿兆鹏。(《白鹿原》)

（540）杀人场地选择在县立白鹿镇初级小学的土围墙西边，离墙五尺挖着一排七个深坑，七个被捆绑着的人面对墙壁，穿着显眼的是唯一身着褐色袍衫的鹿兆鹏，他跪伏在中间，其中六个被宣布为杀人抢劫截路挡道的土匪和贼娃子。(《白鹿原》)

例（539）与例（540）中的"捆缚"与"捆绑"构成了"阻碍事件"。有的是发生了"转喻"，例如：

（541）黑娃再被押回监狱后换了一间房子，密闭的墙壁上只开了一个可以塞进一只中号黄碗的洞，脚腕上被砸上了生铁铸成的铁镣。(《白鹿原》)

（542）我们挣扎着，哭嚎着，除了拖延了一些时间之外，但最终结果还是被反剪着胳膊，高高地吊在司马库家粗大牢固的松木屋梁上。(《丰乳肥臀》)

例（541）与例（542）中的"砸上了生铁铸成的铁镣"与"反剪着胳膊"都是"捆缚"的一种"转喻"表达，也都构成了"阻碍事件"。

（四）纠缠

"纠缠"是被人缠绕无法脱身，也视为构成了"阻碍事件"，例如：

(543) 他的心象一个绿叶，被个虫儿用丝给缠起来，预备作茧。（《骆驼祥子》）

(544) 他被人纠缠，不能脱身。

(545) 伙计们，今日被这个小子黏糊上了，看来是非杀了他不可了。（《丰乳肥臀》）

例（543）中的"缠"语义较为具体，就是"虫儿用丝给缠起来"，例（544）中的"缠"语义较为抽象，是言语或行为上的"纠缠"，例（545）中的"黏糊"则是"缠"的一种"隐喻"表达，这些都构成了"阻碍事件"。

四 控制事件

"控制类"主要是对被控制者的"影响"或"操控"，或者说，被控制者是在他人操控或影响过程中进行某事，"控制事件"是"击打事件"的一种"间接"表达，例如：

(546) 她现在得到了具体的新鲜的被揉捏奶子时的酥麻，被毛茸茸嘴巴拱着脸颊时的奇痒难支，以及那骡马汗息一样的男人气味的浸润和刺激，如此具体，如此逼真，如此勾魂荡魄！（《白鹿原》）

(547) 我的温柔的白鸽！它们扑楞［棱］翅膀挣扎，紧紧地缩着身体，缩呀缩呀，缩得不能再小，然后又突然膨胀开，翅羽翻动，渴望着展翅欲飞，飞向辽阔无边的原野，飞进蓝天，与缓缓翻动的云朵为伴，让和风沐浴，被阳光抚摸，在和风里呻吟，在阳光中欢唱，然后，宁静地往下坠落，坠落进无底的深潭。（《丰乳肥臀》）

(548) 被我翻弄过的页码和未打开的页码黑白分明。(《玩的就是心跳》)

例(546)到例(548)中的"揉捏""抚摸"与"翻弄"都是一种"抚摸",我们认为构成了一种"控制事件"。类似的还有"调教""斗""游"与"整":

(549) 被鹦鹉韩精心调教过的云雀把两个大宫灯唱得颤颤悠悠,简直是美妙绝伦,令人留[流]连忘返。(《丰乳肥臀》)
(550) 从他进入白鹿仓的那天后晌起,连续两天三夜都被前来拜见的人封堵在屋子里不得出门,被斗被游被整过的乡绅财东们一把眼泪一把鼻涕一口血气地哭诉自己的苦楚,好些农协积极分子或者是他们的老子却满面羞愧地向他忏悔。(《白鹿原》)

例(549)与例(550)中的"调教""斗""游"与"整"构成的也是"控制事件"。有的比较"抽象",例如:

(551) 我被一种幼稚的情感所支配,像个孩子似的一会儿热泪盈眶,一会儿兴奋地笑,毫不害羞。(《玩的就是心跳》)
(552) 她的脸被红光笼罩,像涂了一层血,嘴巴因为愤怒变歪了。(《丰乳肥臀》)

例(551)与例(552)中的"支配"与"笼罩"构成的也是"控制事件",只不过语义比较"抽象"。有时用"V来V去"结构,变相地表示一种"控制事件",例如:

(553) 二儿子怀义站在后头,不太关注父亲对侄儿的评头论足,有点冷漠地瞅着侄儿被传来接去,又回嫂子怀里吸吮奶子。(《白鹿原》)
(554) 他被人们推来搡去,歪歪斜斜,晕头转向。(《丰乳肥臀》)

例（553）与例（554）中的"传来接去"与"推来搡去"不只表达动作的反复，而且构成了"控制事件"，"V来V去"仅是"控制"的一种表达方式。

五　击打类事件的完形偏离问题

"击打类事件"都隐含着一定的地位差异，击打者都处于优势地位，被击打者都处于劣势地位，是对"自由、平等"理想型完形的偏离，涉及"贬义"的还关系到对"博爱"理想型完形的偏离，例如"破坏事件""伤害事件""杀灭事件"等。"击打类事件"符合本书提到的完形偏离问题。

第五节　计量类事件

"计量类事件"有时会同其他类事件交叉，但鉴于"计量类事件"的显著性，我们都做"计量类事件"理解。"致使类事件"中的"动结式"，大多数表达的都是一种"极限量"，因此，我们也把它归并到"计量类事件"中，主要包括"事物量""动作量"和"主观量"。由于汉语有极强的"主观性"，讨论时如果出现同"主观量"的交叉现象，本书不做更严格的区分。

一　事物量

"事物量"主要包括"周遍量""高程度量""数目量""模糊量"和"距离变量"。

（一）周遍量

事物的"周遍量"包括"全有"与"全无"两类，主要包括"满、全、都""空、透、光"和"灭、毁、绝、尽、死、净"等类。

1. 全有

1）满、全、都类

我们经常用副词表达"周遍量"，"周遍量"总与"满""全""都"意思比较接近，表达空间上的"布满""遍布"，例如：

（555）被司马库烧断了三块桥石的蛟龙桥早已被洪水淹没，只有翻卷的巨流和震耳的喧哗表示着它的存在，两岸河堤上的灌木全被淹没，偶尔露出几根挑着绿叶的枝条。(《丰乳肥臀》)

（556）他的生活秩序完全被弄乱了，他不敢再希望什么，不敢再自信。(《四世同堂》)

（557）老三正在床上躺着，看一本线装书——洋书都被大哥给烧掉，他一来因为无聊，二来因要看看到底为什么线装书可以保险，所以顺手拿起一本来。(《四世同堂》)

（558）当场，文氏夫妇均被击毙。(《四世同堂》)

例（555）到例（558）中的"全""完全""都"和"均"，都是对事物进行的"计量"，表示的是一种"周遍量"，构成了一种"计量类事件"。有时会在补语位置出现"周遍量"，例如：

（559）二强嫂是全院里最矮最丑的妇人，囔脑门，大腮帮，头上没有什么头发，牙老露在外边，脸上被雀斑占满，看着令人恶心。(《骆驼祥子》)

（560）被我洒了身牛奶的小伙子解释，"算了算了，咱们走吧！"他对其他小伙子说，"哥们儿就算了。"(《玩的就是心跳》)

例（559）与例（560）中的"满"和"身"①，都是对"事物"进行的"计量"，表示的都是一种"周遍量"，构成了"计量类事件"。

2）其他

有时用比较复杂的形式表示"周遍量"，例如：

（561）凡是被他们冠以这一评介者他们谈起来都使用最轻蔑的口气。(《我是你爸爸》)

---

① "身"实际上是"全身"的省写。

例（561）中的"冠以……评介者"是对"事物"进行"周遍性"概括的"计量"，表示的是一种"周遍量"，构成了"计量类事件"。

2. 全无

有时是与"全有"相对的"全无"，例如：

1）空、透、光类

"空、透"类如下：

（562）南方的出产被日本人搬空。（《四世同堂》）

（563）铺地的方砖底下被老鼠掏空，砖块下陷。（《白鹿原》）

（564）他的两片耳轮被白光穿透，能看到血在他的耳朵里循环。（《丰乳肥臀》）

（565）鼻孔里喷出的气灼热，但脊梁和肚子却冰凉，汗湿的衣服被北风吹透，变成僵硬的铁皮。（《丰乳肥臀》）

（566）被汗浸透的皮革鞍具，放出酸溜溜的气味。（《丰乳肥臀》）

（567）母亲从积满灰尘的梁头上，拿下那张被虫子蛀得千疮百孔的鸟仙图，挂在厢房的北壁上，演讲归来的鸟儿韩一看到这张图画，便说……（《丰乳肥臀》）

例（562）与例（563）中的"搬空"与"掏空"，表示"南方的出产"与"方砖底下"全都已经移空，反映出"南方的出产"与"方砖底下""全部移出"的一种"周遍量"，构成了"计量类事件"。例（564）到例（567）中"白光穿透""北风吹透""汗浸透"和"虫子蛀得千疮百孔"，也都表示"全部穿过"的一种"周遍量"，构成了"计量类事件"。

"光"类如下：

（568）那一次，是中秋节吧，哥哥喝醉了，去串老婆门子，被人剥光了衣裳，吊在大槐树上。（《丰乳肥臀》）

（569）那个被剥成光腚猴子的小兵，双手捂着累累果实，也往河里看。（《丰乳肥臀》）

(570) 我被他们剥得一丝不挂。(《丰乳肥臀》)

例（568）到例（570）中的"光""光腚"和"一丝不挂"，表示完全没有遮盖物，反映出的也是"全无遮盖物"的"周遍量"，构成了一种"计量类事件"。

2）灭、毁、绝、尽、死、净类

"灭、毁"类如下：

(571) 革命的战友们，贫下中农们，拿枪的敌人被消灭之后，拿铜钱的敌人依然存在，他们必以十倍的狡猾、百倍的疯狂和我们斗争……(《丰乳肥臀》)

(572) 屋子里噗地响了一声，油灯被吹灭了。(《丰乳肥臀》)

(573) 多么高大的天安门啊，每人分得那么小的一块糖！中日亲善啊，每人分得一块糖，在保定被毒气与炸弹毁灭之后！昭和糖与小旗子都被扔弃在地上。(《四世同堂》)

(574) 我问他战事，他就说被打毁的坦克、燃烧的村庄、湍急河流上的浮桥、郁郁葱葱的丛林和一些从头上飞过的高射机枪子弹。(《玩的就是心跳》)

例（571）到例（574）中的"消灭""吹灭""毁灭"与"打毁"，都表示"毁灭"，是表示"全无"的一种"周遍量"，构成了"计量类事件"。

"绝、尽"类如下：

(575) 民众被屠杀。

(576) 自然，我凭良心说，我也不能希望日本人因为他们的罪恶而被别人杀尽。(《四世同堂》)

例（575）与例（576）中的"屠杀"和"杀尽"，是对"事物"进行的计量，表示的都是一种"全部杀灭"的"周遍量"，构成了一种"计量类事件"。

"死、净"类如下：

（577）这些孩子与大人大概随时可以饿死冻死，或被日本人杀死。（《四世同堂》）

（578）三个弟兄只剩下他一个人了！象幼年过盂兰节似的，瑞宣想起全北平，全中国的千千万万被杀的，被炸的，被奸的，被淹死的，被活埋的，男男女女。（《四世同堂》）

（579）原先光滑洁白的来弟，被孙不言整得像一条刮去鳞片的死鱼。（《丰乳肥臀》）

（580）街上刮着强劲的风，路面被刮得干干净净，行人都穿得很严实，捂着帽子戴着口罩只露出一双眼睛匆匆走着。（《玩的就是心跳》）

（581）白奶羊挑三拣四地吃着嫩草尖儿，被露水洗净了的长脸上有一种贵族小姐的傲慢神情。（《丰乳肥臀》）

例（577）到例（579）中的"杀死""淹死"与"死鱼"，都表示"毁灭"，是表示"全无"的一种"周遍量"，构成了"计量类事件"。例（580）与例（581）中的"刮得干干净净"与"洗净"，都表示"净尽"，是表示"全无"的一种"周遍量"，构成了"计量类事件"。

3）其他

有时用比较复杂的形式表示"周遍量"，例如：

（582）一个也没有被列为重点怀疑对象，韩裁缝照样把裁衣案子摆在铺子门口的撑帐下，用长长的竹尺和白灰笔画切割线，士兵们连问他的闲心都不曾有过。（《白鹿原》）

例（582）中的"一个也没有"是通过否定极小量而否定全量，表示的是一种"周遍量"，构成了"计量类事件"。

（二）高程度量

事物的"高程度量"主要表现为"平、垮、塌、倒、昏"类，

"破碎、裂、断、融化"类，"沸、燃、焦、乱、烂"类，"惊、吓、怕、哭、急、贪"类，"干、湿、亮、僵、深、淡、色"类，"残、肿、病、哑、瞎、肥"类和"声响"类。

1. 平、垮、塌、倒、昏类

（583）可是，我印象中这个院在十年前全国大兴土木搞城市建设的浪潮中已经被拆毁，假山推平，太湖石卖给了公园，树木尽伐，金鱼池填平埋了暖气管道，在被铲平的原址上军队盖了一栋栋整齐划一的公寓楼。(《玩的就是心跳》)

（584）桥被压垮。

（585）他们一起投入到守城的斗争中去，和素不相识的市民搜集石块，就连铺地的青石条，居民宅院门口的石板，垒砌路边的砂石块，也都被挖下来撬起来抬到城墙上去，补堵被围城的军队用枪炮轰塌的城墙豁口。(《白鹿原》)

（586）小心，小心别被椅子绊倒，从左边绕着走嘛，左边空边大……（《我是你爸爸》)

例（583）到例（586）中的"铲平""压垮""轰塌"与"绊倒"，都表示人或物发生了"异常态"——"平""垮""塌"与"倒"，且程度"比较深"，是"高程度量计量"。有的则是一种"引申义"，例如：

（587）河川地是一年雨季收成的金盆盆，鹿家近几年运道昌顺，早就谋划着扩大地产却苦于不能如愿，那些被厄运击倒的人宁可拉枣棍子出门讨饭也不卖地，偶尔有忍痛割爱卖地的大都是出卖原坡旱地，实在有拉不开栓的人咬牙卖掉水地，也不过是三分八厘，意思不大。(《白鹿原》)

（588）母亲被气昏了，忘记了鸟仙的广大神通，飞起一脚，踢中三姐的大腿。(《丰乳肥臀》)

例（587）与例（588）中的"被厄运击倒"与"被气昏"，都表示人发生了"异常态"——抽象义的"人被厄运击倒"与"人被气昏",且程度"比较深",是"高程度量计量"。

2. 破、碎、裂、断、融化类

"破、碎"类如下:

(589)高第一脚的露水,衣服被花枝挂破了好几个口子,头上一个包,头发也碰乱,看了看自己,看了看钱先生,觉得非常的好笑。(《四世同堂》)

(590)我们孩子头被他们打破了,我带他上医院缝的针。(《我是你爸爸》)

(591)鹿兆鹏掬着分发到手的锅盔细条时,深为惋惜,完整的锅盔和美丽的图案被切碎了,脑子里浮现出母亲在案板上放下刚刚出锅的锅盔的甜蜜的情景。(《白鹿原》)

(592)几十个人抱着一根木头撞击大门,门板被撞碎,却发现里头已经用砖封死了。(《白鹿原》)

例(589)到例(592)中的"挂破""打破""切碎"与"撞碎",都表示人或物发生了"异常态"——"破"与"碎",都隐含着"程度深"的含义,是"高程度量计量"。

"裂、断、融化"类如下:

(593)那晚上可真是奇冷怪冷,河里的冰被冻裂,炸开一条条宽纹,裂冰时的嘎叭〔巴〕声比步枪射击的声音还要响亮。(《丰乳肥臀》)

(594)河上的冰被震裂,河水汹涌地冒上来,河水中有鱼有虾,还有一些青盖的鳖。(《丰乳肥臀》)

(595)白嘉轩看着鹿子霖挖出一大片湿土,被割断的羊奶奶蔓子扔了一堆,忽然想起以卖地形式作掩饰巧取鹿子霖慢坡地做坟园的事来,儿子孝文是县长,也许正是这块风水宝地荫育的结果。(《白鹿原》)

(596)在三九天那些最冷的日子里,大雪弥漫,堵塞住门户,院子里的树枝被积雪压断。(《丰乳肥臀》)

（597）成千上万发炸弹爆炸时掀起的灼热的气浪把冰封三尺的严冬变成了阳春，白天时司马亭看到在被热血烫融了的积雪旁边盛开了一朵金黄的蒲公英花朵。(《丰乳肥臀》)

例（593）到例（597）中的"冻裂""震裂""割断""压断"和"烫融"，都表示人或物发生了"异常态"——"裂""断"与"融"，都隐含着"程度深"的含义，是"高程度量计量"。

3. 沸、燃、焦、乱、烂类

"沸、燃、焦"类如下：

（598）她路过赵寡妇的锅前时，寡妇的手突然剧烈地颤抖起来。她们是仇人相见，分外眼红。但连这样的杀夫之仇也未能让赵寡妇违背，"雪集"不说话的契约。但我看到她被怒火烧沸了的血液在加速循环。(《丰乳肥臀》)

（599）沙梁上跃出一些人，抱着点燃的高粱秸子，扔到坦克的肚子上，它们被烧得蹦高儿。(《丰乳肥臀》)

（600）明火熄灭以后，未燃尽的粮堆仍然在夜里透出红光，整个村庄和田野里都弥漫着一股馍馍被烤焦了的香味儿。(《白鹿原》)

例（598）到例（600）中的"烧沸""烧得蹦高儿"和"烤焦"，都表示人或物发生了"异常态"——"沸""烧得蹦高儿"与"焦"，都隐含着"程度深"的含义，是"高程度量计量"。

"乱、烂"类如下：

（601）他的头发被剪得乱七八糟，贴着纱布，可以看到渗透纱布的血渍和边缘的褐黄碘酒。(《我是你爸爸》)

（602）早早上床睡觉了的刘会元，被接连不断的电话铃声弄得心烦意乱，赤脚下地拿起电话。(《玩的就是心跳》)

（603）孝文继续往东南走，越往南走人地愈生疏，一天两天也难得讨一口剩饭一块馍，却不断遭到恶狗的袭击，迫使他捡起一根木棍，而腿脚上被狗咬烂的伤口开始化脓，紫红的脓血从小腿肚上流过

脚腕灌进鞋帮里。(《白鹿原》)

(604) 无数的苍蝇仿佛从天而降,落在被马蹄踩得稀烂的尸体上,落在地面的污血上,落在植物的茎叶上,也落在司令的身体上。(《丰乳肥臀》)

例(601)到例(604)中的"剪得乱七八糟""弄得心烦意乱""咬烂"和"踩得稀烂",都表示人或物发生了"异常态"——"乱"和"烂",都隐含着"程度深"的含义,是"高程度量计量"。

4. 惊、吓、怕、哭、急、贪类

"惊、吓"类如下:

(605) 盲老头的孙女被洋女人脖子上的红狐狸吓破了胆,双手搂住爷爷的腿,藏在爷爷的身后。(《丰乳肥臀》)

(606) 他弯下腰去亲近鲁胜利,她却被吓哭了。(《丰乳肥臀》)

(607) 秃头被司马粮骂得张口结舌。(《丰乳肥臀》)

(608) 我这几天被这些事弄得魂不附体,整个梦游一样。(《玩的就是心跳》)

例(605)到例(608)中的"吓破了胆""吓哭了""骂得张口结舌"和"弄得魂不附体",都表示人或物发生了"异常态"——"惊恐",都隐含着"程度深"的含义,是"高程度量计量"。

"怕、哭、急、贪"类如下:

(609) 瑞宣从心里讨厌约翰,他以为约翰是百年来国耻史的活证据——被外国人打怕,而以媚外为荣!他愣在了那里,不晓得怎样应付约翰才好。(《四世同堂》)

(610) 小孩子被挤哭了。(《丰乳肥臀》)

(611) 六个妹妹中,有三个咧着大嘴嚎哭,另外三个,捂着耳朵趴在地上,屁股高高地翘着,好像荒草甸子里那种傻笨傻笨、被人追急了便顾头不顾腚的秃尾巴鸟儿。(《丰乳肥臀》)

(612) 他坐在来弟身旁,他身上蓬勃如毛的野草味道和清凉如水

的月光味道被来弟贪婪地吸食着,令她清醒令她迷醉,令她舒适令她猖狂。(《丰乳肥臀》)

例(609)到例(612)中的"打怕""挤哭""追急"和"贪婪",都表示人或物发生了"异常态"——"怕""哭""急"和"贪婪",都隐含着"程度深"的含义,是"高程度量计量"。

5. 干、湿、亮、僵、深、淡、色类
"干、湿"类如下:

(613)华北的血脉被敌人吸干!那些中国的银行还照常的营业,他想不出它们会有什么生意,和为什么还不关门。(《四世同堂》)

(614)她的美丽的眼睛突然又明亮起来了,泪水被火苗子烤干了,她说……(《丰乳肥臀》)

(615)四大妈的水没烧开,瑞宣已经告辞,她十分的抱歉,硬说柴火被雨打湿了……(《四世同堂》)

(616)一见妞子不动了,韵梅扑在小女儿身上,把那木然不动,被汗水和泪水浸湿了的小身子紧紧抱住。(《四世同堂》)

例(613)到例(616)中的"吸干""烤干""打湿"和"浸湿",都表示人或物发生了"异常态"——"干"和"湿",都隐含着"程度深"的意思,是"高程度量计量"。

"亮、僵、深、淡、色"类如下:

(617)百姓们全都穿着黑色的,被一个冬天的鼻涕、油灰污染得发了亮的棉袄,上了年纪的男人,多半拦腰扎着一根草绳。(《丰乳肥臀》)

(618)大雪以后的寒冷里,瘟疫疯张[长]的蹄爪被冻僵了,染病和病人的频率大大缓减[解]了。(《白鹿原》)

(619)她有吸烟的习惯,洁白牙齿被熏得焦黄。(《丰乳肥臀》)

(620)我背着左眼仅存一点光感的母亲,用了整整五个小时,才拐弯抹角地,在茂腔剧团演员宿舍后边那条被化学染料厂泄出来的污

水浸紫了的小胡同里，找到了重新恢复的教堂。(《丰乳肥臀》)

(621) 她的哭，原意也许是借此下台，但是哭到后来，却悲从中来，觉得前途茫茫，简直不堪设想，窗外已经天色大明，房间里一盏台灯还开着，灯光被晨光冲淡了，显得惨淡得很。(《十八春》)

例 (617) 中的"发了亮"，表现的是"棉袄"已经被污染得发亮，反映出的是一种"高程度量"。例 (618) 到例 (621) 中的"冻僵""熏得焦黄""浸紫"和"晨光冲淡"，都表示人或物发生了"异常态"——"僵""特别黄""深紫色"和"淡"，都隐含着"程度深"的意思，是"高程度量计量"。

6. 残、肿、病、哑、瞎、肥类

"残、肿、病、哑、瞎、肥"类如下：

(622) 说吓软了不见脚颤抖，说被打残了又看不见伤势。(《白鹿原》)

(623) 他揭开铁盒，抠出一些橙色的油膏，涂在母亲被蚊虫咬肿了的脸上，手上。(《丰乳肥臀》)

(624) 她被雨水淋病。

(625) 嗓子被烧哑。(《四世同堂》)

(626) 养兵千日，用兵一时，今日就是被乌鸦啄瞎了眼珠子，啄出脑浆子，咱也得把这事办利索了。(《丰乳肥臀》)

(627) 公民们，纳税人们！他们，那些被人民的血汗喂肥了的臭虫们，骂我是精神病患者。(《丰乳肥臀》)

例 (622) 到例 (627) 中的"打残""咬肿""淋病""烧哑""啄瞎"和"喂肥"，都表示人或物发生了"异常态"——"残""肿""病""哑""瞎"和"肥"，都隐含着"程度深"的意思，是"高程度量计量"。

7. 声响类

"声响"类有时会超过常规音量，例如：

（628）我们爬到顶层，高空风很大，楼窗户被吹得"哐哐"作响。（《玩的就是心跳》）

（629）还是顾太太在隔壁房间里听见水壶盖被热气顶着，咕嘟咕嘟响，她忍不住在外面喊了一声……（《十八春》）

（630）麦穗儿被晒得噼噼啪啪响着，扔一个火星进去，便能引起满场大火。（《丰乳肥臀》）

例（628）到例（630）中的"窗户被吹得'哐哐'作响""热气顶着，咕嘟咕嘟响""麦穗儿被晒得噼噼啪啪响"，都表示人或物发生了"异常声音"——拟声词全部用的是重叠形式，隐含着"程度深"的意思，是"高程度量计量"。有时还用"否定"表示声音极大的"高程度量"，例如：

（631）曼桢忽然想到慕瑾初到上海来的时候，每夜被嘈杂的市声吵得不能安眠，她恰巧和他掉了个过。（《十八春》）

（632）但是慕瑾仍旧很珍惜地把那些书一本本都擦干了，因为他想起从前住在曼桢家里的时候，晚上被隔壁的无线电吵得睡不着觉，她怎样借书给他看。（《十八春》）

（633）这个铁打的女人，被怪病折磨得昼夜嚎叫，院子里的墙角上，梨树粗糙的硬皮上，都留下一些血淋淋的东西——那是她蹭痒时留下的痕迹。（《丰乳肥臀》）

例（631）与例（632）中"嘈杂的市声吵得""无线电吵得"不能睡觉，例（633）中"怪病折磨得昼夜嚎叫"，都表示人或物发生了"异常态"——"无法睡觉"，它们都隐含着"程度深"的意思，是"高程度量计量"。

（三）数目量

"数目量事件"仅指一种简单计量，是没有太多"主观"或"极限"数量的情况，例如：

（634）联上储存的捐款没有来得及上交就抢掠一空，联上的保丁

被打死五个伤了三个,白孝文据此判断保丁们多数都躲起来根本未作抵抗。(《白鹿原》)

(635) 已经腐烂的脚指[趾]被砸断了一个。(《四世同堂》)

(636) 菊花下市的时候,夏太太因为买了四盆花,而被女仆杨妈摔了一盆,就和杨妈吵闹起来。(《骆驼祥子》)

例(634)到例(636)中"打死五个伤了三个""脚指[趾]被砸断了一个"和"四盆花……摔了一盆",它们都是简单计量。

(四) 模糊量

汉语有些量是"模糊"的,例如:

(637) 假若他的钟点真的被减去一半或多一半,他怎么活着呢?(《四世同堂》)

(638) 有人说在一个杂耍班子里见过他,有人说在湖边发现了一具被老鹰啄得面目不清的男孩尸首,有一队从东北回来的民夫,竟说在鸭绿江的铁桥边上见过他,那时,朝鲜半岛战火熊熊,美国的飞机日夜轰炸着江桥……(《丰乳肥臀》)

(639) 曼桢被他笑得有些不好意思起来,一扭身伏在阳台栏杆上。(《十八春》)

(640) 他举起大锤,砸了一个空,身体被锤头的力量拽得趔趔趄趄。(《丰乳肥臀》)

(641) 他的眼一会儿被衣服遮住,一会儿挡上一条腿,一会儿又看到一根柱子。(《四世同堂》)

例(637)到例(639)中"一半或多一半""面目不清"和"笑得有些不好意思",都是描述一种模糊量:"数目"模糊量、"视觉"模糊量和"情感"模糊量,例(640)与例(641)中的"拽得趔趔趄趄"和"一会儿被衣服遮住,一会儿挡上一条腿"则描述的是"状态"模糊量。因此,它们都构成了"模糊量事件"。

(五) 距离变量

事物的"距离变量"主要涉及"远近""高低""厚薄"和"松

紧"。

1. 远近

事物的"距离变量",多数时候是通过"远近"来表达的,例如:

(642) 景、物、人以及喊喳喳的议论都渐渐远退、模糊、仔细,而摇篮里的婴儿则被拉近、放大、突然成为他眼中惟一清晰可辨,颜色鲜艳的东西,充满全身心。(《我是你爸爸》)

(643) 夏青紧紧跟着他,有时小跑几步,免被落下太远。(《我是你爸爸》)

例(642)与例(643)中的"拉近"与"落下太远"都是两个物体距离量的调整,有时是通过"(刚／一)……就／便……"结构实现的,例如:

(644) 我刚进屋就被一个憔粹[悴]的女人兜头抱住气都透不过来,女人在哽咽,鼻涕眼泪蹭在我颊上、肩头、前胸。(《玩的就是心跳》)

(645) 坑里的男人们纷纷爬上来,一爬上来就被尸臭熏得挤鼻子弄眼。(《丰乳肥臀》)

例(644)与例(645)表示"进屋"和"被一个憔悴的女人抱住""爬上来"和"熏得挤鼻子弄眼",这些事情之间的间距很近,类似的还可以省略"刚／一",例如:

(646) 他走过木板吊桥,就被兵勇们截住,喝问不止。(《白鹿原》)

(647) 一只苍蝇在窗户射进来的光明里嗡嗡地飞行着,纪琼枝把那苍蝇瞄个亲切,马尾嗖嗖一响,苍蝇便被射落。(《丰乳肥臀》)

有时用表示"随后"这样一类词,表示两个事件距离近,前后两个事件紧密相接,例如:

(648）鹿兆鹏被解回白鹿仓的当天晚上，只在那个临时作为监房的小屋里躺了不到一个小时，随后就被悄悄抬上他父亲亲自赶来的骡马大车，顶替他的替死鬼被强迫换上了他的长袍。(《白鹿原》)

(649）一身白衣、风度潇洒的上官公子、名满天下的剑侠，把剑尖一转，镟掉了巫云雨一只耳朵，那只耳朵随即被一条狗吃掉，那条狗随即又把他的、被狗牙嚼咬得烂糊糊的耳朵吣出来。(《丰乳肥臀》)

例（648）与例（649）表示"躺了不到一个小时"和"抬上他父亲来自赶来的骡马大车""镟掉了巫云雨一只耳朵"和"耳朵随即被一条狗吃掉"这些事情间的间距很近，类似的表达还有：

(650）爆炸大队被赶出村镇十几天后的一个傍晚，五姐上官盼弟把一个用旧军装包着的婴孩塞到母亲怀里。(《丰乳肥臀》)

(651）二丁抽一的征丁法令很快被废弃，因为那样征集的兵丁远远满足不了政府扩军的需要，随之就把征丁变通为壮丁捐款分摊到每一家农户，无论你有丁无丁，一律缴纳壮丁捐款，田福贤用收缴起来的这一笔数目庞大的款子再去购买壮丁。(《白鹿原》)

例（650）中"爆炸大队被赶出村镇"与"十几天后的一个傍晚"两个事件间距很近，例（651）中"二丁抽一的征丁法令很快被废弃"中的"很快"表示"二丁抽一的征丁法令由开始到实施"同"最终废弃"两个事件间距很近。它们都构成了距离变量事件。

2. 高低

事物的"距离变量"，多数时候还是通过"高低"来表达的，例如：

(652）股价被拉高。

(653）楼价走势被拉低。

(654）肃反小组被赋予绝对权力，可以审查一切人，廖军长实际

只剩下对敌作战这一项军事指挥权。(《白鹿原》)

（655）每当他被那拙劣的噱头强迫着笑起来时，总觉得自己的智力被降低了。(《我是你爸爸》)

例（652）与例（653）中的"拉高"与"拉低"，都是表达距离的变量，例（654）中的"绝对权力"表达的是一个高量，例（655）中的"降低"表达的是一个低量，它们表达的也都是距离变量。

3. 厚薄
事物的"距离变量"有的涉及"厚薄"，例如：

（656）六姐的上半身侧歪着伏在巴比特的膝盖上，她的身体不停地颤抖，巴比特用被雨水泡胀的大手，抚摸着她的肩膀。(《丰乳肥臀》)

（657）鸟枪队员们去追驴时，马洛亚牧师拖着被打成蜂窝状的双腿，沿着他无数次攀登过、被他的双脚磨薄了的木楼梯爬上了钟楼。(《丰乳肥臀》)

例（656）中的"胀"表达的是一个厚量，例（657）中的"薄"表达的是一个薄量，它们表达的也都是距离变量。

4. 松紧
事物的"距离变量"有时涉及"松紧"，例如：

（658）马洛亚跑过去，用力推着小骡的头让它后退，放松了被绷紧的拴门铁链，摘下挂钩，急闪到一边，小骡子冲了进来，钻到毛驴腿下，衔住了毛驴的奶头。(《丰乳肥臀》)

（659）橡皮筋儿被他拉松了。

例（658）与例（659）中的"松"表达的是一个长度量，"紧"表达的是一个短量，它们表达的也都是距离变量。

二 动作量

"动作量"主要包括"频度量""高程度量"和"时间量"。

（一）频度量

"频度量"主要包括"经常量""重复量""模糊量"和"频次量"。

1. 经常量

汉语有很多表示"经常量"的副词，例如：

（660）虽然在更换教务主任与校长的时节，他常常被大家看成为最有希望的候补人，可是这纯粹出于他的资望与人品的感召，而与他自己丝毫不相干……（《四世同堂》）

（661）他不单已经不是个只会背着留声机在小胡同里乱转，时常被人取笑的孩子，而且变成个有办法，有心路，有志气的青年。（《四世同堂》）

（662）马锐动作稍慢一点，后脑勺上就要挨几巴掌，腿上就要挨几脚，经常被他们打得连滚带爬夹着翻得乱七八糟的书包仓皇而逃。（《我是你爸爸》）

（663）他的理想往往被事实战败，他的坚强往往被人生的小苦恼给软化，因此，他往往不固执己见，而无可无不可的，睁一眼闭一眼的，在家庭与社会中且战且走的活着。（《四世同堂》）

（664）新民报社上面为庆祝胜利而放起的大气球，屡次被人们割断了绳子，某某汉奸接到了装着一颗枪弹的信封，在某某地方发现了抗日的传单……这些事都叫他兴奋。（《四世同堂》）

（665）村里的狗腿子聋汉国，手持着一根梧桐杆子，驱逐着不断地被挤进圈内的乡民。（《丰乳肥臀》）

例（660）到例（665）中的"常常""时常""经常""往往""屡次"和"不断"，都是表达动作的"经常量"，类似的还有两个近义词"总"与"总是"：

（666）大家表面上尽管不说什么，可是自会造成一种祥和的空

气，世钧无论在自己家里或是到翠芝那里去，总被这种祥和的空气所包围着。(《十八春》)

(667) 那些总是被马锐的缺席影响了聚会因而十分扫兴不耐烦的男孩儿，建议马锐给他那多病又无药可医的爸爸吃点安眠药……(《我是你爸爸》)

2. 重复量

汉语有很多表示"重复量"的副词，例如：

(668) 士兵们把他向空中抛起，抛得跟树梢齐平，落下来，又被抛上去……(《丰乳肥臀》)

(669) 您这个女婿，也真是邪虎［乎］，上个月底，县公安局一个中队把他围在了白马湖芦苇荡里，最后又让他跑了，他打了一梭子，就毁了七个人，中队长的腿也被打断了。(《丰乳肥臀》)

(670) 黑娃再被押回监狱后换了一间房子，密闭的墙壁上只开了一个可以塞进一只中号黄碗的洞，脚腕上被砸上了生铁铸成的铁镣。(《白鹿原》)

(671) 那个由黑娃掏开的墙洞往幽暗的囚室里透进一个椭圆形的光圈，被各级军官反复察看反复琢磨，却没有一个人怀疑到白孝文身上，因为黑娃是白孝文率领一营团丁抓获的。(《白鹿原》)

例(668)到例(671)中的"又""也""再"和"反复"，都是表达动作的"重复量"。汉语有时还用"同样"与"照样"来表达：

(672) 十七团的士兵同样被冰凉的雨鞭打得睁不开眼睛，他们跌跌撞撞，自身难顾。(《丰乳肥臀》)

(673) 如果是那样的话，那就是再写了去也没有用，照样还是被截留下来。(《十八春》)

例(672)与例(673)中的"同样"与"照样"都是以"方式相同"表达"重复量"，汉语有的用"时间同时"来表达两个相关事件的"重复"出现：

(674) 及至农协总部要游斗田福贤的消息传出，刚刚冷却下去的热情和新奇感又高涨起来。还有一个更富刺激的因素，就是白鹿村的鹿子霖将同时被推到台上去，共产党儿子斗老子，真个是睁眼不认六亲啦！把田福贤推上白鹿村的戏楼是白鹿原农民运动发展的最高峰。(《白鹿原》)

例(674)中"同时"隐含的意思是："在同一个时间，同类事件累积重复叠加"，因此，表达的也是"重复量"。

3. 模糊量

"模糊量"有时是通过"不规律"来表达的，例如：

(675) 马锐挨他们揍过一回，脸可能是被他们记住了，他们尤其喜欢欺负被他"灭"过一道的主儿。所以，别的孩子是偶尔、隔三差[岔]五被截，而马锐则是过一回挨一回截。(《我是你爸爸》)

(676) 六姐不时地被押俘队员的尸体绊倒。(《丰乳肥臀》)

(677) 有时候被人误认为舞女，她总是很高兴。(《十八春》)

(678) 脑后几声厉喝，他感到先是脚后跟被踢了几下，随即屁股上又挨了一下重踹。(《丰乳肥臀》)

(679) 这个责任与困苦并不小，有朝一日被屠杀或被饿死，我陪侍着老人们一块儿死。(《四世同堂》)

例(675)到例(679)中的"偶尔、隔三差[岔]五""不时""有时候""几下"与"有朝一日"都是通过"不规律"来表达"模糊量"的，汉语有时是用"随意"来表达"模糊量"的，例如：

(680) 吃人家的粮米，便得老老实实的在笼儿里，给人家啼唱，而随时可以被人卖掉！(《骆驼祥子》)

(681) 父母的骨头若随便被野狗叼了走，他岂不是白活了七十多岁，还有什么脸再见人呢？(《四世同堂》)

例（680）与例（681）中的"随时"与"随便"都是以"随意、不确定"来表达"模糊量"的。

4. 频次量

汉语多数是用"击打"来计量的，例如：

（682）黑娃被打了一拳，背后又挨了一脚。(《白鹿原》)
（683）二姐还要絮叨，被母亲捏了一把。(《丰乳肥臀》)
（684）牛教授要作汉奸，被"我们"的人打了两枪。(《四世同堂》)
（685）危急中，念弟被人推了一把，一头扎到一架葡萄上。(《丰乳肥臀》)

例（682）到例（685）分别用"一拳""一把"与"两枪"给"打""捏"和"推"①计"频次量"，类似的还有：

（686）进财牵拉着一只胳膊，肩膀上被砍了一刀，红肉白肉地翻出来，吓死人啦，小狮子身后，还跟着三个大汉子，模样儿都有点熟，都提着刀，虎着脸。(《丰乳肥臀》)
（687）母亲看到了这精致的小虫子那两只玉石般的复眼和被镰刀削去了一半的肚子。(《丰乳肥臀》)
（688）步履艰难的司马亭被砖头绊了一下，摔倒在地。(《丰乳肥臀》)
（689）这时，他的腿被一只爪子挠了一下，他还以为是猫呢，低头一看，原来是一个像哑巴孙不言一样用双手行走的残疾少年，少年生着两只黑色的大眼睛，脖子细得像鸵鸟。(《丰乳肥臀》)

例（686）到例（689）分别用"一刀""一半"与"一下"给"砍""削""绊"和"挠"计"频次量"，有的动作比较"概括"和"抽象"，例如：

---

① 这里的"推"不是引导"位移"的，而是具有"击打"性。

（690）围墙被拆除了一段，好像是特意开出的一个方便门。（《丰乳肥臀》）

（691）朦胧中他的右臂被一个细腻的肌肤抚摸了一下，竟然石磨压指似的从迷蒙中激灵了过来，便闻到一股异样的气息，似乎像母乳一样的气味，撩拨得他连连打了个喷嚏，引发出强烈的身体震动，撞碰了身旁那个温热的肉体。（《白鹿原》）

（692）两天后，乔其莎被扣掉半个月的粮票，发配到蔬菜组挑大粪，与霍丽娜为伍。（《丰乳肥臀》）

（693）不就是头牛吗？权当二亩棉花被棉铃虫吃光了棉桃，权当买了一吨供销社卖的假化肥，权当被那些个乡镇长们敲诈了一家伙。（《丰乳肥臀》）

（694）脸上永远红扑扑的，特别亮的是颧骨与右耳之间一块不小的疤——小时候在树下睡觉，被驴啃了一口。（《骆驼祥子》）

（695）在西厢房里他被上官吕氏绿色的眼睛吓了一跳，掩着鼻子退出来。（《丰乳肥臀》）

例（690）到例（693）分别用"一段""一下""半个月"与"一家伙"给"拆除""抚摸""扣掉"和"敲诈"① 计"频次量"。例（694）和例（695）分别用"一口"和"一跳"给"啃"和"吓"计"频次量"。

（二）高程度量

"高程度量"有"直接表达"与"间接表达"两种形式。

1. 直接表达形式

1）状语

有些修饰语自带"高程度量"，例如：

（696）他想挖开山人的肚子，救出娜塔莎，但他的身体被母亲和

---

① "敲诈"与"骗"不太一样，前者更具备一定的"攻击性"，后者有一定的"隐蔽性"，所以，前者归为"击打事件"，后者归为涉及"名誉权"的"所有权转移事件"。

大姐死死抱住，山人绕过虎踞着的孙不言，飞快地逃走了。(《丰乳肥臀》)

（697）曼璐听见了，马上就捞起一只瓷花盆要往下扔，被阿宝死命抱住了。(《十八春》)

（698）有些青年，竟自被指为汪精卫派来的，也受到苦刑或杀戮。(《四世同堂》)

（699）马林生如同插在架上的书，被紧紧贴挤在两扇脊背之间，透过薄薄的衣衫，他甚至能数清对方身上有多少块骨头脊柱排列是否垂直。(《我是你爸爸》)

例（696）到例（699）分别用"死死""死命""竟自"和"紧紧"这些具有"高程度量"的修饰成分，构成了"高程度量事件"。类似的还有"深深""严严实实""劈头劈脑"，例如：

（700）上官金童被深深地感动了。(《丰乳肥臀》)

（701）她被严严实实地包裹着。(《白鹿原》)

（702）她母亲被她劈头劈脑堵揉了几句，气得无言可对，半晌方道。(《十八春》)

2）补语

汉语有时还常用一些状态词表示"高程度量"，例如：

（703）清晨光滑平坦的滩涂，被马蹄践踏得一塌糊涂。(《丰乳肥臀》)

（704）马林生当真有些举棋不定了，关键是她是个什么人？接着，马林生被突然蹦进脑子里的一个念头吓坏了：经过这么一通又吃又喝互启心扉，她会不会留我跟她睡？(《我是你爸爸》)

（705）吕团长被跌痛了，牙关咬不住，呻吟起来。(《丰乳肥臀》)

（706）他被颠得骨头都要断了，绝望中他灵机一动。(《丰乳肥臀》)

例（703）到例（705）分别用"一塌糊涂""坏"和"痛"这些状态词构成补充修饰性成分，组成"高程度量事件"。例（706）则是用"骨头都要断了"这样虚拟的状态来构成"高程度量事件"。

3）谓语

有的干脆用动作的"高程度"来表达"高程度量"，例如：

（707）娜塔莎被山人吞了，正在被他的胃液腐蚀着。（《丰乳肥臀》）

（708）寡居的生活她原是很习惯的，过去她是因为丈夫被别人霸占去而守活寡，所以心里总有这样一口气咽不下，不像现在是名正言顺的守寡了，而且丈夫简直可以说是死在她的怀抱中。（《十八春》）

例（707）与例（708）中的"吞"与"霸占"都隐含着"高程度量"，从而构成"高程度量事件"。

2. 间接表达形式

1）高数量隐含高程度

汉语有时用"高数量"所隐含的"高程度"来构成"高程度量事件"，例如：

（709）他随后的二十多年里，又经历过无数次的被盯梢被跟踪被追捕的险恶危机，却都不像这夜的脱身记忆鲜明。（《白鹿原》）

（710）桐芳的尸身已同小文夫妇的一齐被抛弃在城外。（《四世同堂》）

（711）这头熊吃饱了没事干，就拔小树消耗体力，它栖身的那片领地里，到处都是被它连根拔出的小树。（《丰乳肥臀》）

例（709）到例（711）中的"无数次""一齐"与"连根拔"都是通过"数字累加增高"的方式表达"高程度量"，从而构成"高程度量事件"。

2）公开直接地隐含高程度量

汉语中还有一种"隐喻"，即在"公开"或"光天化日"下的行

为被视为"高程度",例如:

(712) 县长在白鹿原被公开枪毙震撼了原上的男女老少,包括田福贤都惊诧得大声慨叹。(《白鹿原》)
(713) 那肮脏丑陋的头顶上明显地被擂出了一道半圆形的凹痕,像棍子擂在柔韧的面团上留下的痕迹。(《丰乳肥臀》)

例(712)与例(713)中的"公开枪毙"与"明显地被擂出了"都隐含着"高程度量",从而构成"高程度量事件"。
有时比较"直接"的表达也隐含着"高程度量",例如:

(714) 孝文被直接擢升为一营营长,负责县城城墙圈内的安全防务,成为滋水县府的御林军指挥。(《白鹿原》)

例(714)中的"直接"表示动作比较显豁,这使得动作"擢升"隐含了"高程度量",从而构成"高程度量事件"。

3) 反常规地隐含高程度量

汉语有时用态度的"不礼貌",或"反常规"动作来表达"高程度量",例如:

(715) 他很想走上台去,可是被巡警很不客气的拦住。(《四世同堂》)
(716) 一块是纪念被还乡团活埋掉的七十七个死难者,一块是纪念与德国殖民者英勇斗争并光荣牺牲了的上官斗和司马大牙。(《丰乳肥臀》)

例(715)中的"不客气"表示巡警态度"很不礼貌",这是对"礼貌原则"的违反,使得动作"拦住"隐含了"高程度量",从而构成"高程度量事件"。例(716)中的"活埋"是一种"反常规"动作,这使得动作"活埋"隐含了"高程度量",从而构成"高程度量事件"。

4）用否定形式表达高程度量

汉语有时还用"否定"的形式表达"高程度量",例如：

(717) 春小麦收获后,农场职工便能吃上饱饭,就在这时候,他与十几个青年,被无情地削减了。(《丰乳肥臀》)

(718) 这点成绩,一天的工夫被晓荷破坏无遗。(《四世同堂》)

(719) 他疲乏地想了一下母亲,又想了一下老金那敢于压倒一切男人而决不被男人所压倒的独乳,别的连想都懒得想了。(《丰乳肥臀》)

(720) 情况就是这样儿,你们孩子用这把螺丝刀把人扎了,自己呢,也被人打得够呛。(《我是你爸爸》)

例(717)到例(720)是用"无情""无遗""决不""够呛"否定"全量"的方式表达一种"高程度量",从而构成"高程度量事件";有的是通过否定"极小量"来否定"全量",从而表达一种"高程度量",例如：

(721) 她跟着师傅练功学艺时,将十枚硬币扔在滚开的油锅里,她伸手至滚油中,将硬币一一捞出,手上皮肤丝毫不被烫伤,其手法之快、技巧之精,于此可略见一斑。(《丰乳肥臀》)

(722) 鸟儿韩,鸟儿韩,你看吧!他把我妹妹折腾死了,现在他又来折腾我,我也完了,我被他折腾得连一点劲儿也没有了。(《丰乳肥臀》)

例(721)与例(722)中的"丝毫不"与"一点劲儿也没有"都是通过否定"极小量"来否定"全量",从而构成"高程度量事件"。

(三) 时间量

"时间量"包括"持续量""渐次量"与"瞬时量"。

1. 持续量

汉语有些副词可以表示"持续量",例如：

（723）两个人都有多少多少被泪浸渍了许久的话，可是不便连话带泪一齐倾倒出来。(《四世同堂》)

（724）假若南京不能取胜，而北平长久的被日本人占着，高第就非被那个拿妇女当玩艺［意］儿的李空山抓去不可！高第是她的好朋友。(《四世同堂》)

（725）这个大院是民国初年北洋政府一个头面人物的官邸，后来一直被各个时期的情报机关占用，直到"文化大革命"中军队的情报机关迁走才成为另一个军事单位的宿舍院……(《玩的就是心跳》)

（726）我们是会嚎叫的一代，尽管时时都被扼住咽喉！啊！诗人打着有力的手势朗诵着他自己的诗。(《丰乳肥臀》)

（727）他们俩始终被排斥于聚会的中心圈之外，女的有时还可以硬插进去不顾周围人的白眼使自己成为谈话的中心，那小伙子却尴尬地可怜巴巴地一直坐在角落里端着一杯酒看着自己的鞋尖。(《玩的就是心跳》)

（728）每当我想起母亲跪在木盆前呕吐粮食的情景我便眼泪汪汪，我便热血澎湃，我便想干出一番辉煌事业报答母亲的恩情，只可惜我上官金童的思想终生被吊在女人奶子上悠悠荡荡，仿佛一只金光闪闪的铜铃铛。(《丰乳肥臀》)

例（723）到例（728）中的"许久""长久""一直""时时""始终"与"终生"都隐含"持续量"，从而构成"持续量事件"。类似的还有"还"与"仍然"，例如：

（729）鹿兆鹏看着这个麻坊镇土著团丁过分认真的态度，反而更加轻视他，小娃娃你正在认真防务的那个政权已经在我手下覆灭，你瓜蛋儿你笨熊还被蒙在鼓里。(《白鹿原》)

（730）招弟，在和姐姐对质后，仍然被禁在暗室。(《四世同堂》)

汉语很多时候，还是用"具体持续时间"来表达"持续量"的，例如：

(731) 城里被围五个月之久，缺粮断人饿死病死战死的平民士兵摞成垛子，怎么还能坚守得住？(《白鹿原》)

(732) 把尸身打捞上来，先脱去被水泡过一夜的衣服，换上寿衣——假若这两件不好，不够，以后再由祁家添换。(《四世同堂》)

(733) 黑娃在炮筒上被捆绑了整整五天五夜，汤水未进。(《白鹿原》)

(734) 被苦难生活压抑了十五年的青春激情像野火一样慢慢地燃烧起来。(《丰乳肥臀》)

例(731)到例(734)中的"五个月""一夜""五天五夜"与"十五年"都隐含"持续量"，从而构成"持续量事件"。刑法判决也常常涉及"持续量"，例如：

(735) 偷牛犯被判三年劳役，割人鼻子的农民也被判了三年劳役。(《丰乳肥臀》)

(736) 在母亲去世前这段时间里，大栏市市长鲁胜利因为巨额受贿被判处死刑，缓期一年执行。(《丰乳肥臀》)

(737) 女公安还告诉母亲，鸟儿韩被判处无期徒刑，不久即将押赴服刑地，服刑地点在塔里木盆地，距离高密东北乡有万里之遥，起解前，家属可以去探视一次。(《丰乳肥臀》)

(738) 两天后，他的妻子高玉凤领着独生儿子前来探望，这是自他被囚二十多天以来见到的唯一一位探监的人。(《白鹿原》)

例(735)到例(738)中的"三年劳役""死刑，缓期一年""无期徒刑"与"囚二十多天"都隐含"持续量"，从而构成"持续量事件"。

汉语有时还用"否定"形式表达"持续量"，例如：

(739) 虽然被兵们拉去不多的日子，到现在一想，一切都象个噩梦。(《骆驼祥子》)

（740）世钧是有生以来从来没有被人家这样冷遇过的，他勉强笑着叫了声……（《十八春》）

（741）咱别这样，这算怎么回事！什么礼节我不习惯受之有愧！打小就没被人宠过，你冷不丁这么热情我容易当成你要害我。（《玩的就是心跳》）

例（739）到例（741）中的"不多的日子""有生以来从来没有"与"打小就没"都隐含"持续量"，从而构成"持续量事件"。

持续体"着"也都隐含"持续量"，从而构成"持续量事件"，例如：

（742）娜塔莎被山人吞了，正在被他的胃液腐蚀着。（《丰乳肥臀》）

（743）西南方向的大栏镇被白色的雨雾笼罩着，四面都是杂乱的水声。（《丰乳肥臀》）

2. 渐次量
汉语有些副词表示"渐次量"，例如：

（744）履行的神圣职责渐渐被金独乳引入歧途。（《丰乳肥臀》）

（745）田福贤挥了挥手，这五个人被缓缓放回地面。（《白鹿原》）

（746）他告诉自己：不要再管世界吧，自己连国难都不能奔赴，解救，还说什么呢？可是，过了两天，彩牌坊被悄悄的拆掉了。（《四世同堂》）

例（744）到例（746）中的"渐渐""缓缓"与"悄悄"都隐含"渐次量"，从而构成"渐次量事件"。类似地，"一批批"和"依次"，例如：

（747）一队德国兵，秩序井然地跪着射击，百姓们一批批地被打

倒在地。(《丰乳肥臀》)

(748) 我们依次被放下来。(《丰乳肥臀》)

3. 瞬时量

"瞬时量"在多数情况下通过一些常见的"瞬时"副词加以表示,例如:

(749) 嘉轩的一只手腕突然被父亲捉住,那指甲一阵紧似一阵直往肉里抠,垂死的眼睛放出一股凶光,嘴里的白沫不断涌出,在炕上翻滚扭动,那只手却不放松。(《白鹿原》)

(750) 大家都穿着最好的衣服,佩着徽章,可是忽然被囚在又冷又湿的屋子里,没有茶水,没有足够用的椅凳,而只有军警与枪刺。(《四世同堂》)

(751) 一次在埋着万余具尸骨的革命公园里,她取回一条纸绺,正装作游人在甬道上徜徉,猛然左肩被谁重重地拍击了一下,吓得她几乎叫出声来。(《白鹿原》)

(752) 凭着兆鹏的纸条,他当即被编入一团一营一连一排,换上了一身青色军装。(《白鹿原》)

例(749)到例(752)中的"突然""忽然""猛然"和"当即"都是"瞬时量"。因此,它们都构成了"瞬时量事件"。类似地,"片刻""顿时""一下""冷不防"和"当场"也都表示"瞬时量",最终构成了"瞬时量事件":

(753) 片刻,我的房间的门被推开,穿着齐整的高洋和穿着同样齐整的百姗出现在门口。(《玩的就是心跳》)

(754) 一团金黄的火焰在他的面前猎猎作响着燃烧开来,冰一样寒冷的下腹,顿时被热血充盈了。(《丰乳肥臀》)

(755) 马林生一下被问没词儿了,张口结舌,咕哝着,"我不吃它们……也不卖不剪毛成不成……"(《我是你爸爸》)

(756) 这时候,里屋里钱先生忽然"啊"了一声,象一只母鸡

在深夜里，冷不防的被黄狼咬住，那么尖锐，苦痛与绝望。(《四世同堂》)

(757) 结果，王采大和李成龙，被当场铐起来，一个月后，各被判处六年徒刑。(《丰乳肥臀》)

三 主观量

"主观量"包括"容任量""确定量""预期偏离量""主观大量""主观小量""主观近似量"和"不对称量"。

(一) 容任量

"容任量"隐含"力"的图式，包括"允许""有能力"与"推测"三种情况。

1. 允许

表示"允许"的，例如：

(758) 他恨那只可以被误认为子弹箱的东西，也恨那两个兵！敌兵并没干涉他们。(《四世同堂》)

(759) 所有后台人员均解往司令部审询［讯］，无嫌疑者日内可被释放云。(《四世同堂》)

例 (758) 与例 (759) 中的"可以"与"可"都有"允许"的意思，构成了"容任量事件"。

2. 有能力

表示"有能力"的，例如：

(760) 他知道，他将永远进不了城，他的鬼魂会被关在城外，只能在高山与田野之间游荡。(《四世同堂》)

(761) 黑娃能被徐先生委以重任心里觉得很荣耀，又可以到柳絮吐黄的河滩里畅快一番。(《白鹿原》)

(762) 痛快地悔过有时真是比恬不知耻地吹牛和强词夺理地狡辩那么硬撑着更令人舒坦，过后那么心安理得无忧无虑，旧的罪孽、恩怨一笔勾销了，从今后又像个婴儿那么清白纯洁，何况对方又怎么能

不被深深感动？(《我是你爸爸》)

例（760）到例（762）中的"会"与"能"都表示"有能力"的意思，构成了"容任量事件"。

3. 推测

表示"推测"的，例如：

（763）她开始害怕，怕在她还没有运动成功之际，而大赤包也许被释放出来。(《四世同堂》)

（764）人们呐，不可贪图钱财，钱财是老虎，养虎者必被虎伤。(《丰乳肥臀》)

（765）唔！朱先生死前就算定了要被人揭墓，所以不装棺木，也不用砖箍砌墓室。(《白鹿原》)

（766）他问她为什么也一个人在街上转，看她年龄不可能被孩子撵出来倒像是被家长赶出来。(《我是你爸爸》)

例（763）到例（766）中的"也许""必""要"与"可能"都表示"推测"，也构成了"容任量事件"。

(二) 确定量

"确定量"包括"完成体""经历体""是字句"与"少数副词"。

1. 完成体

"完成体"可以表达"确定量"，例如：

（767）白孝武叙说，二姑家的皮货铺店被砸了，二姑父被拉去拷打了三天三夜，说不清白灵的去向，却交代了咱家的亲戚。(《白鹿原》)

（768）廖军长自己已被打入囚窑，白灵的保护也自然没有了。(《白鹿原》)

（769）德胜门已经被敌人封闭，他是由西直门进来的。(《四世同堂》)

(770) 好吧，命运既被决定，他就笑着迎上前去吧。(《四世同堂》)

例（767）到例（770）中的"了""已""已经"与"既"都表示"完成体"，也构成了"确定量事件"。

2. 经历体

"经历体"也可以表达"确定量"，例如：

(771) 被水泡过的伤口奇痛难挨，好几次我就要瘫在地上了，但都被母亲强有力的胳膊拉起来。(《丰乳肥臀》)

(772) 因为德胜门外的监狱曾经被劫，日本人怕游击队乘着赶市的时候再来突击，所以禁止了城里和城外的早市，而且封锁了德胜门。(《四世同堂》)

例（771）与例（772）中的"过"与"曾经"都表示"经历体"，也构成了"确定量事件"。

3. 是字句

"是字句"表达"强调"，也可视为表达一种"确定量"，例如：

(773) 在等待鸟儿上套的时间里，在这远离村庄的温暖窝棚里，女人的衣服是自己脱落的，男人的衣服是被女人脱落的。(《丰乳肥臀》)

(774) 高亦陀是被两个人抬出来的，他已瘾得象一团泥。(《四世同堂》)

(775) 他有点武艺，有许多的爱国心与傲气，可是并没有去打日本人！假若丁约翰是英国府的奴才，他——刘棚匠——便是日本人的奴才，因为北平是被日本人占据住。(《四世同堂》)

(776) 想想看吧，德胜门关厢的监狱不是被我们的游击队给砸开了么？(《四世同堂》)

例（773）到例（776）中的"是"都表示"强调"，可视为表达一种"确定量",也构成一种"确定量事件"①。

4. 少数副词

有些副词表达"确定量",例如：

(777) 可是再一想,假若他们真被扣下,日本人也一定不会轻易放过祁家和她自己！她有点发慌。(《四世同堂》)

(778) 牛教授的确是被"我们"的人打了两枪,可惜没有打死。(《四世同堂》)

例(777)与例(778)中的"真"与"的确"都表示一种"确定量",也构成一种"确定量事件"。

(三) 预期偏离量

"预期偏离量"包括"数目量"预期偏离与"时间量"预期偏离。

1. 数目量预期偏离

有的是偏离"数目量"的预期,例如：

(779) "你看看,妹,日本人是矮子,只有这么高呀！"这个游戏又被妈妈禁止了。(《四世同堂》)

(780) 荒原上那些深沟被它打几个转儿就研平了,有一些土色的小人儿被它碾到泥里去。(《丰乳肥臀》)

例(779)中的"又"表示"超过数目量的预期",例(780)中的"打几个转儿"表示"低于数目量的预期",它们都构成了一种"预期量偏离的事件"。

2. 时间量预期偏离

有的是早于"时间量"预期,例如：

---

① 例(776)中的否定与疑问发生了综合,对确定量的生成没有产生任何影响,即反问句用否定形式表达肯定内容。

（781）马林生明白了，脸顿时绯红，不过也看不出来，他的身上脸上早被热水热气蒸熏得像只剥了皮的兔子，又红又嫩。(《我是你爸爸》)

（782）可是，我印象中这个院在十年前全国大兴土木搞城市建设的浪潮中已经被拆毁，假山推平，太湖石卖给了公园，树木伐尽，金鱼池填平埋了暖气管道，在被铲平的原址上军队盖了一栋栋整齐划一的公寓楼。(《玩的就是心跳》)

例（781）与例（782）中的"早"与"已经"都表示一种"早于时间量的预期"，构成一种"预期量偏离的事件"。

有的是晚于"时间量"预期，例如：

（783）一直到第二年春暖花开的清明季节里，县公安局的警车把上官金童逮走时，那些伪装成锔锅的、磨菜刀的、缝破鞋的暗探和暗哨才被已荣升为大栏镇革命委员会主任的巫云雨下令撤销。(《丰乳肥臀》)

（784）来弟跟随着鸟儿韩出了村，沿着被晚收的庄稼夹峙着的古铜色的羊肠小道，往沼泽地那边走。(《丰乳肥臀》)

（785）他的发展在这个单位被耽误了。

例（783）到例（785）中的"才""晚"与"耽误"都表示一种"晚于时间量的预期"，构成一种"预期量偏离事件"。

（四）主观大量

"主观大量"包括"程度""时间"和"计算量"。

1. 程度

汉语被字句的"主观大量"多数可以表现为"主观程度大量"，例如：

（786）我这个干儿子是王母娘娘御座前的金童子，坐怀不乱的真君子，哪像你们这群骚狗，见了女人就像蚊子见了血，宁肯冒着一巴掌被打得稀烂的危险也要上去叮一口！(《丰乳肥臀》)

236 // 汉语被字句的"偏离义"研究

（787）夏青则慷慨激昂，大声口诛那帮横行一时的歹徒，见男孩们默默无语束手无策，便决意自己挺身而出，欲去告诉老师家长或直接奔派出所报案，被马锐一声断喝，震慑于原地木立。(《我是你爸爸》)

（788）"咳……咳咳……"马林生被一口酒呛住，连连咳嗽，用餐巾擦擦流出的鼻涕和挂在下巴的酒液。(《我是你爸爸》)

（789）审判员咯咯笑，被一口烟呛住，连声咳嗽，像个下蛋母鸡憋红了脸，边笑边瞅着马锐……(《我是你爸爸》)

（790）说这话的小子手腕被马锐一把攥住，划出几道白印，他抬手给了马锐一个耳光，另一只手用力把书包扔出老远，骂道……(《我是你爸爸》)

（791）白嘉轩被妻子仙草一针扎活过来长叹一声又闭上了眼睛。(《白鹿原》)

例（786）到例（791）中的"一巴掌被打得稀烂""一声断喝""一口酒呛住""一口烟呛住""一把攥住"与"一针扎活过来"都是用极小量"一×"表示一种"主观程度大量"，构成"主观大量事件"。有的结果补语比较长，也是表示"主观程度大量"，例如：

（792）他被他爹一棍子打成了哑巴。(《丰乳肥臀》)

（793）上官金童被她一句话吓得又连连打起嗝来。(《丰乳肥臀》)

（794）他的世界到了末日！他亲眼看见富善先生被拖出去，上了囚车！他自己呢，连铺盖，衣服和罐头筒子，都没能拿出来，就一脚被日本兵踢出了英国府！他连哭都哭不上来了。(《四世同堂》)

例（792）到例（794）中的"一棍子打成了哑巴""一句话吓得又连连打起嗝来"与"一脚被日本兵踢出了英国府"都是用极小量"一×"表示一种"主观程度大量"，构成"主观大量事件"。[1]

---

[1] "主观大量"与下文提到的"不对称量"可以重合，因为它们是同一个事物换"视角"看问题的结果，前者是从人的"主观态度"角度看的，后者主要是对比句中两个量的差别程度来说的。

2. 时间

就"时间"而言，时间过得"快、短暂"的是"大量"，时间过得"慢、漫长"的是"小量"。基于此，我们认为有的是表示"主观时间大量"，例如：

（795）小白脸正嬉皮笑脸地拿夏青开心，毫无防备，被这一刺立刻怪叫一声，手捂着后背反弓着身体跳出数步。（《我是你爸爸》）

（796）这座庞大的风磨房，是司马库与他的哥哥司马亭的杰作，磨房[坊]建成后，没有磨出一袋面，风车的叶片一夜之间被狂风吹得纷纷断裂，只剩了些粗大木杆子挑着残缺的叶片一年四季嘎啦啦地响。（《丰乳肥臀》）

例（795）与例（796）中的"一刺立刻怪叫一声"与"一夜之间被狂风吹得纷纷断裂"都是用极小量"一×"表示时间过得"快、短暂"，表示一种"主观时间大量"，构成"主观大量事件"。

3. 计算量

有时在表达"主观大量"时不是用"一"，而是用超过"一"的数字或相加的计算来表达"主观大量"，例如：

（797）我都被两个丈夫蹬过了，还在乎你说这么一句话？（《我是你爸爸》）

（798）说你拿着颗大个红宝石满世界晃人，被连人带物一齐拎住，那红宝石是国宝，原来镶在你奶奶的缎子小鞋上，你奶奶是宫女，你爷爷是太监，民国初年两口子私奔时从宫里盗出来的。（《玩的就是心跳》）

（799）孝文无可挽回地被推进祠堂捆到槐树上了。（《白鹿原》）

（800）两个人在泡沫里折腾着，他身上的泥垢一层层剥去，头发里、胡须里的杂物一把把地被清洗掉，但是他没能像个男人一样拥抱她，他只是很顺从地由着她搓，由着她捏。（《丰乳肥臀》）

（801）他的双耳快要被山人连根拔出了，他的手背被山人啃到骨头了。（《丰乳肥臀》）

(802)你到车上看看去吧,有的被狗吃得只剩下一条腿,他这样算好的了!因为嘴巴捂着毛巾,那闲汉瓮声瓮气地说,闪开吧,你们都背过头去别看。(《丰乳肥臀》)

例(797)到例(800)中的"两个丈夫""连人带物一齐""无可挽回"和"一把把"分别是通过数字"两""否定"和"很多"表示一种"主观程度大量",构成"主观大量事件"。例(801)与例(802)中的"啃到骨头"和"只剩下一条腿"分别是通过"计算所剩数目极少量"来表示一种"主观程度大量",构成"主观大量事件"。

(五)主观小量

汉语被字句表达"主观大量"的居多,表达"主观小量"的比较少,例如:

(803)他挤咕着近视眼,低声的诅咒,希望既不至于被日本人听见,又能得到长顺的同情。(《四世同堂》)

(804)他只被提审过两次,罪状有三条……(《白鹿原》)

(805)主角还是我们,你只不过是整个水流中的一个小小的跌宕,使水流千回百转的一个弯曲,警察劳神费力最终发现你只不过是被人盗用了名字,对整个事情一无所知。(《玩的就是心跳》)

例(803)到例(805)中的"不至于""只"和"只不过"都分别是把事情往"小"里说,表示一种"主观程度小量",构成"主观小量事件"。

(六)主观近似量

汉语的"主观近似量"表达有两种:"像/仿佛……一样/似的"比况结构与"描摹性"词语。

1. 比况结构

汉语"主观近似量"通常用"比况结构"来表达,例如:

(806)湖水更加耀眼了,似乎被镀上一层厚厚的金漆,重重叠叠钻石一般不停变幻着受光面,把阳光从四面八方折射过来,使马林生不

管把眼睛往哪个方向看都会感到焊花般弧光闪烁。(《我是你爸爸》)

(807) 它跑到桥中央,突然立住,好像被那一道谷草的墙挡住了去路,又好像被谷草上的酒气熏昏了头。(《丰乳肥臀》)

(808) "大爷,听!他们回来啦!"说完,她瞎摸合眼的就往外跑,几乎被门坎[槛]绊了一跤。(《四世同堂》)

(809) 那只几乎没被岁月留下刻痕的乳房在花布衬衫里不安分地蹿动着。(《丰乳肥臀》)

例(806)到例(809)中的"似乎""好像"和"几乎"分别是强调"主观近似量",构成一种"主观近似量事件"。类似的还有"宛若""犹如"和"如同",例如:

(810) 她的乳房猖狂地跳动,宛若两只被夹住尾巴的白兔子。(《丰乳肥臀》)

(811) 他想喊,但用尽全身力气也张不开嘴,那两片薄薄的嘴唇犹如两块沉重的钢被焊在了一起。(《我是你爸爸》)

(812) 那云犹如被一只无形的巨手揉捏塑成一尊尊一组组栩栩如生的万物形态……(《玩的就是心跳》)

(813) 我走一家食品店,堵着门口的柜台站着,那男人的脸在对面餐馆的玻璃窗上显影、放大、双眼熠熠放光,隔着马路投射到我身上,我如同在探照灯的照耀下被人洞悉。(《玩的就是心跳》)

有时句末还附带比况助词"似的""一样",例如:

(814) 这时候,瑞全在屋里兴奋得不住的打嗝,仿佛被食物噎住了似的。(《四世同堂》)

(815) 是呵,如果她知道了自己背着她又去和齐怀远鬼混,她一定会伤心死的,这也太无情无义了,应该称之为背叛!马林生像被说中心事似的垂下了头,脸上流露出痛苦、矛盾的神态。(《我是你爸爸》)

(816) 中午时,人们像被传染了一样,在没接到任何号令的情况下,一窝随着一窝地坐下来。(《丰乳肥臀》)

有的仅带比况助词"似的""一样",例如:

(817)老马,你也不用在这儿装得挺委屈,被强奸了似的。(《我是你爸爸》)
(818)她的体态动作是那么焦灼,被尿逼着一样。(《丰乳肥臀》)

2. "描摹性"词语
有些表达"主观近似量"的,有一定的"描摹性",例如:

(819)这孩子,像个灌不满的无底洞,我的骨髓都快被他吸出来了。(《丰乳肥臀》)
(820)母亲肥大的乳房就要被司马亭占有了,就像司马库、巴比特、沙月亮、孙不言占有我姐姐们的乳房一样。(《丰乳肥臀》)
(821)胖菊子的身体面积大,容易被碰着,所以受了不少的伤,虽然都不怎样重,可是她已和东阳发了好几次脾气——以一个处长太太而随便被人家给碰伤,她的精神上的损失比肉体上要大着许多。(《四世同堂》)
(822)鹿兆鹏经历了投身国民革命以来的头一遭危机,他险些被捕。(《白鹿原》)
(823)这是她来后慢慢地才感觉到的,当时她只是私自庆幸,刚巧被她碰见霖生和金芳这一对特别义气的夫妻。(《十八春》)

例(819)到例(823)中的"快""就要""容易""险些"和"刚巧"分别强调的是"主观近似量",而且有一定的"描摹性",构成一种"主观近似量事件"。

(七)不对称量
"不对称量"包括"数目不对称"和"种类不对称"。
1. 数目不对称
表示"数目"不对称的,例如:

（824）门框上的尘土纷纷浇焉，一连串的蜘蛛网被扯破了。（《玩的就是心跳》）

（825）一群男人，几个腆着肚子的矮子被十几个没有肚子的瘦高个子簇拥着，从西南方的一片旗帜里走出来，腆肚子人的笑声跟嘎嘎鸡的叫声一样……（《丰乳肥臀》）

（826）鹿子霖被络绎不绝的亲戚乡党缠住了，回家好几天也未能抽出身来去祭祖坟，于是就领着儿媳抱着孙儿到坟园里去了。（《白鹿原》）

（827）上官金童不久前还听说，打狗队队长张华场的小儿子，被几条凶猛的大狗，从幼儿园的数百个儿童中准确无误地拖出来吃掉了。（《丰乳肥臀》）

例（824）到例（826）中的"一连串的蜘蛛网"与一个简单的动作"扯破"、"几个腆着肚子的矮子"与"十几个没有肚子的瘦高个子"、一个"鹿子霖"与"络绎不绝的亲戚乡党"，都呈现出一种数目不对称。例（827）比较特殊，有两个不对称量：一个是"打狗队队长张华场的小儿子"与"几条凶猛的大狗"，另一个是"几条凶猛的大狗"与"幼儿园的数百个儿童"。四个例子都构成一种"主观不对称量事件"。

2. 种类不对称

表示"种类"不对称的，例如：

（828）他栖身在大树紫色的暗影里，被寒冷、饥饿、伤病、恐怖、惆怅等等一大堆倒霉的感觉折磨着。（《丰乳肥臀》）

（829）这个冬天，也是红狐狸和草狐狸的黄金岁月，因为战争，猎枪被形形色色的游击队掠去，使村人们没了武器。（《丰乳肥臀》）

例（828）与例（829）中的"寒冷、饥饿、伤病、恐怖、惆怅等等一大堆倒霉的感觉"和一个人"他"，"形形色色的游击队"与一把"猎枪"，呈现的不仅仅是数量不对称，而且是种类不对称：

"多种感觉与一个人""各种各样的人与一个物件",这类不对称都是"跨类"的,类似的还有例(830)到例(834):

(830) 上官家祖传的大铁锤被她纤细的胳膊举起来,沉重地落在冰面上,发出的响声像刀刃一样锋利单薄,飞到我家的窗户上,让窗纸簌簌作响。(《丰乳肥臀》)
(831) 这且不提,以自己的身量力气而被这小小的一点病拿住,笑话……(《骆驼祥子》)
(832) 这种罕见的豁达被当作慈心善举在村民中受到赞颂。(《白鹿原》)
(833) 春天,女人鹿张氏提着小锄去锄草,麦子不等黄透就被女人今日一坨明日一坨旋割完了,一捆一捆背回家去,在自家的小院里用棒槌一个一个捶砸干净。(《白鹿原》)
(834) 他一辈子公正,现在被他们看作了诡弊多端的惯贼。(《四世同堂》)

例(830)到例(833)中的"大铁锤"和一个人"纤细的胳膊","自己的身量力气"与"这小小的一点病","豁达"与"慈心善举","不等黄透"与"今日一坨明日一坨旋割完",呈现的不仅仅是数量不对称,而且是种类不对称:"物体大小"与"人胳膊粗细","力量大小"与"病的大小","心情的豁达开阔"与"一个善举的行为","时间的不及"与"数量的累积增多",这类不对称都是"跨类"的,它们都构成了"主观不对称量事件"。例(834)中他的品行"一辈子公正"与他被看成"惯贼",是词类的"跨类",前者是形容词的"公正",后者是名词的"惯贼",构成了"跨类"的不对称,因此,也构成了"主观不对称量事件"。

四 计量类事件的完形偏离问题

"计量类事件"的完形偏离问题,主要是对"适量完形"的偏离,例如,"事物量"中的"周遍量""高程度量""模糊量"和"距离变量"都偏离了"适量完形";"动作量"中"频度量"里的

"经常量""重复量""模糊量","时间量"中的"持续量""渐次量"与"瞬时量"和"高程度量"也都偏离了"适量完形";"主观量"中的"预期偏离量""主观大量"和"主观小量",也偏离了"适量完形"。

"主观量"中的"不对称量",是对人类"对称型理想型完形的偏离";"主观量"中的"容任量"隐含"克服困难"的"量",因此,偏离了"自由理想型完形"。

"事物量"中的"数目量","动作量"中"频度量"里的"频次量","主观量"中的"确定量"与"主观近似量",虽然未偏离"完形",但都提供了一个"新信息"。

第六节 致使类事件

"致使类事件"主要指带"致使义"的一类事件,从"广义"上看,"位移类事件""言说类事件"和"阻碍类事件"都可以归为"致使"。本书对"致使"做"狭义"理解,即不包括以上几类事件的"致使类事件",具体包括"使成事件""使令事件""隐性致使事件"和"关联致使事件"。"使成事件"有时在语感上同"位移事件"很接近,但鉴于"使成事件"中的"致使义"相对较为"显著",我们还是在"致使类事件"这一框架下讨论该问题。

一 使成事件

"使成事件"主要包括"V成(为)"类结构、得字结构、连谓结构和带保留宾语结构。

(一)V成(为)类结构

"V成(为)"类"使成事件"有两类语义趋势:一类倾向于"消极义",另一类倾向于"非消极义"(积极义或中性义)。倾向于"消极义"的,更倾向于强调表达一种"主观大量";倾向于"非消极义"的,主要是对事物变化的一种"描摹"。从数量上看,表达"消极义"的是多数,但无论何种语义,"V成(为)"类被字句所带来的"致使义"是不变的,因此,它们都构成了"致使类事件"。

1. 消极义

多数表达"消极义"的"V成（为）"类"使成事件"都有明显的"主观大量"，例如：

（835）我很快就看清了，被绑成一串的是我的母亲、大姐、司马粮、沙枣花。(《丰乳肥臀》)

（836）他们被捆成一串蚂蚱。(《丰乳肥臀》)

（837）他在被押赴服刑地旅途中，企图跳车逃跑，被火车轮子轧成了两半。(《丰乳肥臀》)

（838）一位族长领着族人在打杀贼人中被刀劈成两截，成为白鹿原一举廓清异族壮举的英雄。(《白鹿原》)

（839）那块由滋水县令亲笔题字刻成的青石碑被黑娃以及他的农协三十六弟兄砸成三大块，扔在门外低洼的道路上，做为下雨路面积水时供人踩踏而过的垫脚石。(《白鹿原》)

例（835）到例（839）表达的都是"消极事件"，而且都有"致使义"；其中的"一串""两半"、"两截"和"三大块"，虽然在"数量"上并"不算多"，但表达的却是一个"主观大量"。

有的例子是用一些特别的词语把这类"主观大量"表达出来的，例如：

（840）鹿三顺从了众人的意向，回原路上所过的村庄，凡是没有参与交农的人家都受到严厉的惩罚，锅碗被砸成碎片，房子被揭瓦捣烂（本应烧掉，只是怕殃及邻舍而没有点火），有两家乡性恶劣的财东绅士也遭到同样的惩治。(《白鹿原》)

（841）鹿泰恒叫着喊着骂着却终不说银元的藏处，直到老汉脸膛胳膊胸脯脊背大腿被刀尖拉成像碎布条一样稀烂。(《白鹿原》)

（842）马锐被无数条舞的胳膊和飞踢的腿脚切割成一块块不完整的部分……(《我是你爸爸》)

（843）那手背上手腕上被麻绳勒成一道道又黑又硬的茧子死皮，指头上炸开着大大小小的裂口，有的用黑色的树胶一类膏药糊着，有

的新炸开的小口渗出了血丝,手心手背几乎看不到指甲大一块完整洁净的皮肤。(《白鹿原》)

例(840)到例(843)表达的也都是"消极事件",而且都有"致使义";"碎片"与"稀烂"都是用"碎"和"稀"这样的词把"主观大量"淋漓尽致地表现出来,"一块块不完整的部分"与"一道道又黑又硬的茧子死皮"都是用"量词重叠"将这种"主观大量"表达出来的。

有的是用一些特殊的"事物"表现的,例如:

(844) 一趟车拉下来,灰土被汗合成了泥,糊在脸上,只露着眼与嘴三个冻红了的圈。(《骆驼祥子》)

(845) 鸟枪队员们去追驴时,马洛亚牧师拖着被打成蜂窝状的双腿,沿着他无数次攀登过、被他的双脚磨薄了的木楼梯爬上了钟楼。(《丰乳肥臀》)

例(844)和例(845)中的"泥"和"蜂窝状"都是"脏乱"和"多孔儿"的"代表事物",因此,也表现出一种"主观大量"。有时还用"肉"类事物隐喻"无用"与"无能",甚至直接用"糊状物"作比,来表达一种"主观大量",例如:

(846) 有几只乌鸦跌下去,被车轮碾成肉酱。(《丰乳肥臀》)

(847) 鳗鲡出了水面即被冻僵,继而被冻成肉棍。(《丰乳肥臀》)

(848) 我知道她现在守寡,她的丈夫被坦克轧成了肉饼。(《丰乳肥臀》)

(849) 娜塔莎被山人咀嚼成糊状物,咽到肚子里去被消化掉了。(《丰乳肥臀》)

2. 非消极义

"V 成(为)"类"使成事件"在表达"非消极义"时,多数只

是一种"描摹",不表现"主观大量",例如:

(850) 白光下移,从耶稣的脸到耶稣的胸,从胸到腹,从腹到那被中国木匠处理成一片荷叶的阴处又下移至脚尖。(《丰乳肥臀》)

(851) 二十来岁,他已经很大很高,虽然肢体还没被年月铸成一定的格局,可是已经象个成人了——一个脸上身上都带出天真淘气的样子的大人。(《骆驼祥子》)

(852) 那些高大阴森的殿堂被隔成一间间小房,住进一户户被免职的军官的眷属。(《玩的就是心跳》)

(853) 她骂人的声音被她自己的喘息和咳嗽分割成一个个零零碎碎的辞不达意的片断。(《丰乳肥臀》)

例(850)和例(851)中的"一片荷叶"和"一定的格局",都不表示任何"主观量",仅仅是对"事物"变化的一种简单的"描摹";例(852)和例(853)中的"一间间小房"和"一个个零零碎碎的辞不达意的片断",也都不表示任何"主观量",仅是对"事物"变化的一种简单的"描摹"。隐含"主观量"的词语进入这类结构,整个结构也无法表达"主观量",例如:

(854) 哥哥孝文的残忍狰狞,被职业习惯磨成平淡的得意和轻俏。(《白鹿原》)

(855) 我看到每张桌子中央,都升腾起白色的水蒸气,升到电灯附近,被加温成雾,然后消失。(《丰乳肥臀》)

例(854)和例(855)中的"得意""轻俏"与"雾",都隐含一定的"大量",但整个结构也无法表达"主观量"。

3. 主观大量的评判

"消极义"还是"非消极义"是判断是否有"主观大量"的标准,我们可以对比下面两个例子:

(856) 台下已经蹲下一大片男女,把眼睛盯着脚下而不敢扬头再

看空中贺老大刀那具被血浆成红色的身躯。(《白鹿原》)

（857）道路两边的庄稼地里团团雾气升起，被夕阳染成暗红色，蛤蟆的沉闷叫声满了沟渠。(《丰乳肥臀》)

例（856）中的"红色"出现在"消极义"的表达中，我们发现，此时，句子隐含着"主观大量"；例（857）中的"暗红色"出现在"非消极义"的表达中，虽然隐含着"大量"，但却没有"主观大量"，仅仅是一种平实的"描摹"。

（二）得字结构

"得字结构"在汉语被字句中也有同样两种表现：一类倾向于"消极义"，另一类倾向于"非消极义"（积极义或中性义）。倾向于"消极义"的，更倾向于强调表达一种"主观大量"；倾向于"非消极义的"，主要是对事物变化的一种"描摹"。从数量上看，两类在分布上无差异，但无论是何种语义，"得字结构"被字句所带来的"致使义"是不变的，因此，它们都构成了"致使类事件"。

1. 消极义

1）细、紧、碎、黏

汉语有时会通过"细、紧、碎、黏"表达"消极义"，例如：

（858）白孝文几次看过被狗们咬得白光光的人的腿骨，被撕得条条绺绺的烂衫烂裤，不由得一阵痉挛，又软软地躺倒在土壕塄坎下，一声咯耳的车轴擦磨的嘶响传来，有人赶车到土壕来取土，孝文瞅了一眼，便认出吆车的人是鹿三，不由地闭上眼睛。(《白鹿原》)

（859）她要杀的仇人蒋立人被遮得严严实实。(《丰乳肥臀》)

（860）那两个在美国的河流里泼水嬉闹的男女，被分割得肢［支］离破碎。(《丰乳肥臀》)

（861）上官玉女的半轮耳朵被上官吕氏没牙的嘴咀嚼得黏黏糊糊，好像一块霉变的薯干……(《丰乳肥臀》)

例（858）到例（861）中的"条条绺绺""严严实实""肢［支］离破碎"和"黏黏糊糊"，分别是通过"细""紧""碎""黏"来表达"消极义"的，而且表现出了一定的"主观大量"。
2) 乱
汉语有时会通过"混乱"来表达"消极义"，例如：

（862）十七团的哨兵被冲撞得东歪西倒。(《丰乳肥臀》)
（863）土道上的，被马踏的已经黑一块白一块，怪可惜的。(《骆驼祥子》)
（864）母亲用一个被咬得坑坑洼洼的小木勺，喂着鹦鹉韩。(《丰乳肥臀》)
（865）这个女人身上那种奇异的气味愈加浓郁，那温热的乳房把他胸脯上坚硬的肋条熔化了，他被强烈的欲望和无法摆脱的恐惧交织得十分痛苦。(《白鹿原》)

例（862）到例（865）中的"东歪西倒""黑一块白一块""坑坑洼洼"和"交织"，分别是通过"混乱"来表达"消极义"的，而且表现出了一定的"主观大量"。
3) 神衰
汉语有时会通过"神衰"表达"消极义"，例如：

（866）土匪们被内乱搞得灰心丧气，精疲力竭，好多人对归顺保安团颇为动心，只是谁也不敢挑梢露头。(《白鹿原》)
（867）黑娃被这场暗杀事件搞得疑神疑鬼，既怀疑弟兄，也担心弟兄们怀疑自己，他敞开亮明地宣布……(《白鹿原》)

例（866）与例（867）中的"灰心丧气"和"疑神疑鬼"，分别是通过"神衰"来表达"消极义"的，而且表现出了一定的"主观大量"。
4) 头昏
汉语有时会通过"头昏"来表达"消极义"，例如：

（868）他被各种兽皮散发的腥膻味儿熏得头晕恶心，尤其在饭桌

上看见岳丈捉筷子的手又加剧了这种感觉。(《白鹿原》)

（869）一位继任的县官初来乍到，被这些以鹿命名的村庄搞得脑袋发胀，命令一律恢复原来的村名，只允许保留白鹿村和白鹿镇两个与鹿有关的名字，白鹿村的村民感到风光，更加珍惜自己的村名。(《白鹿原》)

（870）勺娃被打得晕头转向，清醒过来时就明白第二件事是挨打，于是不加思索地说……(《白鹿原》)

例（868）到例（870）中的"头晕恶心""脑袋发胀"和"晕头转向"，分别是通过"头昏"来表达"消极义"的，而且表现出了一定的"主观大量"。有时还会加入明显的"量"，例如：

（871）她的大近视眼被汗淹得更迷糊了，整个的世界似乎都变成一些模糊不清的黑影。(《四世同堂》)

（872）大先生瞅着被他折腾得完全昏死的兆鹏说……(《白鹿原》)

（873）电车开了以后，老人被摇动得有点发晕，他闭上眼养神。(《四世同堂》)

（874）他的小干脸上红润起来，小干脑袋里被酒力催得嗡嗡的轻响，小眼睛里含着颗小泪珠——他感激冠先生！冠先生虽然从敌人一进城就努力运动，而至今还没能弄到一官半职的，他可是依然乐观。(《四世同堂》)

例（871）到例（874）中的"更""完全""有点"和"嗡嗡"，分别都是通过追加"量"来进一步强化"主观大量"的。①

5）惊吓

汉语的"惊吓"通常表达"消极义"，例如：

---

① "有点"虽然表面是个"小量"，但实际上，例（873）中的"有点"是"大量"的委婉说法。

250 // 汉语被字句的"偏离义"研究

(875) 鹿子霖被这件难以辩解的瞎事搞得惶惶不安。(《白鹿原》)

(876) 白孝文被陌生人描述的血腥图景吓得浑身抖颤,猛烈挣扎着还是无法表态。(《白鹿原》)

(877) 冷先生和亲戚已经失散,他跑上大街,被一声沉闷的爆炸吓得蹲下身子,然后慌慌张张钻进小巷。(《白鹿原》)

(878) 冷先生被这个询问惊扰得心神不宁,恰恰是白嘉轩来向他要了一包刀箭药。(《白鹿原》)

(879) 上官鲁氏被宝贝儿子的奇怪行为吓得举手无措,像个小孩子一样,嘤嘤地哭着,跟着他转来转去。(《丰乳肥臀》)

例(875)到例(879)用"惶惶不安""浑身抖颤""蹲下身子""心神不宁"和"举手无措"来表达"消极义",而且表现出了一定的"主观大量"。

6)不稳

汉语有时会通过"不稳"来表达"消极义",例如:

(880) 那个被饿得东摇西晃的弟弟干嚎过几声之后,就抓起大碗到锅里捞面浇臊子蹲在台阶上大吃起来。(《白鹿原》)

(881) 六姐被磕〔瞌〕睡折磨得身体摇摇晃晃。(《丰乳肥臀》)

(882) 一群既兴奋又惊慌的小学生在他们前边奔跑着,因为频繁回头他们被磕绊得趔趔趄趄。(《丰乳肥臀》)

(883) 上官金童被龙青萍的尸首追得屁滚尿流。(《丰乳肥臀》)

例(880)到例(883)中的"东摇西晃""摇摇晃晃""趔趔趄趄"和"屁滚尿流",分别是通过"不稳"来表达"消极义"的,而且表现出了一定的"主观大量"。

7)脏、烂、臭、磨光

汉语有时会通过"脏、烂、臭、磨光"来表达"消极义",例如:

第四章　汉语被字句的事件类型　// 251

（884）第二年春天，从被雨雪沤得霉朽污黑的麦秸秆下窜出绿翠晶宝［莹］的嫩叶来。(《白鹿原》)

（885）我们站在堤上，望着河里被炮弹炸得破破烂烂的冰面，看着从大窟窿里涌上来的河水，听着冰块坼裂的嘎叭［巴］声，庆幸没掉到河水里去。(《丰乳肥臀》)

（886）在这个女人被涝池奇臭难闻的淤泥涂抹得脏污不堪的身子行将就木之前，他心里开始产生了一种负罪感。(《白鹿原》)

（887）没昏的人蹲在水边，像马一样吃着被雨水浸泡得发黄发臭的水草。(《丰乳肥臀》)

（888）鹿三早已取掉了苇席下铺垫的麦草，土坯炕面上铺着被汗渍浸润得油光的苇席，散发着一股类似马尿的汗腥味儿。(《白鹿原》)

例（884）到例（888）中的"霉朽污黑""破破烂烂""脏污不堪""发黄发臭"和"油光"，分别是通过"脏""烂""臭""磨光"来表达的"消极义"，而且表现出了一定的"主观大量"。

8) 惨状

汉语有时会通过"惨状"来表达"消极义"，例如：

（889）那五个输家被解下来，做梦也没有想到会有失财复得的事，颤巍巍地从桌子上码数了银元，顾不得被刺刷打得血淋淋的手疼，便趴在地上叩头……(《白鹿原》)

（890）大饥馑的恐怖在乡村里渐渐成为往事被活着的人回忆，朱先生偶然在睡梦里再现舍饭场上万人拥挤的情景，像是一群饿极的狼争夺一头仔猪，有时在捉筷端碗时眼前猛然现出被热粥烫得满脸水泡的女人的脸，影响他的食欲……尽管如此，毕竟只是一种阴影，他对县志的编纂工作更加专注了。(《白鹿原》)

（891）马锐被他们打得已是鼻青脸肿，仍咬着牙尽力还手，一次次跌倒一次次爬起来，无力地把瘦小的拳头打在能够着的人身上。(《我是你爸爸》)

（892）最小的上官求弟，大声哭叫着，挪动着两条被跳蚤和蚊虫

叮咬得斑斑点点的小腿，笨拙地向屋子里跑去。(《丰乳肥臀》)

例（889）到例（892）中的"血淋淋""满脸水泡""鼻青脸肿"和"斑斑点点"，分别是通过描画"惨状"来表达"消极义"的，而且表现出了一定的"主观大量"。有时字面意思虽然不是"惨状"，但依然表现出了一定的"主观大量"。

（893）等到晚间回来，她的腰，胳臂，与脖子已被新衣服箍得发木，她的胖脚被小新鞋啃得落了好几块皮。(《四世同堂》)
（894）鹧鸪的头被打得粉碎。(《丰乳肥臀》)

例（893）与例（894）中"落了好几块皮"与"粉碎"依然呈现了一定的"惨状"，表达了"消极义"，而且表现出了一定的"主观大量"。

9）阻止
汉语有时会通过"阻止"来表达"消极义"，例如：

（895）朱先生被呛得噎住，分辩说……(《白鹿原》)
（896）马林生抬起头犹如立于倾盆大雨中，头发湿淋淋地贴在脑门上，眼睛被雨打得睁不开，鼻尖的水呈线流进嘴里，大张的嘴既要呼吸又要不停地往外吐水，那样子格外可怜。(《我是你爸爸》)

例（895）与例（896）中的"噎住"和"睁不开"，分别是通过"阻止"来表达"消极义"的，而且表现出了一定的"主观大量"。

10）没办法
汉语有时会通过"没办法"来表达"消极义"，例如：

（897）无论怎么老实的人，被逼得无可奈何的时候，也会反抗。(《四世同堂》)
（898）她是小崔的老婆，到被逼得无路可走的时候，她会撒野，

会拼命！（《四世同堂》）

（899）他知道只有炸弹可以解决一切，可也知道即使炸弹就在手边，他，马老太太，长顺，都不敢去扔！他自己下过狱，他的父亲被日本人给逼得投了河，他可表示了什么？（《四世同堂》）

（900）被人家追得睡死人屋了，还闹妖闹鬼的。（《丰乳肥臀》）

（901）夏青当场脸就红了，被他弄得不知所措。（《我是你爸爸》）

例（897）到例（901）中的"无可奈何""无路可走""投了河""睡死人屋了"和"不知所措"，分别是通过"没办法"来表达"消极义"的，而且表现出了一定的"主观大量"。

11）比方

汉语有时会通过"打比方"来表达"消极义"，例如：

（902）你们看，她还像个黄花闺女吗？她那两个奶子，被姓蒋的啃得成了糠萝卜。（《丰乳肥臀》）

（903）女兵喊叫着，她的单薄的身躯被马排长沉重的身体压得像一棵小柳树一样弯曲着。（《丰乳肥臀》）

（904）嗷嗷嗷的吼声混合着咒骂，人流像洪水一样滚向县城，土路上扬起滚滚黄尘，大道两旁的麦子被踩踏得像牛嚼过的残渣。（《白鹿原》）

例（902）到例（904）中的"成了糠萝卜""像一棵小柳树一样弯曲"和"像牛嚼过"，分别是通过"打比方"来表达"消极义"的，而且表现出了一定的"主观大量"。

12）累

汉语有时会通过"累"来表达"消极义"，例如：

（905）然后是母亲啼哭着跳下沟渠，把我的肠子捞起来，一圈一圈地往胳膊上绕着，一直绕到我的面前，母亲被我的肠子压得喘着粗气，双眼悲哀地望着我。（《丰乳肥臀》）

(906) 他们自己可是不会跑，因为腿脚被钱赘得太沉重。(《骆驼祥子》)

例（905）与例（906）中的"压得喘着粗气"和"赘得太沉重"，分别是通过"累"来表达"消极义"的，而且表现出了一定的"主观大量"。

13) 不自然

汉语有时会通过"不自然"来表达"消极义"，例如：

(907) 公社干部被他的坦率和敢于自轻自贱的精神弄得有些尴尬，那种拿工资吃公家饭的人所特有的傲慢态度受到了打击，这使他的心里不太平衡，便带着明显的影射，大谈起阶级斗争。(《丰乳肥臀》)

(908) 他抻了抻被衬衫的硬领和领带弄得很不舒服的脖子，脸上布满细密的汗珠。(《丰乳肥臀》)

例（907）与例（908）中的"尴尬"和"很不舒服"，分别是通过"不自然"来表达"消极义"的，而且表现出了一定的"主观大量"。

14) 闪

汉语有时会通过"闪"来表达"消极义"，例如：

(909) 平坦的柏油马路上铺着一层薄雪，被街灯照得有点闪眼。(《骆驼祥子》)

(910) 他被这种直射眼中的强光刺激得几乎都要流泪了。(《我是你爸爸》)

(911) 马林生闭着眼躺着，一只眼沉甸甸热乎乎漆黑一团，一只眼被阳光照得满目橙红不时跳跃着水泡般的成串光斑，眼皮像痒了似的不住哆嗦。(《我是你爸爸》)

(912) 由马家跑出一群小娃娃来，有男有女，都一样的肮脏，小衣服上的污垢被日光照得发亮，倒好象穿着铁甲似的。(《四世同堂》)

例（909）到例（912）中的"照得有点闪眼""强光刺激得几乎都要流泪了""照得满目橙红"和"照得发亮"，分别是通过"光闪"来表达"消极义"的，而且表现出了一定的"主观大量"。

2. 非消极义

1）高程度

当句子表达"非消极义"时，即便有"大量"，句子也无"主观大量"，例如：

（913）从白鹿村朝北走，有一条被牛车碾压得车辙深陷的官路直通到白鹿原北端的原边，下了原坡涉过滋水就离滋水县城很近了。（《白鹿原》）

（914）看样子她被太阳光晒得很怂，很舒坦。（《丰乳肥臀》）

例（913）与例（914）中都有"很"做修饰，但依然只是客观描述，而不表现"主观大量"。有时，虽然没有"很"做修饰，仍然隐含"大量"，但还不是"主观大量"，例如：

（915）看着院内的空棚，被水月灯照得发青，和撤去围裙的桌子，老头子觉得空寂无聊，仿佛看到自己死了的时候也不过就是这样，不过是把喜棚改作白棚而已，棺材前没有儿孙们穿孝跪灵，只有些不相干的人们打麻将守夜！（《骆驼祥子》）

（916）上官寿喜黑油油的小脸被一道阳光照耀得金光闪闪，两只漆黑的小眼睛闪烁着，宛若两粒炭火。（《丰乳肥臀》）

（917）大概有几百根炊烟，在沙丘之间笔直地竖起，升到被阳光照耀得灿烂夺目的高空，才扩散成絮状，缓慢地连成一片。（《丰乳肥臀》）

（918）她被自己的虔诚感动得热泪盈眶，耳边仿佛就听到了麒麟颈下的金铃叮当着，降落到自己的眼前。（《丰乳肥臀》）

（919）她在蒿草中转过身，草上的露水打湿了她的衣服，显出了她那两只被六十八只鸡蛋营养得繁荣昌盛的乳房——与她的瘦骨伶仃的身体不相匹配的丰满乳房——上官金童心里立即充满了甜蜜而惆怅的感觉,与眼前这个美貌右派似曾相识的感觉像蚂蚁一样排着长长的队伍爬进他的脑海,他不由自主地对着她伸出了手,但她灵巧地弯下腰,钻到铁丝网外边去了。(《丰乳肥臀》)

(920)同桌的伙伴们,学了邻桌大人们的样子,用白色的汤匙,舀汤,当然是尽量舀稠的,盆中的汤被他们搅得浪花飞溅。(《丰乳肥臀》)

例(915)到例(920)中的"发青""金光闪闪""灿烂夺目""热泪盈眶""繁荣昌盛"和"浪花飞溅",虽然都隐含"大量",但还不是"主观大量"。

2)轻微程度

有些是"轻微程度"的,例如:

(921)太阳还在西边的最低处,河水被晚霞照得有些微红,他痛快得要喊叫出来。(《骆驼祥子》)

(922)她的脸上大概又擦了粉,被灯光照得显出点灰绿色,象黑枯了的树叶上挂着层霜。(《骆驼祥子》)

(923)我们站在跨院门口边抽烟边说话,银幕后边的木结构小楼被银幕透射过去的白光照得轮廓浮现,银幕上人物的对白声在天井中瓮声瓮气地回荡,响起坦克履带震耳欲聋的"轧轧"声。(《玩的就是心跳》)

(924)下面的肥黑裤被小风吹得微动,象一些什么阴森的气儿,想要摆脱开那贼亮的灯光,而与黑夜联成一气。(《骆驼祥子》)

例(921)到例(924)中的"有些微红""显出点灰绿色""轮廓浮现"和"微动",虽然都隐含"轻微量",但还不是"主观小量"或"主观大量",总的来看还是一种"客观量"的表达。

3)不稳定

有时还用一种"不稳定"来表达"量"的问题,例如:

(925)他走到玻璃罩子灯前,嘴叼着烟,凑到灯火上方,眯着

眼，吧嗒吧嗒地吸着，火苗在灯罩里被拉扯得上下跳跃，烟头发了红，发了亮。（《丰乳肥臀》）

（926）马林生站在路边的一个警察身边观看，他们俩都毫无表情，脸被灯光映得一会儿红一会儿绿有种霓虹效果。（《我是你爸爸》）

（927）一只牵着银色细丝的蟢蛛，悬挂在明亮的窗户前，被微风吹得悠来荡去。（《丰乳肥臀》）

例（925）到例（927）中的"上下跳跃""一会儿红一会儿绿"和"悠来荡去"，都是用"不稳定"来表现某种"大量"，但此时表现的仍不是"主观大量"。

4）打比方

有时还用"打比方"的办法，例如：

（928）桥上没人，连岗警也不知躲到哪里去了，有几盏电灯被雪花打得仿佛不住的眨眼。（《骆驼祥子》）

（929）鸟儿韩看着老人被海风吹得像树皮一样粗糙的脸，心软得不行。（《丰乳肥臀》）

（930）把五个蛋交出去，她把多年积下的脏野的词汇全搬出来，骂她自己，"那个老东西"，与日本人，因为她活了一世，向来没有用过五个鸡蛋给人家贺喜。"五个蛋，丢透了人喽！"她拍打着自己的大腿，高声的声明。可是，马老太太被感动得几乎落了泪。五个鸡蛋，在这年月，上哪儿找去呢！（《四世同堂》）

（931）冰冷的夜雾，浸打着他被泰国女郎按摩得娇贵了的皮肤。（《丰乳肥臀》）

（932）到达山顶，风力大了许多，那面白色的试风旗，被风吹得波波作响，旗上的红绿丝绦，在风中飞舞，宛如锦鸡的长尾。（《丰乳肥臀》）

例（928）到例（932）中的"仿佛不住的眨眼""像树皮一样粗糙""几乎落了泪""娇贵"和"波波作响"，都是用"打比方"的方式来表现某种"大量"，但此时表现的仍不是"主观大量"。

3. 主观大量的评判

"消极义"还是"非消极义",是判断是不是"主观大量"的标准,例如:

(933) 祥子在棚里坐着呢,人模狗样的,脸上的疤被灯光照得象块玉石。(《骆驼祥子》)

(934) 那些熟悉的脸和不熟悉的脸,被白雪映衬得颜色浓重,红得如重枣,黑得如煤球,黄得似蜂蜡,绿得如韭菜。(《丰乳肥臀》)

例(933)中的"人模狗样的"提示该句整体上是"消极义"的,此时,被字句就可以理解为"消极义"的,蕴含"主观大量";例(934)是"非消极义"的,此时,被字句并不蕴含"主观大量",虽然此时还多了一个程度修饰语"浓",但依然没有"主观大量",仅仅是一种"客观"描述。

有时由于语境不清,无法判断"消极义"还是"非消极义",单从字面意思还是无法判断下面例子里的被字句是否蕴含"主观大量",例如:

(935) 香甜的粥被喝得一片响。(《丰乳肥臀》)

(936) 十多家锣鼓班子摆开场子对敲,震得鸽子高高地钻进蓝天不敢下旋,白鹿村被震得颤颤巍巍。(《白鹿原》)

(三)连谓结构

"致使类事件"中的连谓结构主要有三种:"因果关系""伴随关系"和"相继关系"。

1. 因果关系

有的"连谓结构"呈现的是"前因后果"的关系,例如:

(937) 那些毛发被人拿到灵棚前的场地焚烧,一股焦臭的气味弥散开来,引起好多围在跟前的人呕吐不止……(《白鹿原》)

(938) 在小崔被李四爷抬埋了以后,她病了一大场。(《四世同堂》)

第四章　汉语被字句的事件类型　// 259

(939) 他虽没被日本人捉去拷打，可是他已感到自己的心是上了刑。(《四世同堂》)

(940) 白孝武叙说，二姑家的皮货铺店被砸了，二姑父被拉去拷打了三天三夜，说不清白灵的去向，却交代了咱家的亲戚。(《白鹿原》)

(941) 我和他们打哈哈，说我昨天去接他们的路上忽然晕倒了被好心人送到医院急救。(《玩的就是心跳》)

(942) 因为头撞玻璃、毁人模特，被送进精神病院整治了三年的上官金童，木讷地摇着头。(《丰乳肥臀》)

例 (937) 到例 (942) 中的"拿到灵棚前的场地"与"焚烧"、"抬"与"埋"、"捉去"与"拷打"、"拉去"与"拷打"、"送到医院"与"急救"和"送进精神病院"与"整治"，前后都呈现出一定的"因果"联系，前一个成分如果单独出现，句子都会显得比较突兀。[①]

有时会有一定结构关系的联系，例如：

(943) 有一碗鲫鱼汤放在较远的地方，荣宝搛不着，站起身来伸长了手臂去搛，却被鸿才伸过筷子来把他的筷子拦腰打了一下，骂道……(《十八春》)

(944) 他在中越边境战争时作为一名普通步兵在越南丛林中待了一星期，那时胳膊上还有一片片被越南蚊子叮过后抓破感染未愈的红疤和瘢痕。(《玩的就是心跳》)

(945) 在抗战前的四五年中，这些几乎被忘掉的民间技艺才又被军队发现而重新习练起来——它们表演的地方可不必再是香火大会，表演的目的也往往由敬神而改为竞技。(《四世同堂》)

例 (943) 到例 (945) 中的"被……把……""被……后……"

[①] 例 (941) 与例 (942) 似乎是一个例外，那主要是与"送到医院"和"送进精神病院"所能激活的完形联想密切相连，因为一提起"医院"和"精神病院"自然会激活我们对"治病"的联想，所以，即便后面不出现"急救"与"整治"，类似的语义也隐含在句子中。

"被……而……"都是通过"结构"的形式,使得连接的两个成分间有了一定的"因果"关系。当然,结构关系不一定都如此紧密,也有关系松散,中间允许出现较大停顿的,例如:

(946)一桶桶胀鼓鼓的垃圾被叉车装置吊到车顶,倾入车厢,空中刮着大风,碎纸飞舞,恶息扑鼻,马林生踩着一地狼藉掩面而过,还是给弄了一头一脸灰,使他看上去更是一副倒霉相。(《我是你爸爸》)

例(946)中"吊到车顶"与"倾入车厢"中间关系松散,可以用"逗号"隔开,但仍然可以是"因果"关系。

2. 伴随关系

"伴随关系"多数选择前一个成分带"着"的形式,例如:

(947)他们是刚刚由冠家来的,冠家给了他们香烟,热茶,点心和白兰地酒,所以他们并没搜检,就被冠晓荷鞠着躬送了出来。(《四世同堂》)
(948)哑巴被五花大绑着推到坑边,几十个兵持枪站成一排。(《丰乳肥臀》)
(949)孝武想到自己的疏忽,立即跑去找鹿三,鹿三早已鼾声如雷,迷迷瞪瞪穿上衣裤被孝武牵着袖子拉到厅房里,在闪烁的蜡烛前眯睁着眼。(《白鹿原》)

例(947)到例(949)中的"鞠着躬送了出来""五花大绑着推到坑边""牵着袖子拉到厅房里",都是通过选择前一个成分带"着"的形式,使得连接的两个成分间有了一定的"伴随"关系。有时形式还可以多样化,例如:

(950)他被齐女士堵着嘴粘着,插翅难逃。(《我是你爸爸》)
(951)廖军长在惊悉他的爱将第一大队长被捆绑押进囚窑时,终于失去了最后的忍耐,直接找到毕政委住的密洞立逼他放人。(《白鹿原》)

例（950）中的"堵着嘴粘着"，虽然用了两个"着"，但实际的意思基本上就是"堵着嘴粘"。例（951）中的"捆绑押进囚窑"，实际上的意思就是"捆绑着押进囚窑"，它们都是"伴随"关系。有时还会用一些"结构"的形式表示"伴随"关系，例如：

（952）老邓和小毕被日本人抓住了——正所谓因祸得福——日本投降后第二年，他们被当做战俘引渡回中国，而在围剿中突围逃跑的乌儿韩，却注定要在北海道荒山密林中，苦苦煎熬十三年，直到那个大胆的猎户把他当做冬眠的狗熊，从雪窝子里掏出为止。（《丰乳肥臀》）

（953）第二天就揭发了我，一封检举信写到了团政治部，我被作为混在知青队伍中的美女蛇，拉到全团职工知青大会上批判。（《玩的就是心跳》）

例（952）与例（953）中的"当做战俘""作为混在知青队伍中的美女蛇"，都是通过"当做/作为……"这种"结构"形式，使得连接的两个成分间有了一定的"伴随"关系。①"伴随关系"的最大特点是删去"伴随成分"后，句子还成立。

3. 相继关系

有时两个成分间既没有"因果"关系，也没有"伴随"关系，仅表示"前后相继"两个动作，例如：

（954）幸亏我们照理除了帮人的忙以外，还不曾有被吃的义务。但到身后被人拿去大六月太阳下晒，晒干了再拿来煮他们的大米饭，不仍然是被吃么？（《阿丽思漫游奇境记》）

（955）一时间人心惶惶，人们睡觉都睁着眼睛，生怕被周天宝拉出去吃掉。（《丰乳肥臀》）

（956）金童被拘押审讯。（《丰乳肥臀》）

---

① 这类情况我们还是划定在"致使类事件"里，而不是如前文放在"认识类事件"中，最主要原因是整个句子表达的重心还是在后一部分，而不是前面的认识成分。

(957)鹿三顺从了众人的意向,回原路上所过的村庄,凡是没有参与交农的人家都受到严厉的惩罚,锅碗被砸成碎片,房子被揭瓦捣烂(本应烧掉,只是怕殃及邻舍而没有点火),有两家乡性恶劣的财东绅士也遭到同样的惩治。(《白鹿原》)

例(954)到例(957)中的"拿"与"晒"、"拉"与"吃"、"拘押"与"审讯"、"揭瓦"与"捣烂",都没有必然的"因果"关系,也非"伴随"关系。类似的还有:

(958)陶部长满脸血污,被人拉起来拖挟到后台,仅仅只抢先一步从窗口翻跳出去,大厅里有人撑开一条写着"还我河山"的横幅布标,学生们便自动挽起臂膀在横标的引导下冲出礼堂,踏倒了卦摊儿,撞翻了羊肉泡馍的汤锅,一路汹涌,一路吼喊着冲上大街。(《白鹿原》)

(959)大概他的太太,冠所长,就是被这辆车拖出去扔在野外的。(《四世同堂》)

(960)我笑,被高洋拉着站成一排,百姗被许逊推到我身边接住。(《玩的就是心跳》)

(961)黑娃被放开手脚解去蒙在眼上的裤子,强烈的灯光耀得他睁不开眼睛。(《白鹿原》)

例(958)到例(961)中的"拉"与"拖挟"、"拖"与"扔"、"推"与"接住"、"放"与"解",都没有必然的"因果"关系,也非"伴随"关系。

(四)带保留宾语结构

1. 存现义

带"保留宾语"的结构多数有"消失义",例如:

(962)可是四乡八镇的人民,因为丢失了家产,或被敌人烧毁了村庄,或因躲避刀兵,象赶集似的一群群的往这座死城里走。(《四世同堂》)

(963) 六姐的乳房，洁白如粉团，内含两包蜜，搜遍天涯海角难得的佳肴，今夜就要掉进牙齿雪白的美国人嘴里，供他啃，让他嚼，被他吸干汁液变成两张苍白的皮。(《丰乳肥臀》)

(964) 还追踪报道了一起轰动全市的案件，一个偷牛贼，被割掉鼻子后，竟然到法院状告了那两个割他鼻子的农民。(《丰乳肥臀》)

(965) 他们蹲在地边，捏捏泥土，小心翼翼地捡起几粒刚刚溜进垄沟的种子，在手心捻，用指头搓，那小小的籽粒几被捻搓净了泥土，油光闪亮，像黑紫色的宝石。(《白鹿原》)

(966) 对这种各打三十大板的判法，农民们骂不绝口，几个胆大的，鼓动起几十个被偷过牛的农民，到法院门前静坐示威。(《丰乳肥臀》)

例（962）到例（966）中的"烧毁了村庄""吸干汁液""割掉鼻子""籽粒几被捻搓净了泥土"与"偷过牛"，都有"消失义"。

有的是数目的减少，例如：

(967) 老杜上前，欲用草墩子抡瞎子，去长白山挖人参被狗熊舔去半边脸的方半球劝解道……(《丰乳肥臀》)

(968) 那人被炸断一条腿，鲜血沿着空荡荡的破烂裤管，淅淅沥沥地淌在地上。(《丰乳肥臀》)

例（967）与例（968）中的"舔去半边脸""炸断一条腿"，都表示"数目的减少"。但有时是出现，例如：

(969) 六姐像一只要甩掉自己尾巴上被恶作剧的男孩拴上了铃铛的小狗，不停地转着圈。(《丰乳肥臀》)

例（969）中的"拴上了铃铛"表示的是"出现义"。

2. 非存现义

当然，也有同"存现"无任何关系的，例如：

(970) 一个被绳子勒低了头,他拼命想昂起头,但几只强有力的大手不容他抬头。(《丰乳肥臀》)

(971) 冒着乱箭般的急雨,我们被赶进了风磨房,这是镇上最高大的建筑物,如今变成了临时囚牢。(《丰乳肥臀》)

(972) 被踩断脖子的野花。(《丰乳肥臀》)

(973) 人们把头扎在双腿之间,生怕被大人物看到自己的脸。(《丰乳肥臀》)

(974) 我松开了羊,它早就想冲上去,但被抱住了脖子。(《丰乳肥臀》)

例(970)到例(974)分别表示"使低头""使进了风磨房""使野花断脖子""使人看到自己的脸"和"使人抱住了脖子",与"存现义"没有关系。

二 使令事件

"使令事件",即具有"使令性",带有"邀约""迎送""强迫"义的一种"致使性事件"。

(一) 邀约

有的表示"邀约",例如:

(975) 三官庙的和尚被请来做了道场。(《白鹿原》)

(976) 徐先生在白鹿村学堂关闭以后,被朱先生邀去做县志编纂工作了。(《白鹿原》)

(977) 一个写家被约去讲演,或发表了一点政见,都被他看成是出风头,为自己宣传。(《四世同堂》)

(978) 晚饭后在万房东屋老娘的住室里,白嘉轩临时决定召集一次家庭成员的聚会,孝文和三儿子孝义是他叫来的,老二的媳妇由仙草告知,作为这个家庭非正式的却是不可或缺的成员鹿三,是他亲自到马号里去请来的,而且被礼让到桌子那边的一张简易太师椅上,两个媳妇规规矩矩坐在婆的已经开始煨火的炕边上。(《白鹿原》)

例（975）到例（978）中的"请""邀""约"与"让"，都表示一种"邀约"。

（二）迎送

有的表示"迎送"，例如：

（979）朱白氏陪着母亲自赵氏有说不完的话题，朱先生被白嘉轩迎接到上房西屋自己的寝室就座，这两个人坐到一起向来没有寒暄，也没有虚于应酬的客套和过分的谦让，一喝茶水便开始他们想说的实事。（《白鹿原》）

（980）兆鹏和兆海小小年纪被丈夫送到远离家屋的白鹿书院去念书，她就在惶寂中跪倒在佛龛面前了，早晚一炉香。（《白鹿原》）

（981）天佑太太并不喜欢睡热炕，她之所以保留着它是她准知道孙子们一到三四岁就必被派到祖母屋里来睡，而有一铺炕是非常方便的。（《四世同堂》）

（982）招弟（已由狱中出来，被派为监视北平的西洋人的"联络"员）虽然穿着高跟鞋，可是身量还显着很矮。（《四世同堂》）

例（979）到例（982）中的"迎接""送"与"派"，都表示一种"迎送"。

（三）强迫

有的表示"强迫"，例如：

（983）老爷，老爷，饶了我吧，我是被他们逼着来的，我不来他们就揍我，把我的牙都打出血来了，老爷，饶了我吧……（《丰乳肥臀》）

（984）鹿兆鹏被解回白鹿仓的当天晚上，只在那个临时作为监房的小屋里躺了不到一个小时，随后就被悄悄抬上他父亲亲自赶来的骡马大车，顶替他的替死鬼被强迫换上了他的长袍。（《白鹿原》）

例（983）与例（984）中的"逼"与"强迫"，都表示一种"迫使"。

三 隐性致使事件

"隐性致使事件"有的是"语义"上的,有的是"结构"上的,有的还是通过"转喻"的形式隐性表达出来的。

（一）语义隐性致使

"语义隐性致使"主要包括"使不类"与"使能类"。

1. 使不类

"使不类"具体包括"使不能类"和"使不承担类"。

1）使不能类

"使不类"中有一类的词汇义本身有"使……不能……"的"阻止义",即"使不能类"。例如：

（985）在那里,他应该把太阳旗一脚踢开,而把青天白日旗插上,迎着风飘荡！被压迫百多年的中国产生了这批青年,他们要从家庭与社会的压迫中冲出去,成个自由的人。(《四世同堂》)

（986）这个重大活动的地点选择在白鹿原的用意十分明显,被镇压的三个罪犯有两个都是原上的人。(《白鹿原》)

（987）她的时常被饥饿困迫的瘦身子忽然来了一股邪力气,几乎把李四妈撞倒。(《四世同堂》)

（988）女演员被他的威严震慑住了。(《丰乳肥臀》)

（989）我记住！我走后,只是不放心大哥！瑞宣大哥是那么有思想有本事,可是被家所累,没法子逃出去！在家里,对谁他也说不来,可是对谁他也要笑眯眯的象个当家人似的！(《四世同堂》)

（990）她甚至以为他永远都不会出现这些神色,即使被围捕被通缉,被塞进枯井,他也不会尴尬,不会惊慌,不会难堪。(《白鹿原》)

例（985）到例（990）中的"压迫""镇压""困迫""震慑""累"[①]与"通缉",都表示"使……不能……"的"阻止义"。

---

① 这里的"累"读上声,有"拖累"的意思;不同于"连累",前文研究已把"连累"归入"存现事件",而且"连累"的"累"读去声。

2）使不承担类

"使不类"中还有一类是表示"使……不承担……责任"的"阻止义",即"使不承担类"。例如:

(991) 这样的马是应该杀掉的,但据说它有过战功而被赦免。(《丰乳肥臀》)

(992) 主啊,我们的在天之父,我们沐浴着您的光荣,您的血浇灌着玫瑰和蔷薇,让我们呼吸着神的馨香,我们的罪被洗了,我们心安宁……阿门!阿门……(《丰乳肥臀》)

例（991）与例（992）中的"赦免"与"罪被洗"都表示"使……不承担……责任"的"阻止义"。

2. 使能类

"使能类"包括"触发类""诱骗类""污/感染类""征服类""化类"。

1）触发类

有的是"触发类",例如:

(993) 她从空中慢慢下降像从滑梯上慢慢溜下来,我仰视着她像被裹进温暖软的襁褓,惬意感如同涟漪在我身上一圈圈散开一波波起伏,我身体的底蕴被触动了激活了,犹如一线波涛从天外远远奔来,愈来愈清晰愈来愈浩荡。(《玩的就是心跳》)

(994) 母亲灵感被触发,从此之后,她每天临下工之前,趁着磨房［坊］里的幽暗,发疯般地吞咽粮食,胃袋沉甸甸地装满了粮食,哗啦,哗啦,哗啦啦地倾吐到木盆里。(《丰乳肥臀》)

(995) 起初是漫无用心的,看到三分之一处,他的全部才智便被激活了焕发了,眼光也因之变得锐利。(《我是你爸爸》)

(996) 另外,他也被这个女人肆无忌惮的言行所激励,也拿出几分厚颜无耻的劲头,"你站起来走几步给我看看"。(《我是你爸爸》)

例（993）到例（996）中的"触动""触发""激活"与"激

励",都表示"使……能……"的意思。类似的还有"惊动""打动""感动"① 和"梳理",例如:

(997) 皮肤松弛、脸上长满瘊子的店主被母亲的呼叫声惊动,拖拉着松松垮垮的身体,急匆匆地来到我们房间。(《丰乳肥臀》)
(998) 老太太以为马林生被她打动了,触着了心事,愈发语重心长:"你一个男人,带着孩子,工资又不高,是麻烦,焦心的事多。不如把孩子放我那儿,我给你带着。"(《我是你爸爸》)
(999) 朱白氏倒真的被侄女感动了。(《白鹿原》)
(1000) 她们被梳理时都咧嘴皱眉乱叫唤。(《丰乳肥臀》)

例(997)到例(1000)中的"惊动""打动""感动"和"梳理",都表示"使……能……"的意思。

2) 诱骗类

有的是"诱骗类",首先是"诱",例如:

(1001) 不是我说你,林生,你也一把年纪了,怎么还能不分好歹见食主不吞——被人钓了吧?(《我是你爸爸》)
(1002) 姑且定她不喜欢那本书吧,她应该是个有主见、不那么轻易就得到满足的人,否则难保不在遇见他之前先被别人勾搭走了。(《我是你爸爸》)
(1003) 他心里这样想着,却止不住下身那东西被挑逗被撩拨的疯胀起来,做梦也意料不到的事突然发生了,黑暗里有一只手抓住了他的那个东西,白孝文恼羞成怒转过头一看,田小娥正贴着他的左臂站在旁侧,斜溜着眼睛瞅着他,那眼神准确无误明明白白告示他……(《白鹿原》)
(1004) 我要利用你们,而不被你们利用。(《四世同堂》)

例(1001)到例(1004)中的"钓""勾搭""挑逗""撩拨"

---

① 当后接"得字结构"时,我们归之为"使成事件"。

与"利用",都表示"使……能……"的意思。

其次还有"骗",它们也都表示"使……能……"的意思,例如:

(1005)马林生当场就有点被讹上了的感觉。(《我是你爸爸》)
(1006)对于曼桢,那是外面广大的世界里来的声音,她心里突然颤栗着,充满了希望,她扑在门上大声喊叫起来了,叫他给她家里送信,把家里的地址告诉他,又把世钧的地址告诉他,她说她被人陷害,把她关起来了,还说了许许多多的话,自己都不知道说了些什么,连那尖锐的声音听着也不像自己的声音。(《十八春》)

例(1005)与例(1006)中"讹"与"陷害",都表示"使……能……"的意思。

3)污/感染类
有的是"污/感染类",例如:

(1007)鸟枪队员们先是仰脸看着枣木耶稣落满灰尘和鸟粪的身体,继而看看马牧师被鼻血污染的脸。(《丰乳肥臀》)
(1008)她撩起水,洗净了被泪水、汗水玷污了的脸,整理了一下衣服,回了家。(《丰乳肥臀》)
(1009)几个被母亲感染了的百姓,七手八脚把袜子鞋子套在房石仙脚上,然后架起他来就跑。(《丰乳肥臀》)
(1010)被我们的哭声感染,磨房[坊]里的女人们嚎啕大哭起来。(《丰乳肥臀》)

例(1007)到例(1010)中的"污染""玷污"与"感染",都表示"使……能……"的意思。

4)征服类
有的是"征服类",例如:

(1011)有这样的英雄的民族是不会被征服的!每听到这样一件

可歌可泣的故事，他便兴奋得不能安睡。(《四世同堂》)

（1012）当然也可以食用，大栏市的官员们都是些食物冒险家，他们大大地拓宽了人类的食物领域，过去，许多被传统观念认为有毒、不洁、不能吃的东西，都被这批冒险家征服了。(《丰乳肥臀》)

例（1011）与例（1012）中"征服"[①] 表示"使……能……"的意思。

5）化类

有的是"化类"，例如：

（1013）他的理想往往被事实战败，他的坚强往往被人生的小苦恼给软化，因此，他往往不固执己见，而无可无不可的，睁一眼闭一眼的，在家庭与社会中且战且走的活着。(《四世同堂》)

（1014）他的心被温暖的女人的柔情融化了。(《丰乳肥臀》)

（1015）那是早饭后，她纺罢五根棉花捻子刚接上第六根拉出线头儿，突然从身体在某一部位爆起一串灼亮的火花，便有一种被融化成水的酥软，迫使她右手丢开纺车摇把，左手也扔了棉花捻子，双臂不由自主地掬住胸脯，像冰块融化，像雪山崩塌一样倒在纺车前浑身抽搐颤栗。(《白鹿原》)

例（1013）到例（1015）中的"软化""融化"与"熔化"，也都表示"使……能……"的意思。

（二）结构隐性致使

有的是"结构隐性致使"，即后一致使结果在结构上不出现，例如：

（1016）我舔食，是被逼，不舔就挨打，舔不干净还挨打，没有乐趣，只有屈辱。(《丰乳肥臀》)

[①] "征服"与"压迫"有一些不同：前者凸显征服者，后者凸显被压迫者；基于此，我们把前者归为使能类，后者归为使不类。

(1017) 他也晓得，求事的人来得越早，被求的人就越要拿架子，故意的不肯出来会见。(《四世同堂》)

(1018) 白嘉轩决定只请大姐夫朱先生一个人监督分家，作为这种场合必不可缺的孩子的舅舅没有被邀请，山里距这儿太远了。(《白鹿原》)

(1019) 小顺儿是被日本孩子骑着呢。(《四世同堂》)

(1020) 几条枪象被电气指挥着似的，一齐口儿朝了北。(《四世同堂》)

(1021) 上官念弟高高的乳房，樱桃样的乳头，被白绸旗袍夸张地突出了。(《丰乳肥臀》)

例（1016）到例（1020）中的"逼""求""邀请""骑"与"指挥"，它们后面都分别隐含了一个致使结果的成分"做什么"，例（1021）中的"突出"，实际上后面也隐含了一个致使结果的成分"被看见"。因此，它们都属于"结构隐性致使"[①]。

（三）转喻

1. 使能类

有时，"致使义"是通过"转喻"的形式隐性地表达出来的，例如：

(1022) 在等待机会的时节，她须向大赤包屈膝，好躲开被送进窑子去的危险。(《四世同堂》)

(1023) 五个儿子被打死四个，剩下一个被罚了劳役的胡天贵，挂着一根柳木棍子，下巴上结着冰，头上包着一块白布、身上披着一条破麻袋，弯着腰，伸出两根黑色的指头，跟村里编草鞋的巧手匠人裴黄伞讲价钱，裴伸出三根指头，把胡天贵的两根手指压下去。(《丰乳肥臀》)

(1024) 倒是有个叔叔被日本人抓过劳工，在北海道下了二年煤

[①] 当然，"语义隐性致使事件"与"使令事件"之间不是绝对排斥的，"词语"有时会有"交叉"现象。

窑，别的，连"猪仔"也没福当过。(《玩的就是心跳》)
（1025）她沿着苇塘边泥泞的、弯弯曲曲的小路往前走，巴望着能找到一块没被野鸭糟蹋过的水面，找到螺蛳，完成婆婆交给的任务。(《丰乳肥臀》)

例（1022）到例（1025）中"送进窑子""罚了劳役""抓过劳工"与"糟蹋"，都是以"转喻"形式表达"使……成为妓女""使……成为劳力"和"使……脏乱"，因此，它们都表示"使……能……"的意思。

2. 使不能类
有的表示"使……不能……"的意思，例如：

（1026）马锐被扫了兴，懒洋洋地说。(《我是你爸爸》)
（1027）上官金童被架空、天天坐在电视机旁，一遍又一遍地看着"独角兽"牌乳罩广告："独角兽"在胸，天南海北路路通。(《丰乳肥臀》)

例（1026）与例（1027）中的"扫了兴"与"架空"，它们都是以"转喻"形式表达"使……没有兴致""使……没有权力"，因此，它们都表示"使……不能……"的意思。

四 关联致使事件

"关联致使事件"主要包括两种类型："外部结构强制型"和"内部结构驱动型"。"关联致使事件"与前述"使成事件""使令事件""隐性致使事件"最大的不同在于："关联致使事件"是本无"致使"可能，仅是结构使然，而且该结构自身也无必然的"致使义"，例如"一……（就/便）……"与"被字结构"也无必然的"致使义"；而"使成事件""使令事件""隐性致使事件"主要是做谓语的动词或某一固定的致使结构使然。

（一）外部结构强制型
有的"关联致使义"主要来自于"一……（就/便）……"外部

结构的强制添加，例如：

（1028）蓝东阳被井田那么一推，爽性不动了，就那么屁股顶着墙，静候代表们全走过去。(《四世同堂》)
（1029）他是个可怜的陀螺，被哪条时代的鞭子一抽，他都要转几转……(《四世同堂》)
（1030）过度爱和平的人没有多少脸皮，而薄薄的脸皮一旦被剥了去，他们便把屈服叫作享受，忍辱苟安叫作明哲保身。(《四世同堂》)
（1031）曹先生被凉风一飕，大概是半睡着了，要不然他必会阻止祥子这样的飞跑。(《骆驼祥子》)

例（1028）到例（1031）中的"一推"与"不动"、"一抽"与"转几转"、"一旦被剥了去"与"把屈服叫作享受，忍辱苟安叫作明哲保身"、"一飕"与"半睡着了"，它们都是以"一……（就/便）……"外部结构的强制添加来表达"关联致使义"。

（二）内部结构驱动型

有的是通过被字句"内部结构"的驱动来获得"致使义"的，例如：

（1032）他声音沉重凄楚地向冷先生述说家父暴亡妻子短命家道不济这些人人皆知的祸事，哀叹自己几乎是穷途末路了，命里注定祖先的家业要败落在他的手里了。(《白鹿原》)
（1033）麻子红出演村姑，天生的娇嫩甜润的女人嗓音特富魅力，人们已经忘记了他厚厚的脂粉下打着揲儿的大小麻窝儿，被他的表演倾倒了。(《白鹿原》)

例（1032）与例（1033）中的"落"[1] 与"倾倒"都是不及物动词，句法上都不适合用被动句进行表达，也无"致使义"，但它们

---

[1] 落 [lào]：意思是"退去""葬送"。

都受被字句内部结构的驱动而表达出了"致使义"。

有的是事物语义间虽无太多"施受关联性",但受被字句内部结构的驱动,获得了"致使义",例如:

(1034)繁重而又紧张的收麦播秋持续了一月,她被地里场里和灶间头绪繁杂的活儿赶得团团转,沉重的劳作所产生的无边无际的疲倦,倒使她晚上可以睡上半宿踏实觉了。(《白鹿原》)

(1035)他心里开始起了熬煎,这女人要是住下半年几个月,自己非得被厌烦致死。(《白鹿原》)

例(1034)与例(1035)中的"地里场里和灶间头绪繁杂的活儿"与"赶得团团转"中的"她","厌烦"与"致死"中的"他自己",语义上都无"施受关联性",也无"致使义",但它们都受被字句"内部结构"的驱动而表达出了"致使义"。

五 致使类事件的完形偏离问题

各类"致使类事件",无论是"使成事件""使令事件""隐性致使事件",还是"关联致使事件",总的意思都是"使得某人或某物发生改变",因此,都偏离了"自由、平等"的理想型完形,其中涉及"贬义"的还关系到对"博爱"理想型完形的偏离。因此,符合本书对汉语被字句"偏离义"的理解。

参考文献

柏晓静、詹卫东：《汉语"被"字句的约束条件与机器翻译中英语被动句的处理》，邢福义主编：《汉语被动表述问题研究新拓展》，华中师范大学出版社2006年版。

北京大学中文系汉语教研室编：《语法修辞》，商务印书馆1973年版。

陈力：《表被动时"被"与"让"的差异》，郭继懋、郑天刚主编：《似同实异——汉语近义表达方式的认知语用分析》，中国社会科学出版社2002年版。

陈忠：《认知语言学研究》，山东教育出版社2006年版。

戴耀晶：《现代汉语被动句试析》，邢福义主编：《汉语被动表述问题研究新拓展》，华中师范大学出版社2006年版。

邓守信：《从第二语言习得看被动句》，邢福义主编：《汉语被动表述问题研究新拓展》，华中师范大学出版社2006年版。

邓思颖：《汉语被动句的三个句法问题》，邢福义主编：《汉语被动表述问题研究新拓展》，华中师范大学出版社2006年版。

丁声树等：《现代汉语语法讲话》，商务印书馆1961年版。

古川裕：《现代汉语的"中动语态句式（middle construction）"——语态变换的句法实现和词法实现》，邢福义主编：《汉语被动表述问题研究新拓展》，华中师范大学出版社2006年版。

黄伯荣、廖序东主编：《现代汉语》，高等教育出版社1997年版。

黎锦熙：《新著国语文法》，商务印书馆1992年版。

李福印编著：《认知语言学概论》，北京大学出版社2008年版。

李临定：《汉语比较变换语法》，中国社会科学出版社1988年版。

李临定:《现代汉语句型》,商务印书馆1986年版。

李珊:《现代汉语被字句研究》,北京大学出版社1993年版。

李胜梅:《现代汉语中"被"的词缀化倾向》,邢福义主编:《汉语被动表述问题研究新拓展》,华中师范大学出版社2006年版。

李英哲:《汉语被动形式发展的认知意义》,邢福义主编:《汉语被动表述问题研究新拓展》,华中师范大学出版社2006年版。

刘丹青编著:《语法调查研究手册》,上海外语教育出版社2008年版。

刘叔新:《现代汉语被动句的范围和类别问题》,中国社会科学院语言研究所现代汉语研究室编:《句型和动词》,语文出版社1987年版。

刘月华、潘文娱、故厾:《实用现代汉语语法》,商务印书馆2001年版。

刘云:《"被"字结构宾语隐现的制约因素》,邢福义主编:《汉语被动表述问题研究新拓展》,华中师范大学出版社2006年版。

陆俭明:《有关被动句的几个问题》,邢福义主编:《汉语被动表述问题研究新拓展》,华中师范大学出版社2006年版。

吕叔湘:《被字句、把字句动词带宾语》,吕叔湘:《汉语语法论文集》,商务印书馆1984年版。

吕叔湘等著,马庆株编:《语法研究入门》,商务印书馆1999年版。

吕叔湘:《汉语语法分析问题》,吕叔湘:《汉语语法论文集》,商务印书馆1984年版。

吕叔湘、王海棻编:《〈马氏文通〉读本》,上海教育出版社2005年版。

吕叔湘:《中国文法要略》,商务印书馆1982年版。

吕叔湘主编:《现代汉语八百词》,商务印书馆1999年版。

吕文华:《"被"字句和无标志被动句的变换关系》,中国社会科学院语言研究所现代汉语研究室编:《句型和动词》,语文出版社1987年版。

马庆株:《主客观态度与汉语的被动表述》,邢福义主编:《汉语被动表述问题研究新拓展》,华中师范大学出版社2006年版。

木村英树:《北京话"给"字句扩展为被动句的语义动因》,邢福义主编：《汉语被动表述问题研究新拓展》，华中师范大学出版社 2006 年版。

屈哨兵：《现代汉语被动标记研究》，华中师范大学出版社 2008 年版。

杉村博文：《汉语的被动概念》，邢福义主编：《汉语被动表述问题研究新拓展》，华中师范大学出版社 2006 年版。

邵敬敏主编：《现代汉语通论》，上海教育出版社 2001 年版。

沈家煊：《不对称和标记论》，江西教育出版社 1999 年版。

沈家煊：《转指和转喻》，《中国语文》1999 年版。

石定栩：《"把"字句和"被"字句研究》，徐烈炯主编：《共性与个性——汉语语言学中的争议》，北京语言文化大学出版社 1999 年版。

石毓智：《被动式标记语法化的认知基础》，邢福义主编：《汉语被动表述问题研究新拓展》，华中师范大学出版社 2006 年版。

汤廷池：《国语变形语法研究》，学生书局 1979 年版。

汤廷池：《国语语法研究论集》，学生书局 1979 年版。

王还：《"把"字句和"被"字句》，上海教育出版社 1984 年版。

王静、王洪君：《动词的配价与被字句》，沈阳、郑定欧主编：《现代汉语配价语法研究》，北京大学出版社 1995 年版。

王力：《汉语史稿》，商务印书馆 1958 年版。

王力：《中国现代语法》，商务印书馆 1985 年版。

王寅编著：《认知语法概论》，上海外语教育出版社 2006 年版。

谢晓明、左双菊：《"给"字被动句》，邢福义主编：《汉语被动表述问题研究新拓展》，华中师范大学出版社 2006 年版。

邢福义：《承赐型"被"字句》，邢福义主编：《汉语被动表述问题研究新拓展》，华中师范大学出版社 2006 年版。

邢欣：《从"被"字的分布特点看汉语的被动句》，邢福义主编：《汉语被动表述问题研究新拓展》，华中师范大学出版社 2006 年版。

徐杰：《被动句式与非宾格句式的一致与差异》，邢福义主编：《汉语被动表述问题研究新拓展》，华中师范大学出版社 2006 年版。

薛凤生：《"把"字句和"被"字句的结构意义——真的表示"处置"和"被动"》，戴浩一、薛凤生主编：《功能主义与汉语语法》，北京语言学院出版社 1994 年版。

杨海明：《被字句中弱施动角色的层级》，邢福义主编：《汉语被动表述问题研究新拓展》，华中师范大学出版社 2006 年版。

张斌主编：《现代汉语描写语法》，商务印书馆 2010 年版。

张斌主编：《现代汉语虚词词典》，商务印书馆 2001 年版。

张斌主编：《新编现代汉语》，复旦大学出版社 2005 年版。

张谊生：《"由"字被动句研究——兼论由字句和被字句的区别》，邢福义主编：《汉语被动表述问题研究新拓展》，华中师范大学出版社 2006 年版。

赵元任：《汉语口语语法》，吕叔湘译，商务印书馆 1979 年版。

朱德熙：《语法答问》，商务印书馆 1985 年版。

朱德熙：《语法讲义》，商务印书馆 1982 年版。

朱德熙著，袁毓林整理注释：《语法分析讲稿》，商务印书馆 2010 年版。

陈立民：《也说"就"和"才"》，《当代语言学》2005 年第 1 期。

陈新仁：《广告用语中的语用预设》，《修辞学习》1999 年第 1 期。

程琪龙：《被字句的语义结构》，《汕头大学学报》1993 年第 2 期。

邓思颖：《汉语被动句句法分析的重新思考》，《当代语言学》2008 年第 4 期。

邓思颖：《作格化和汉语被动句》，《中国语文》2004 年第 4 期。

邓云华、曾庆安：《英汉被动句理想化认知模式的研究》，《外语研究》2011 年第 2 期。

丁刚：《〈只争朝夕〉中的 Down 的理想化认知模型分析》，《咸宁学院学报》2010 年第 1 期。

董彦屏：《从认知角度看"被"字演变》，《安徽文学》2010 年第 1 期。

范开泰：《省略、隐含、暗示》，《语言教学与研究》1990 年第 2 期。

范晓：《被字句谓语动词的语义特征》，《长江学术》2006 年第 2 期。

冯文贺、姬东鸿：《"把/被"及其相关句式的依存分析》，《外国语》2011 年第 5 期。

冯文贺、姬东鸿：《并列结构的依存分析与连词的控制语地位》，《语言科学》2011 年第 3 期。

高波、石敏：《构式语法家族概览》，《外语学刊》2010 年第 1 期。

龚千炎：《现代汉语里的受事主语句》，《中国语文》1980 年第 5 期。

韩蕾：《"人称代词＋称谓"序列的话题焦点性质》，《汉语学习》2009 年第 5 期。

黄华新、徐以中：《预设的动态性和动态预设观》，《浙江大学学报》2007 年第 5 期。

匡芳涛、文旭：《图形—背景的现实化》，《外国语》2003 年第 4 期。

李临定：《"被"字句》，《中国语文》1980 年第 6 期。

李临定：《受事成分句类型比较》，《中国语文》1986 年第 5 期。

李先银：《"X＋V"与"V＋X"的语序考察》，《黄冈师范学院学报》2009 年第 1 期。

李勇忠、方新柱：《理想化认知模型与转喻的语用功能》，《山东外语教学》2003 年第 3 期。

刘世儒：《论汉语"被动式"的传统用法》，《北京师范大学学报》1963 年第 1 期。

刘书林：《"自由、平等、博爱"的旗帜属于全世界进步人类》，《中国青年论坛》1989 年第 3 期。

刘文正：《"被"的语用现象和理性义》，《汉语学报》2009 年第 4 期。

陆俭明：《隐喻、转喻散议》，《外国语》2009 年第 1 期。

吕叔湘：《被字句、把字句动词带宾语》，《中国语文》1965 年第 4 期。

吕文华：《"被"字句中的几组语义关系》，《世界汉语教学》1990 年第 2 期。

马纯武：《也谈"被"字句的语义问题》，《汉语学习》1981 年第 6 期。

潘晓军：《理想认知模式中的"较"与"还"》，《池州师专学报》2006 年第 2 期。

彭咏梅、甘于恩：《"被$V_{双}$"：一种新兴的被动格式》，《中国语文》

2010年第1期。

齐沪扬、胡建锋：《试论负预期量信息标记格式"X是X"》，《世界汉语教学》2006年第2期。

屈承熹：《汉语功能语法刍议》，《世界汉语教学》1998年第4期。

杉村博文：《从日语的角度看汉语被动句的特点》，《语言文字应用》2003年第2期。

杉村博文：《论现代汉语表"难事实现"的被动句》，《世界汉语教学》1998年第4期。

邵敬敏、赵春利：《"致使把字句"和"省隐被字句"及其语用解释》，《汉语学习》2005年第4期。

沈家煊：《句式和配价》，《中国语文》2000年第4期。

沈家煊：《世说新语三则评说——被自杀 细小工作 有好酒》，《当代修辞学》2010年第4期。

石定栩：《"被"字句的归属》，《汉语学报》2005年第1期。

石定栩：《长短"被"字句之争》，《青海民族学院学报》（社会科学版）2008年第3期。

石定栩、胡建华：《"被"的句法地位》，《当代语言学》2005年第3期。

司联合：《转移句的理想化认知模式研究》，《外语与外语教学》2005年第11期。

宋文辉、罗政静、于景超：《现代汉语被动句施事隐现的计量分析》，《中国语文》2007年第2期。

宋文辉：《主观性与施事的意愿性强度》，《中国语文》2005年第6期。

孙红艳、王杰：《新兴"被+X"结构的语法、语义探析》，《航空工业管理学院学报》2011年第2期。

王灿龙：《"被"字的另类用法——从"被自杀"谈起》，《语文建设》2009年第4期。

王国栓：《语序与汉语"被"字句的生成——从"鸡吃了"谈起》，《语言研究》2012年第1期。

王开文：《表示反讽的非及物动词被字结构》，《语言教学与研究》

2010年第2期。

王瑞杰：《共识观视角下预设研究的再思考》，《茂名学院学报》2010年第2期。

王振来、高志武：《有标记被动表述欧化现象研究》，《辽宁师范大学学报》2010年第1期。

魏在江：《预设研究的多维思考》，《外语教学》2003年第2期。

吴春仙：《"反而"句的语义逻辑分析》，《语言教学与研究》2001年第4期。

吴福祥：《试说"X不比Y·Z"的语用功能》，《中国语文》2004年第3期。

吴世雄、纪玉华：《原型语义学：从家族相似性到理想化认知模式》，《厦门大学学报》（哲学社会科学版）2004年第2期。

谢巧：《概念的组织方式：意象图式、框架、认知域或理想化认知模式》，《辽宁教育行政学院学报》2008年第5期。

熊学亮、王志军：《被动句认知解读一二》，《外语教学与研究》2003年第3期。

杨海明：《被字句的层级与扩张》，《西南民族大学学报》（人文社会科学版）2007年第4期。

杨丽梅：《论被字句的主观性》，《安徽文学》2011年第4期。

殷相印：《〈骆驼祥子〉"被"字句定量分析》，《济宁师范专科学校学报》2005年第2期。

袁野：《词汇及构式意义的体验观》，《天津外国语学院学报》2007年第4期。

袁野：《动词意义、构式与体验式理解》，《外语教学》2007年第3期。

袁野：《构式压制、转喻和广义转喻框架》，《外国语言文学》2010年第3期。

袁义林：《被动式发展琐议》，《山东师范大学学报》1989年第1期。

袁毓林：《反预期、递进关系和语用尺度的类型——"甚至"和"反而"的语义功能比较》，《当代语言学》2008年第2期。

袁毓林：《论元结构和句式结构互动的动因、机制和条件——表达精细化对动词配价和句式构造的影响》,《语言研究》2004 年第 4 期。
詹卫东:《PP〈被〉+ VP1 + VP2 格式歧义的自动消解》,《中国语文》1997 年第 6 期。
詹卫东:《论元结构与句式变换》,《中国语文》2004 年第 3 期。
张伯江:《被字句和把字句的对称与不对称》,《中国语文》2001 年第 6 期。
张伯江:《施事角色的语用属性》,《中国语文》2002 年第 6 期。
张潜:《"被"字句研究概述》,《南京师范专科学校学报》1999 年第 3 期。
张旺熹、李慧敏:《对话语境与副词"可"的交互主观性》,《语言教学与研究》2009 年第 2 期。
张玉洁:《概念的认知表达———框架、认知域及理想化的认知模式之比较》,《牡丹江教育学院学报》2009 年第 3 期。
张云峰:《"美女也愁嫁"中"也"字的逆接》,《修辞学习》2008 年第 1 期。
郑娟曼:《"还 NP 呢"构式分析》,《语言教学与研究》2009 年第 2 期。
周阿根、张登岐:《〈儒林外史〉被动句研究》,《滁州学院学报》2006 年第 1 期。
周红:《"把"字句、"被"字句与致使力的传递》,《齐齐哈尔大学学报》2008 年第 3 期。
朱军:《非自主性位移与汉语动词带宾语"被字句"的认知解释》,《语言教学与研究》2010 年第 4 期。
祝东平:《"别 V 了"的语用分析》,《长春师范学院学报》(人文社会科学版) 2007 年第 6 期。

高航:《现代汉语名动互转的认知语法考察》,学位论文,中国人民解放军外国语学院,2007 年。
李肖婷:《现代汉语"被"字句句式语义考察》,学位论文,北京语言大学研究生部,2007 年。
宋文辉:《现代汉语动结式配价的认知研究》,博士学位论文,中国社会科学院，2003年。

蚁坤：《汉语被动句的句法语义特征和使用条件》，硕士论文，北京语言文化大学，2000年。

Alan Cruse. *A Glossary of Semantics and Pragmatics*. Edinburgh：Edinburgh University Press，2006.

George Yule. *Pragmatics*. Oxford：Oxford University Press，1996.

Lakoff，G. & Johnson，M. *Metaphors We Live By*. Chicago：The University of Chicago Press，1980.

Lakoff，G. *Women，Fire and Dangerous Things：What Categories Reveal about the Mind*. Chicago：The University of Chicago Press，1987.

Leonard Talmy. *Toward a Cognitive Semantics*，Volume Ⅰ：*Concept Structuring Systems*. The MIT Press，Cambridge，Massachusetts，London，England，2000.

Leonard Talmy. *Toward a Cognitive Semantics*，Volume Ⅱ：*Typology and Process in Concept Structuring*. The MIT Press，Cambridge，Massachusetts，London，England，2000.

Ronald W. Langacker. *Cognitive Grammar A Basic Introduction*. Oxford：Oxford University Press，2008.

Vyvyan Evans. *A Glossary of Cognitive Linguistics*. Edinburgh：Edinburgh University Press，2007.

后　　记

　　本书前三章的撰写，是在博士生导师柳英绿教授的指导下完成的，研究的选点，每一步研究的推进，无不凝聚着柳英绿先生的辛勤汗水。前三章的撰写，还得益于香港理工大学的石定栩、邓思颖，大阪产业大学的张黎，中国社会科学院的刘丹青，暨南大学的邵敬敏，南开大学的马庆株，上海师范大学的齐沪扬、张谊生、陈昌来、吴为善、曹秀玲、宗守云、石慧敏，复旦大学的卢英顺、梁银峰，上海交通大学的王珏，南昌大学的陆丙甫，河北师范大学的宋文辉，河南师范大学的崔应贤，黑龙江大学的黄忠廉、马彪，哈尔滨师范大学的陈一，天津师范大学的温锁林的指教。同辈学者中国社会科学院的唐正大和完权，南洋理工大学的邵洪亮，华中师范大学的姚双云、匡鹏飞，北京外国语大学的陈前瑞，北京语言大学的玄玥，解放军外国语学院的黄健秦，上海师范大学的刘春光，广州大学的郭杰，河南科技大学的蒋协众，黑龙江大学的殷树林和白少辉、冯莉和吴立红，上海音乐学院的祁峰师兄，湘潭大学的朱军，吉林大学的刘立成、李剑影、许红花、金清子和陈睿，沈阳师范大学的关英明、张玥，同事贺敬华、姚海萍也提出了很多中肯的意见。前三章部分章节也分别在黑龙江大学、东北石油大学、长春理工大学、吉林师范大学、大庆师范学院宣读，听取了学生和老师的修改意见，在此表示谢意。有关书面语料的选取，听取了北华大学文学院王佳泉的建议，这为文中例句增色不少！在此，我对以上诸位老师以及师兄、师姐，对我四年来博士学位论文写作的支持与关怀，表示由衷的感谢！另外，我还要衷心感谢这些年来为我提供持续、稳定后方支持的父母颜颖先生与高月星女士，以及梁红霞女士，还有爱妻谢静！

　　本书第四章有关"汉语被字句事件类型"的划分，一来是在原博士学位论文基础上进行的增补,目的是弥补当时博士学位论文"理想认知模式偏离义"部分讨论得不够深入与系统的缺憾;二来是有感于不同语言的差异和现有语法体系过于西化而导致的诸多理论缺陷,所以,在先期语料考察基础上,创新性地尝试以"事件类型"为起点,以"小句"为基本单位,探索汉语语法规律与特点,高度重视汉语"同功能句"的研究。以本书探讨的汉语被字句为例,按照本书的理论:"衣服被烧了"(击打事件)与"衣服被烧了个洞"(存现事件),"他被拦住"(阻碍事件)与"他被拦在门外"(位移事件),"他被敌人看到了"(认知发现事件)与"他被人看成了疯子"(划类事件),它们虽然都"名"为"被字句",但实际却分属不同"事件类型",汉语恰恰是由这样无数的"事件类型"构成的;过往的研究只关注汉语的"形式"结构,而忽略了结构"内部"真实的、巨大的差别。汉语这种最不讲求"形式"的语言,在过往研究中却不幸披上了太多的"形式"外衣,本书第四章的撰写恰恰是关于汉语研究的一个不大不小的全新尝试,但愿能引起学界的广泛关注与深入研究。我相信不远的将来,这可能会撬动汉语研究的新方向,比如,本章虽"名"为"被字句"研究,但总的"事件类型"的划分却可以不局限于"被字句",比如"衣服被烧了个洞""衣服烧了个洞""他把衣服烧了个洞""他烧出了个洞""洞烧出了一个"等,我们为什么不能把它们统一用"存现事件"进行解释呢?用"形式"分而治之,表面简单,但实则掩盖了太多问题!迄今为止,汉语"被字句"与"把字句"在海外教学中的困境正能说明这一点。因此,今后如果尝试从"事件类型"角度启动海外汉语教学中级教材本土化的改革,可能会助推汉语海外教学的成果,我们可能真的会走出一条符合汉语特色的研究之路。西方文明、伊斯兰文明和中华文明,是现存对世界影响最大的三种人类文明,因此,作为世界三大主要文明之一的"中华文明",在语言理论上,应该有其独有的特点,这也是我补充撰写第四章的动力所在!

另外,原博士学位论文有关汉语被字句"偏离义"高层构式义问题的讨论,考虑到后期相关国家社会科学基金项目探讨得可能会更为成熟与系统,因此合并到今后预计出版的《理想认知模式理论视域下汉语被字句的特点研究》专著中发表。除此之外，本书最终校改出版时，部分章节还增添了在期刊发表时，囿于版面限制而删减的内容，最终以完整面貌呈现出来，同时又做了进一步校改。

声明："汉语被字句事件类型"的研究结论有些还是值得再仔细认真考虑与商榷的，例如，言说类事件与致使类事件是否有单独划分出来的必要，诸如此类的研究疑难与问题，希望能得到更多的专家、前辈以及同行学者的反馈与批评！如果以"事件类型"为起点，以"小句"为基本单位研究汉语，势必会带动汉语一系列有关本位、语言单位、词类、句型、句式、句类等基础问题的深入分析与探讨，诸位专家的批评与意见将会大大有利于接下来专著《汉语事件语法的理论与应用》的撰写，欢迎诸位学者能给出更好的建议与意见，让我们能更好地完成汉语语法研究的新的理论构想与尝试。

再次致谢！欢迎来信来函批评！

通信地址：辽宁省沈阳市皇姑区崇山中路 66 号，辽宁大学文学院

邮编：110036，颜力涛老师收

电邮地址：yanlitao0431@163.com

最后，我还要再次特别感谢引导我学术研究方向的柳英绿先生，没有先生的支持与厚爱，今天的一切都无从谈起！

颜力涛

2019 年 9 月 2 日于沈阳寓所